KB106151

# 폭력이란 무엇인가

기원과 구조

* 이 저서는 2010년 정부(교육과학기술부)의 재원으로
한국연구재단의 지원을 받아 수행된 연구임(NRF-2010-361-A00017).

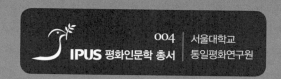

004 | 서울대학교
통일평화연구원

# 폭력이란 무엇인가

## 기원과 구조

이문영 편

아카넷

# 평화인문학 기획 총서 4권을 내면서

제2차 세계대전 종전 70주년을 맞이한 탓인지 유엔, 바티칸, 유럽 등 곳곳에서 평화를 부르짖는 목소리가 크게 들렸다. 하지만 현실에서는 평화를 위협하는 폭력의 위세가 여전히 줄어들지 않고 있다. 한반도에서는 비무장지대를 둘러싸고 첨단무기를 동반한 대립, 도발, 비난이 그치지 않았고 폭력과 증오가 언제 터질지 모르는 마그마처럼 내부에서 꿈틀대고 있음을 본다. 평화헌법을 수정하려는 일본의 움직임과 평화를 내세운 중국의 대국굴기 사이에서 동북아의 평화도 그 앞날이 예사롭지 않다. 불과 얼마 전 아랍의 봄을 노래했던 중동과 아프리카에서는 종교 간, 종족 간, 정파 간 갈등이 오히려 증폭되고 테러와 군사충돌의 악순환이 심화되고 있다. 급기야 시리아 내전은 수많은 무고한 시민들을 난민으로 내몰아 목숨을 건 지중해로의 탈출이라는 대참극을 불러오고 있다.

서울대학교 통일평화연구원이 한국연구재단의 지원 아래 추구하고 있는 '평화인문학'은 평화의 구축을 가로막는 제도적·문화적·기술적 조건들이 우리가 애써 추구해온 현대문명 속에 내재해 있음에 주목한다. 특히 '폭력', '분단', '재난'이라는 세 현상은 지금도 한반도와 세계 곳곳에서 개인의 삶을 규정짓고 공동체적 안녕을 위태롭게 하고 있다. 21세기에 가장 긴요한 가치의 하나인 평화의 실현, 평화로운 삶의 구현을 위해서는 현대문명과 그에 기초한 삶의 양식을 근본적으로 성찰하려는 노력이 요구된다. 사회과학과 인문학, 자연과학과 예술까지 포함하는 융합적 평화학을 구성하는 일은 그런 의미에서 학술기획이자 동시에 문명기획이기도 하다.

이번에 발간하는 『폭력이란 무엇인가: 기원과 구조』는 올봄에 발간한 『재난과 평화』에 뒤이은 평화인문학 연구총서의 네 번째 작품으로 폭력의 본질과 현상에 대한 근원적 탐색으로부터 평화형성의 인문적 토대를 찾아보려는 노력의 소산이다. 지난 3년 동안, 근대문명과 과학기술이 고도로 발달한 21세기에 이토록 폭력, 불신, 편견, 억압이 만연하는 이유가 어디에 있는지를, 함께 토론하고 고민했다. 너무도 일상화되어 폭력으로 인식조차 되지 않는 미시적 차별과 억압, 인권유린과 환경파괴에 대한 감수성을 키우는 데 도움이 되기를 기대한다. 이 연구팀을 이끈 이문영 교수를 비롯하여 함께 참여한 여러 집필자들에게 고마움을 표하며 이런 기획을 지원해준 한국연구재단, 서울대학교, 출판을 기꺼이 감당해준 아카넷에 감사의 뜻을 전한다.

때마침 2015년도 노벨평화상이 튀니지의 4자국민대화기구에 주어졌다는 소식이 들려왔다. 튀니지의 민주화가 자칫 빠져들 수도 있었을 내분과 갈등을 시민들의 대화와 소통으로 해결해낸 이들에게 전 세계가 공감과 찬사를 보냈다. 폭력과 증오에 당당히 맞서 민주적 자율성과 공동체적 책임성을 함께 만들어간 이들에게서 21세기에 필요한 평화의 존재양식을 본다. 거대한 상호불신과 평화부재의 고통 속에서 70년을 살아온 한반도의 남과 북에도 이런 시민적 대화, 국민적 소통의 장이 열리고, 그 속에서 모두가 아름답게 공존하는 평화의 시대가 속히 도래할 것을 기원한다.

2015년
서울대학교 통일평화연구원장 박명규

# 차례

# 폭력과 평화인문학

이문영

일찍이 아렌트와 홉스봄은 20세기를 '폭력의 세기', 또는 '극단의 시대'로 요약한 바 있다. 굳이 현자들의 통찰에 기대지 않더라도 양차 세계대전과 홀로코스트, 히틀러의 파시즘과 스탈린의 전체주의, 유럽의 냉전과 아시아의 열전 등 극한의 폭력으로 점철된 현대사는 폭력이 얼마나 불가항력의 힘으로 인간 실존과 얽혀 있는지 잘 보여준다. 베를린 장벽 붕괴, 냉전종식 등으로 희망차게 시작된 21세기에도 상황은 별반 나아지지 않았다. 한때 사회주의의 몰락과 자유민주주의의 승리로 역사발전의 완결이 선언되기도 했다. 자본주의의 전 지구적 확장으로 이제 그 효율적인 관리와 경영이 정치투쟁을 대신할 것이라는 주장이 줄을 잇기도 했다. 하지만 '역사의 종말'과 '정치의 종식'에 대한 주장들이 아주 성급하거나 매우 이데올로기적인 제스처일 뿐임이 밝혀지는 데는 긴 시간이 필요하지 않았다. 최근들어 더욱 빈발하는 테러와 종족분쟁, 내전 등이 여실히 증명하듯이 오히려 지구화의 현실은 전장과 일상을 가리지 않고 도처에 번성하는 폭력을 보여준다. 그 결과 항상적으로 경험되는 폭력의 공포가 '뉴밀레니엄의 특징'이자 '탈냉전 시대의 징후'라는 비관적 인식에 동의하는 것은 그리 어렵지 않다. 21세기 벽두를 강타한 9·11 테러의 충격은 더 이상 낯설지도 놀랍지도 않은 이슬람국가(Islamic State)식 폭력으로 만성화되었다.

이뿐인가. 21세기 대한민국을 살아내는 우리 한 사람 한 사람의 삶 또한 편재(遍在)하는 폭력의 자장을 결코 벗어나지 못한다. 가정폭력, 학교폭력, 직장폭력, 데이트폭력 등의 신조어가 지시하듯이 폭력은 일탈적이거나 예외적인 현상에 머물지 않고, 가장 평화롭고 안전해야 할 생활의 공간이나 사랑의 터전에 이미 만연하다. 또 신체폭력, 언어폭력, 상징폭력, 성폭력 등 폭력의 다양한 종들에 우리가 익숙해졌다는 사실은 폭력이 몸에서부터 말, 기호, 성에 이르기까지 수단과 방법을 가리지 않고 우리를 가격하고 있음을 반증한다. 무엇보다 중요한 것은 인간을 폭력에서부터 보호하기 위해 등장한 각종 제도, 문명화의 기제 자체가 가장 완강하고 전면적이며 지속적인 폭력의 근원으로 진지한 성찰의 대상이 되었다는 사실일 것이다. 더 이상 새롭지 않은 단어들, 하지만 늘 불온한 이물감을 안겨주는 경찰폭력, 사법살인, 국가폭력 등의 단어가 이를 함축한다.

폭력이 그 어느 때보다 더 우리의 삶을 촘촘하게 가로지르며 전방위적인 영향력을 행사하게 된 것과 폭력에 대한 인식의 변화 과정은 궤를 함께한다. '비합법적으로 행사된 물리적 힘'과 같은 유의 폭력에 대한 고전적 이해는 그것을 불법성이나 육체성과 밀접하게 결부하였다. 반면 현재 폭력 개념은 직접적이고 가시적이며 즉각적인 물질적 위해(危害)뿐 아니라, 어떤 권리의 위반이나 부정의(不正義), 이를 유발하는 비의도적이고 간접적이고 집합적인 구조의 차원까지 포괄한다. 폭력의 외연이 물리적 폭력만이 아니라, 구조적·제도적·문화적 폭력을 포함하는 총체로 확장된 것이다. 그 결과 폭력은 법이나 각종 사회제도, 더 나아가 국가의 지극히 '합법적'인 힘의 행사와도 연루되지 않을 수 없다. 이런 의미에서 그리스 신화 속 '폭력의 여신' 비아(Bia, Βία)의 역할은 상징적이다. 비아는 신에게서 불을 훔쳐 인간에게 넘겨준 프로메테우스에게 독수리가 영원히 간을 쪼는 형벌을 집행한다. 그녀는 신의 율법이라는 이름으로 그에 대한 도전과 파격을 단죄하는, 제우스라는 확립된 권능의 대리자다. 이때 그녀의 '폭력'에 동참한 또 다른 신이 바로 그녀의 오라비이자, '권력'과 '지배'의 신인 크라토스(Kratos, Κράτος)다.

실제로 앞서 열거한 바와 같이 현실 속에 발현되는 다양한 폭력의 본질은 '비합법적 힘의 행사'와 같은 협소한 정의로는 온전히 포착될 수 없다. 뿐만 아니라 물리적 폭력은 그 직접성이나 의도성 때문에 폭력의 주체와 객체, 목적과 결과 등이 상대적으로 용이하게 감지되는 반면, 구조적·문화적 폭력은 훨씬 더 광범위하고 지속적인 파괴력을 가짐에도 불구하고 쉽게 드러나지 않는다. 무엇보다 그것들을 폭력이라 판단 내리는 것 자체가 결코 쉽지 않다. 구조적·문화적 폭력이 사회의 합법화되고 관습화된 제도적 틀이나, 궁극적으로는 문명화 과정 자체와 뗄 수 없이 결합되어 있기 때문이다. 역설적이게도 어쩌면 문명을 폭력의 또 다른 기원으로 사고하게 된 것 자체가 문명화의 가장 위대한 결과 중 하나일 수 있다. 문명화의 결과, 예전에는 폭력으로 인식하지 못하던 것을 폭력이라 느낄 수 있게 되었다. 우리가 아직도 물리적 폭력 속에 무차별적으로 노출되어 있는 상태라면 그런 발상의 전환은 애초부터 불가능했을지 모른다. 하지만 그러한 사실이 문명화가 동반한 폭력에 대한 면죄부가 될 수는 없을 것이다.

문명이 인간을 각종 재난에서 보호하는 데 커다란 기여를 한 것은 맞지만, 그렇다고 해서 21세기 인류에게 가장 큰 재앙이 무엇보다 바로 그 문명의 과잉에서 비롯한다는 사실이 변할 수 없는 것처럼 말이다.

구조적·문화적 폭력을 자각하는 일은 폭력과 불법성 사이의 자명한 연관을 의문시하는 것에서부터 시작된다는 점에서 특히 문제적이다. 법이나 각종 제도, 국가 등의 확립된 사회구조, 종교나 도덕, 주의·주장 등 널리 받아들여진 이념·가치체계와 긴밀하게 결합된 이들 폭력은 합법과 불법, 정의와 불의의 경계를 넘나든다. 일례로, 만인이 만인에게 늑대인 자연상태로부터 폭력을 몰수하는 국가의 폭력독점과, 그 합법화된 기능으로부터의 일탈인 국가폭력 사이에 명확한 경계선을 그을 수 있는가. 더구나 국가는 어떤 것이 폭력이고 폭력이 아닌지, 어떤 것이 합법이고 불법인지를 결정하는 정의(定義)의 주체가 됨으로써 가장 강력한 정의(正義)의 기원이 된다. 국가폭력에 대한 주장은 (부분적일지라도) 이 두 정의의 기원을 폭력의 기원으로 대체하는 일이며, 이러한 도발에는 그에 상응하는 위험이 따른다. 제우스에 도전한 프로메테우스에게 비아와 크라토스는 매일 새로이 시작되는 고통의 형벌을 내렸다.

나아가 대개의 경우 구조적 폭력은 그것을 정당화하거나 합법화하는 데 동원되는 문화적 폭력과 뗄 수 없이 결합되어 있으며, 문화적 폭력은 신념이나 가치판단, 정서적 호불호의 형태로 인간 의식 깊숙이 내면화되어 있기에 그것을 폭력으로 자각하기가 매우 어렵다. 국가폭력이 애국주의적 신념이나 가부장적 가치에 의해 완고하게 옹호되고 유지되는 것처럼 말이다. 또 구조적·문화적 폭력에 대한 판단조차 시간적·공간적 조건에 따라 얼마든지 극적으로 변경될 수 있다. 1789년 인간의 권리와 시민의 권리를 등치시킨 프랑스 인권 선언은 당시에는 봉건적 억압으로부터 해방의 의미를 지녔다. 하지만 난민, 불법체류자, 이주노동자가 양산되는 현재에는 국민 국가에 소속되지 않은 자, 즉 시민이 될 수 없는 자에 대한 폭력의 기제로 작동하기도 한다. 최근 지구촌을 뒤흔든 시리아 난민 사태가 이를 생생히 입증해준다. 한편 근대 초기 민족주의가 피지배민족을 식민의 폭력에서부터 해방시켜줄 진보적 가치로 받아들여졌다면, 현재 그것은 가장 대표적인 동일화의 폭력으로 비판된다. 동시에 탈민족, 탈식민의 시대에도 식민의 잔재에서 완전히 자유롭지 못한 동유럽, 아프리카, 아시아 등지에서 민족주의는 여전히 유효한 가치로 동원되기도 한다. 동일한 이념이나 원칙, 가치가 때로는 구조적 폭력으로부터의 해방의 동력으로, 때로는 구조적 폭력을 은폐하거나 확대재생산하는 문화적 폭력으로 작동하기도 하는 것이다.

이처럼 다른 시공, 다른 맥락 속에 변신을 거듭하며 뗄 수 없이 얽혀 폭력의 기저층을 형성하는 구조적 폭력과 문화적 폭력은 보다 구체적이고 직접적인 사건으로 발발(勃發)한다. 직접적-구조적-문화적 폭력의 이러한 맞물림이 만들어내는 폭력의 연쇄는 합법과 불법, 정의와 불의, 억압과 해방의 경계에서 '과연 폭력이란 무엇인가'라는 근본적인 질문을 우리에게 던진다. 이 책이 가정폭력, 학원폭력, 조직폭력, 사이버폭력, 성폭력 등 폭력의 개별 유형과 구체적인 사례가 아닌, 폭력의 '기원'과 '구조'에 집중하고자 하는 것은 바로 이 때문이다. 법이나 국가권력, 종교근본주의나 민족주의, 가부장제와 젠더구조, 지구화 시대와 그에 고유한 신자유주의 등 이 책이 대상으로 하는 주요 주제들은 무수하고 다양한 개개의 폭력들을 파생시키는 근원이다. 개별 사례에 주목하는 것만큼이나 폭력들의 공통된 기원과 구조를 더듬어 그 의미를 되묻는 일은 필요한 작업일 것이다.

이 되물음은 경계에 놓인 폭력을 어느 한쪽에 귀속시켜 그 정체를 선명하게 드러내는 것을 목적으로 하지 않는다. 그것은 애초부터 불가능한 일이다. 무엇이 폭력이고 폭력이 아닌지, 어디까지가 폭력이고 어디서부터가 비폭력인지, 합법적이고 정당한 힘과 불법적이고 부당한 힘은 누가 결정하고 어떻게 구별하는지 등 폭력의 경계를 확정하는 문제는 판단주체의 입장과 지위, 소속 등에 따라 얼마든지 변경될 수 있다. 이는 폭력과 개념적 대립쌍을 형성하는 평화에도 마찬가지로 적용된다. 평화란 절대적이고 보편적인 것이 아니라 입장적(positional)이고 맥락적이기에, 누군가에게는 평화인 것이 누군가에게는 폭력일 수 있다. 마찬가지로 폭력 역시 누군가에게는 폭력인 것이 누군가에게는 평화의 발원일 수도 있는 것이다. 따라서 평화도, 폭력도 늘 어느 정도는 논쟁적이다. 이러한 관점이 무익한 상대주의의 덫에 빠지지 않고, 더 무거운 현실감, 책임성을 지닌 사유로 깊어지도록 이 책은 경계에 놓인 폭력과 그것이 야기하는 논점을 이론적·실제적인 차원에서 그 자체로 조명하고자 한다. 어쩌면 이 책의 궁극적인 목적은 '폭력이란 무엇인가'라는 질문에 '답'을 얻는 것이 아니라, 그 답이 스스로 자명한 듯 여겨지는 순간에조차 그 질문을 버리지 않는 '자세'를 실천하는 것일지도 모르겠다.

폭력에 대한 우리의 관심은 기본적으로 평화학, 나아가 평화인문학의 문제의식에서 출발한다. 전통적 평화학에서 '평화'는 '전쟁(직접적 폭력)이 없는 상태'로, 1960년대 이후 비판적 평화학에서는 '여하한 폭력의 부재', 즉 '직접적 폭력은 물론, 구조적·문화적 폭력이 없는 상태'로 규정된다. 이처럼 현대 평화학의 '평화' 개념이 '…한 폭력의 부재'로 제시된다는 점에서 평화학은 폭력의 발생 원인, 조건, 유형, 극복, 방지 등을 다루는, 폭력에 대한 학문이기도 하다. 따라서 평화학은 결국 '평화와 폭력의 관계에 대한 학문'인바, 보다 근본적인 차원에서 이는 앞서 언급한 바 있는 평화와 폭력의 상호구성성에서 비롯된 것이기도 하다. 평화라는 이름의 폭력, 폭력을 요구하는 평화 등 시공과 맥락, 판단주체에 따라 서로 이름표를 바꿀 수 있는 평화와 폭력의 상호성은 '폭력이란 무엇인가'라는 질문이 '평화란 무엇인가'라는 질문으로 자연스레 이어지게 함으로써 평화와 폭력을 둘러싼 주어진 자명성에 끊임없이 도전한다.

이는 평화학의 근본 과제와도 직결된다. 세계 평화학의 아버지라 불리는 갈퉁(Johan Galtung)은 언젠가 한 글에서 평화연구자의 임무를 '누군가에 의해 이미 내려진 결론, 이미 취해진 입장을 전달하거나 합법화하는 것이 아니라, 의심하는 것'이라고 규정한 바 있다. 이는 평화학의 사명일 뿐 아니라 인문학의 본령이기도 하다. 인문학의 힘은 이면을 들여다보는 깊이에서 나온다. 이면을 본다는 것은 익숙한 것, 당연한 것, 합의된 것을 낯설게 하고, 의심하고, 되짚어보는 일이다. 또한 이는 표면 뒤로 기각되고 삭제된 타자에게 말을 건네 그를 불러 올리는 행위이기도 하다. 따라서 이 책은 폭력의 타자, 또는 평화의 타자에 대한 이야기이기도 하다. 타자를 통해 평화학과 인문학이 연대하는 바로 이 지점에서 평화인문학이 시작되며, 우리의 폭력연구가 그 시작을 위한 작은 출발이나마 될 수 있기를 바란다.

이 책은 총 2부, 각 4편의 글로 이루어진다. 1부는 폭력의 근대적 기원으로서 법과 국가권력이 폭력과 맺는 관계, 21세기 폭력을 구조화하는 지구화와 신자유주의, 종교근본주의에 대한 이론적 고찰을 주된 내용으로 한다. 2부는 이러한 폭력의 기원과 구조가 테러리즘, 제노사이드, 민족주의, 젠더 관련 현상을 통해 구체적으로 어떻게 발현되는지 조명하는 글들로 구성된다.

먼저 1부 첫 번째 글인 이문영의 '폭력의 근대적 기원: 법, 권력, 폭력의 함수관계'는 법이나 국가권력 등 대표적인 문명화 기제에 구조적으로 내장된 폭력의 문제를 다룬다. 책을 여는 글이니만큼 폭력 개념 자체를 천착하는 데에 집중한다. 갈퉁, 벤야민, 아렌트, 지젝은 직접적-구조적-문화적 폭력, 신화적 폭력-신적 폭력, 주관적 폭력-상징적 폭력-체계적 폭력 등 현재 널리 받아들여진 폭력 개념의 유형을 제공한 대표적인 이론가들이다. 이 글은 이들의 폭력론을 비교 고찰함으로써 문명화 기제와 폭력의 연루에 대한 문제의식이 폭력의 이론화나 개념적 분화 과정에서 어떻게 구체화되는지, 또 그것이 폭력을 둘러싼 쟁점들에 어떤 시사점을 줄 수 있는지를 탐색한다.

이문영의 두 번째 글 '지구화 시대의 폭력: 폭력과 경계'는 21세기 폭력의 새로움을 탈경계화와 재경계화의 지향이 모순적으로 공존하는 지구화의 조건 속에 규명한다. 특히 이는 대표적인 탈근대 이론가인 발리바르, 데리다, 아감벤의 폭력론에 대한 고찰을 통해 이루어진다. 이들은 경계를 둘러싼 지구화의 패러독스에 대한 예민한 자각 속에 자신의 폭력론을 개진한다는 점에서 21세기 폭력을 이해하는 데 유효하다. 이문영의 앞의 글이 폭력의 기원에 대한 보다 보편적인 논의에, 이 글이 지구화 시대의 폭력에 주로 초점을 맞추기는 하지만, 두 글은 폭력의 경계와 관련한 문제의식을 현대의 대표적 폭력론을 통해 전개한다는 공통점을 나눈다. 두 글은 갈퉁으로 대표되는 평화학의 폭력이론, 폭력에 대한 인문학적 성찰의 원류를 이루는 벤야민과 아렌트, 이를 비판적으로 계승한 발리바르, 데리다, 아감벤, 지젝의 폭력론을 두루 접하는 기회를 제공할 것이다.

이찬수의 '탈폭력적 폭력: 신자유주의 시대 폭력의 유형'과 '종교근본주의의 폭력적 구조'는 지구화 시대에 가장 문제적이면서도 극단적으로 대비되는 두 폭력현상의 근원을 이론적으로 조명한 글이다. 지구화 시대는 고도 문명화의 결과 육체적·물리적 폭력에 대한 규율이 최대화되는 동시에, 이슬람국가의 참수와 같은 야만적 폭력이 SNS, 인터넷 등 최첨단 문명을 통해 일상화되는 시대이기도 하다. 이 지구화의 패러독스는 한편으로는 전통적 의미의 폭력의 실종으로, 다른 한편으로는 그 어느 때보다 극단적인 폭력과 잔혹의 등장으로 현상한다. 전자가 자유경쟁과 자발성을 독려하는 신자유주의에 근원을 둔다면, 후자는 종교근본주의의 폭력적 구조에서부터 비롯한다.

첫 번째 글에서 이찬수는 전통적 폭력을 대체하는 새로운 유형의 폭력을 '탈폭력적 폭력'이라는 용어로 제시한다. 이는 무한경쟁과 자기개발이라는 신자유주의적 규율을 내면화한 개인 속에서 폭력의 주체와 객체, 가해자와 피해자가 일치하는 현상을 일컫는다. 글로벌 자본주의의 구조적 폭력이 개인의 무능으로 둔갑하여 극도의 좌절과 우울, 피로감으로 인간을 무너뜨리는 탈폭력적 폭력은 폭력이 폭력으로 인지되지 못한다는 점에서 가장 폭력적이기도 하다. 반면 이슬람 원리주의 테러에서 잘 드러나듯이, 종교근본주의는 나와 타자, 주체와 객체의 극단적 분리 속에 전자에 절대적 정당성을 두어 후자를 노골적으로 가격한다는 점에서 탈폭력적 폭력과 선명하게 구분된다. 이를 다루는 이찬수의 두 번째 글은 종교근본주의가 자신의 절대성을 보편주의적으로 확장하는 과정에서 발생하는 폭력성을 이론적으로 고찰하는 한편, 이를 극복하기 위한 대안으로 '종교적 세계시민주의', 또는 '근본적 근본주의'를 제안한다.

다음으로 1부에서 제시된 폭력의 기원적 구조와 직결되는 폭력현상을 다루는 2부는 공진성의 '테러(리즘): 폭력의 경제와 타락'으로 시작한다. 우리 시대 폭력의 가장 두드러진 특징 중 하나는 '테러의 전 지구화'다. 보통 테러는 '비국가행위자'에 의해 '민간인'을 대상으로 사용되는 '비합법적' 폭력으로 이해된다. 공진성은 테러에 대한 이러한 이해의 근본적인 재고(再考)를 요청한다. 그에 따르면 테러는 공포의 확산기제를 이용해 최소한의 폭력으로 최대한의 효과를 얻고자 하는 폭력의 경제학이자, 폭력 사용의 한 양태다. 공진성은 테러를 (국가)권력이 폭력을 구사하는 기술과의 연관 속에서 조명하는 한편, 폭력의 경제학과 타락의 위험 사이에 놓인 폭력의 딜레마를 테러와 테러리즘, 국가권력과 국가폭력의 상호전이를 통해 논증한다.

김태우의 '비국민과 국가폭력: 제노사이드의 단계적 메커니즘과 국민보도연맹사건 1945~50'은 국가 테러리즘이 어떻게 현상하는지를 대한민국 수립 시기 공산주의자를 대상으로 자행된 제노사이드를 통해 생생히 보여준다. "국민, 인종, 민족, 종교집단의 전체 또는 부분을 파괴할 의도를 가지고 실행된 행위"로 정의되는 제노사이드는 보통 '분류-상징화-비인간화-조직화-양극화-준비-절멸-부정' 등 여러 단계에 걸쳐 이루어진다. 이 글은 제주4·3사건, 여순사건, 숙군, 국민보도연맹사건을 중심으로 남한 지역 공산주의자의 절멸 과정을 '타자화(비국민으로의 범주화)-예비적 학살(주민 숙청, 인권 유린)-절멸(전면적 학살)-부정(기억의 압살 또는 정당화)'의 4단계로 분석하는 한편, 서구 제노사이드와의 공통성과 함께 그와 구별되는 한국적 특성을 제시한다.

백지운의 '네이션과 폭력: 아시아 민족주의의 아포리아와 타고르'는 민족주의의 폭력성을 아시아의 맥락에서 인도 시인 타고르의 사상과 예술작품을 통해 조명한다. 현재 아시아는 강고한 국가주의, 영토·역사 민족주의의 충돌로 어지럽다. 사실 민족주의의 폭력성은 타자를 배제하는 동일화 기제인 그 본질에 이미 내포된 것이기도 하다. 민족주의가 식민의 폭력을 청산할 절대적 가치로 수용되던 한 세기 전 이미 타고르는 그에 내재한 딜레마를 예민하게 감지했다. 그는 민족주의를 비판했지만, 어떤 민족적인 것의 존재를 부정하지 않았고, 민족으로의 기계적 통일에는 반대했지만 그와 구별되는 통일의 영적 능력을 찾고자 했다. 백지운은 21세기 풀리지 않는 민족주의의 매듭 앞에 선 우리가, 타고르가 직면했던 이 아포리아에서 새로운 상상력과 해법의 영감을 얻기를 권한다.

마지막으로 임옥희의 글 '폭력의 시대, 공존의 윤리: 젠더와 폭력'은 젠더구조 속에 나타나는 폭력의 논리와 그를 넘어설 공존의 윤리의 가능성을 탐색한다. 여성은 국가와 그를 떠받치는 가부장적 상징질서에서 배제되고, 오로지 그 구성원을 생산하고 기르는 '몸'으로 남음으로써 온갖 폭력의 희생자가 되어왔다. 그 결과 남성이 폭력적이고 주체적이며 독립적이라면, 여성은 평화적이고 의존적이며 관계적이라는 표상이 형성되었다. 하지만 남성=폭력, 여성=평화와 같은 도식을 절대화하는 것은 그 자체로 폭력이다. 필자는 '여성폭력'의 역사적 사례를 들어 이를 반박하며, 젠더를 넘어 작동하는 폭력의 매력을 죽음의 에로티시즘에서 찾는다. 폭력의 매혹을 넘어서기 위해 보살핌과 배려 같은 여성적 윤리를 활용할 수 있지만, 궁극적으로 이는 젠더 이분법을 넘어설 때 비로소 가능하며, 필자는 이를 타자와의 공존의 윤리에서 찾을 것을 제안한다.

이 책의 출판은 많은 분들의 노고와 협조로 가능했다. '폭력연구 클러스터'의 일원으로 책의 기획에서부터 구성, 집필, 사전 워크숍 등 전 과정을 함께한 이찬수, 백지운, 김태우 선생님은 물론, 바쁜 일정에도 귀한 원고로 더 나은 책이 될 수 있게 해주신 공진성, 임옥희 선생님께 감사드린다.

원고 수합에서부터 편집과 교정 등 귀찮은 실무를 마다하지 않은 김희진, 최성규 연구원의 도움이 없었다면 책이 제때 출간되지 못했을 것이다. 아울러 평화인문학 연구단의 총서 출판을 도맡아 늘 조언과 협조를 아끼지 않는 아카넷 출판사와 이경열 팀장님을 비롯한 편집부의 노고에 특별한 감사를 표하고 싶다.

# 폭력의 이론들

# 1장

# 폭력의 근대적 기원:
# 법, 권력, 폭력의 함수관계

이문영

## 1. 머리말

폭력이 인간의 삶에 얼마나 치명적인 영향을 미쳤는지에 대해서는 새삼 재론이 필요하지 않을 것이다. 인류의 지나온 역사는 폭력의 역사이기도 하기에 이를 잠시 뒤돌아보는 것만으로도 충분하다. 폭력과 역사의 긴밀한 상관성으로 인하여 그간 다양한 차원과 관점에서 폭력에 대한 학술적 조명이 이루어졌다. 클라우제비츠(Karl von Clausewitz)로부터 라이트(Quincy Wright)로 이어지는 전쟁연구, 혁명이나 테러, 아우슈비츠와 굴락, 전체주의와 대량학살 등 다양한 폭력현상에 대한 풍부한 경험연구가 그에 해당한다. 그럼에도 폭력 자체, 폭력 개념에 대한 이론적 논의의 수준은 이에 미치지 못한다. 폭력론의 선구자로 알려진 소렐(Georges Sorel)은 1908년의 저작을 통해 폭력에 대한 성찰이 모호하고 불분명하게 남아 있다고 비판한 바 있다. 1969년 아렌트(Hannah Arendt)는 60여 년 전 소렐의 논평이 여전히 유효하다는 사실로부터 자신의 폭력론을 개진했다.[1] 그로부터 50여 년이 흐른 현재, "폭력이 차지하는 거대한 비중에도 불구하고 근대성의 사회이론들에서 폭력의 문제는 흔히 주변적인 의미만을 부여받아왔으며, 폭력이 근대사회의 문화적·제도적 복합체 내에서 차지하는 위치는 적절하게 이론화되지 못했다"는 지적은 여전히 가능하다.[2]

폭력에 대한 성찰이 제한된 이유 중 하나는 역설적이게도 폭력의 편재성 자체에서 찾을 수 있다. 인류가 존재하는 곳이라면 어디에나 존재하는 폭력의 편재성은 그것을 거부할 수 없는 인간의 생물학적 본성이자 본능으로 간주하게 했다. 이런 관점은 "폭력은 인간 본성의 구성소"라는 제임스(William James)의 주장이나,[3] 로렌츠(Konracl Lorenz)의 '본능적 공격성' 이론을 비롯하여 프롬(Erich Fromm), 가세트(Jose Ortega y Gasset), 프로이트(Sigmund Freud) 등 많은 이론가들에게서 드러난다.[4] 그런 의미에서 1986년 '폭력에 대한 세비야 선언(The Seville Statement on Violence)'은 상징적인 사건이다. 유전학자, 신경생리학자, 정신의학자, 심리학자, 역사학자, 고인류학자 등을 포함해 스페인 세비야에 모인 20명의 세계적 학자들은 근대학문의 개시 이래로 폭력을 인간 본성으로 정당화해온 과학적 이

---

**1** 차례대로 조르주 소렐, 『폭력에 대한 성찰』, 이용재 옮김(나남, 2007), 82쪽; 한나 아렌트, 『폭력의 세기』, 김정한 옮김(이후, 1999), 62쪽.

**2** 신진욱, 「근대와 폭력—다원적 복합성과 역사적 불확정성의 사회이론」, 《한국사회학》 제38집 4호(한국사회학회, 2004), 2쪽.

**3** Bruce Lawrence and Aisha Karim(eds.), *On Violence*(Durham & London : Duke University Press, 2007), p. 4에서 재인용.

**4** Santiago Genoves, "Social and Cultural Sources of Violence," ed. UNESCO, *From a Culture of Violence to a Culture of Peace*(Paris : UNESCO Publishing, 1996), pp. 93-94.

론의 오류를 선언하며 이를 다섯 가지 테제로 정식화했다. 여기서 선언의 내용보다 주목해야 할 것은 폭력을 타고난 인간 성향이나 파괴적 충동의 산물로 보는 시각이 세기말까지도 얼마나 광범위하고 뿌리 깊게 퍼진 것인지를, 국제적 선언이 필요했던 맥락이나 그럼에도 이후 선언에 쏟아진 무수한 비판들이 강력히 반증해준다는 사실이다.[5]

폭력을 인간 본성으로 간주하는 시각이 과학적으로 얼마나 타당한가 보다 중요한 것은, 그렇게 널리 퍼진 이해가 폭력을 근대적 문명화 과정에 정면으로 대치되는 일탈적이고 주변적인 현상으로 보는 관점과 긴밀히 연관된다는 사실이다. 어두운 본능이자 파괴적 정념으로서 폭력은 이성과 합리에 기반을 둔 근대화 과정에서 극복·제어되어야 할 반(反)문명과 야만의 요소라는 논리가 그것이다. 이렇게 폭력과 문명화가 안티테제로 상정되고, 특히 폭력 본능의 어두운 '신비'가 홉스와 베버 이래 사람들의 통념 속에 공고화된 국가독점폭력의 합법성의 '신화'와 어우러지면서, 각종 법과 사회제도, 그 근간을 이루는 국가 등 문명화 제도 자체의 폭력(성)에 대한 본격적 비판은 유예될 수밖에 없었다.

하지만 인류사의 대표적인 폭력현상을 중심으로 다각도로 이루어진 경험연구 전통은 문명화의 비폭력성이나 국가에 독점된 폭력의 합법성을 둘러싼 신화가 얼마나 허구적일 수 있는지 생생히 입증해준다. 홀로코스트에 대해 최근 이루어진 인식의 전환은 그 단적인 사례라 할 수 있다. 1990년 바우만(Zygmunt Bauman)은 자신의 저서 *Modernity and the*

---

5 "The Seville Statement on Violence," *American Psychologist*, No. 45(1990), pp. 1167~1168. '세비야 선언'에 대한 비판 중 대표적인 것으로는 G. Beroldi, "Critique of the Seville Statement of Violence," *American Psychologist*(October 1994), pp. 847~848 참조.

*Holocaust*로 유럽 최고의 사회학자에게 주어지는 아말피상을 수상했다. 이는 "역사의 정상적 흐름의 단절이며, 문명사회라는 신체에 자란 암종이며 일시적 광기"로 흔히 평가되던 홀로코스트를 "우리의 합리적인 근대사회에서, 우리 문명이 고도로 발전한 단계에서, 그리고 인류의 문화적 성취가 최고조에 이르렀을 때 태어나 실행"된 "전형적인 근대적 현상"으로 반전시킨 탁월한 지적 성취를 인정받았기 때문이다.[6] 바우만의 주장을 받아들인다면 홀로코스트의 폭력은 문명화의 예외적 일탈이 아니라, 바로 그 문명화 자체의 산물이자 악의 근대적 합리성의 가장 충실한 재현이다. 인류 역사상 가장 철저하고 가장 체계적이며 가장 조직적으로 자행된 이 폭력 메커니즘의 핵심에 존재하는 것은 다름 아닌 '폭력수단을 독점한 국가'다.[7]

폭력 자체의 개념화 및 이론화와 직접적으로 관련된 주요 성과들은 바로 이와 같은 문제의식, 즉 문명화 과정과 폭력의 상호연루성, 법이나 제도화된 구조, 정치권력 등의 형태로 국가가 독점한 폭력에 대한 근본적 문제제기와 밀접히 관련된다. 벤야민(Walter Benjamin)의 '법 정립적 폭력'과 '법 보존적 폭력', '신화적 폭력'과 '신적 폭력' 같은 개념쌍이나, 1969년 갈퉁(Johan Galtung)이 제안한 '구조적 폭력'과 '문화적 폭력' 개념, 같은 해 아렌트에 의해 재정립된 '권력'과 '폭력' 사이의 개념적 관계, 2008년 지젝(Slavoj Zizek)의 '객관적 폭력'과 '체계적 폭력' 등의 개념이 이에 해당한다. 이들은 법이나 사회질서, 국가 등 근대적 '구조'와 '체계' 속에 근원적으로 내장된 폭력의 문제를 폭력 자체에 대한 이론적 접근과 개념적 분류를 통

**6**  Zygmunt Bauman, *Modernity and the Holocaust*(Ithaca : Cornell University Press, 1989), p. viii, x, xiii.
**7**  Ibid., pp. xiii, 98-106 참조.

해 천착한다.

하지만 이러한 통찰이 폭력에 대한 인식의 지평을 확장시킨 공로를 충분히 인정할 수 있다 해도, 폭력을 둘러싼 기존의 난점을 해결하는 데 충분치 않을뿐더러 새로운 논란을 야기하는 것도 사실이다. 문명화와 폭력의 상호연루성에 대한 강조가, 폭력의 순화라는 문명화의 순기능이 가진 역사적으로 부정할 수 없는 의미를 '지나치게' 단순화하는 것은 아닌지, 구조와 체계에 '의한' 폭력 비판이 구조와 체계에 '대한' 폭력, 다시 말해 흔히 저항폭력이나 대항폭력이라 불리는 것과 어떤 새로운 관계를 형성하는지, 이때 폭력들의 새로운 좌표에서 비폭력은 어떤 위치를 점하는지 등이 그 예가 될 수 있을 것이다. 나아가 국가가 독점한 폭력의 탈신화화에 대한 주장이, 지구화 시대 새로이 나타난 폭력의 징후, 즉 홉스봄(Eric Hobsbawm)이 주장한 바와 같이 '주권국가의 위기', 또는 '국가의 폭력독점권의 쇠퇴'와 밀접히 연동되어 "정치폭력이 완전히 세계화"된[8] 21세기 현실에 갖는 함의는 무엇인가라는 의문이 더해질 수도 있다.

이러한 질문들에 최종적인 답을 내리는 것은 물론 이 글의 한계와 역량을 벗어나는 일이다. 단지 이 글은 현재 널리 받아들여지고 있는 폭력 개념의 유형화를 제안한 갈퉁과 벤야민, 아렌트, 지젝의 폭력론을 중심으로 근대적 문명화와 폭력의 관계에 대한 문제의식이 어떻게 이론적으로 구체화되는지를 살피고 그 의미와 문제점을 진단함으로써 이 질문들에 다가갈 수 있는 가능성을 타진해보고자 한다. 물론 네 사람 외에도 문명화와 폭력의 상관성과 관련하여 유의미한 시사점을 던지는 학자는 드물지 않다. 폭력의 의미화와 관련하자면 플라톤으로부터 토마스 아퀴나스와 마키아벨

---

**8**  에릭 홉스봄, 『폭력의 시대』, 이원기 옮김(민음사, 2008), 57, 90, 139쪽 참조.

리, 사르트르 등에 이르기까지, 특히 '문명 비판론'의 보다 보편적인 맥락에서 보자면 루소, 마르크스, 니체, 톨스토이부터 노자와 함석헌까지 시대와 나라, 분야를 가로지르며 참조의 범위를 확장할 수 있다. 하지만 논의의 효율성을 위해 이 논문은 사회구조, 법이나 국가, 경제체제 등 근대적 문명화 '기제'에 구조적으로 내장된 폭력의 문제를 '신화적 폭력', '신적 폭력', '구조적 폭력' 등과 같이 '폭력의 개념적 분류에 따른 이론화'를 통해 개진한 학자로서 위의 네 사람에 집중하고자 한다.

한편 기존의 폭력연구는 사회과학, 또는 인문학별로 따로 이루어지는 경우가 많았다. 특히 20세기 중반 이후 독자적 학문 분야로 등장해 폭력연구를 본령으로 삼는 동시에 평화실현을 위한 실천의 지향과 다양한 방식으로 연동되어온 평화연구(peace studies)가 관련 인문학 담론과 유기적으로 연관, 고찰되는 경우는 드물었다. 이런 문제의식에서 이 논문은 평화학의 이론과 실천의 역사를 고스란히 재현하는 갈퉁의 폭력 개념을 벤야민이나 그 변주로서의 아렌트, 지젝과 대비하여 그들 간의 관계, 또는 차이의 의미를 드러내고자 한다. 이후 보다 자세히 논의되겠지만 아렌트와 지젝은 벤야민 속에 숨겨진 억압폭력과 대항폭력, 저항폭력과 비폭력이 이루는 어지러운 좌표 속의 각기 다른 갈래를 대표한다는 점에서, 특히 지젝의 경우 갈퉁의 분류법과의 긴밀한 상응 속에 폭력 논의를 전 지구적 자본주의를 배경으로 현재화하고 있다는 점에서 선택되었다.

## 2. 갈퉁의 폭력론: 폭력 개념의 유형화와 '구조적 폭력'

### 1) 폭력의 삼각형

잘 알려져 있듯이 평화학이 그 초기 형태인 전쟁연구나 인접 학문분과인 국제관계학, 안보학과 뚜렷이 구별되는 정체성을 확보하게 된 것은 1960년대 후반 갈퉁과 PRIO(Peace Research Institute in Oslo)를 중심으로 '비판적 평화학(critical peace studies)'이 전개된 이후부터다. 전통적 평화학으로부터 비판적 평화학으로의 전환을 결정적으로 가능하게 한 것은 1969년 갈퉁이 처음으로 제안한 '구조적 폭력'과 '적극적 평화' 개념이다.[9] 이후 수십여 년에 걸쳐 점진적으로 발전, 완성된 갈퉁의 평화이론은 평화가 늘 '…한 폭력의 부재'로 규정된다는 점에서 사실 폭력에 관한 이론이기도 하다. 갈퉁의 두 가지 평화, 즉 소극적 평화와 적극적 평화는 그의 '폭력의 삼각형', 즉 직접적 폭력-구조적 폭력-문화적 폭력과 개념적으로 긴밀하게 맞물려 있다.[10]

**9**  Johan Galtung, "Violence, Peace and Peace Research," *Journal of Peace Research* Vol. 6, No. 3(1969), pp. 167-191. 이에 앞서 갈퉁은 비폭력 개념을 통해 폭력 개념에 접근한 바 있다. 1965년 그는 "On the Meaning of Nonviolence"란 논문을 통해 폭력을 네 가지 유형으로 구분하고, 그 부정(否定)으로 비폭력을 정의한 후, 부정되는 폭력의 영향범위와 관련하여 '소극적 비폭력', '적극적 비폭력' 등의 개념을 선보였다. 이 개념들과 이후 등장한 '소극적 평화', '적극적 평화' 사이의 관련성은 명확해 보인다. 반면 이 논문에서는 아직 구조적 폭력 개념은 등장하지 않는다. J. Galtung, "On the Meaning of Nonviolence," *Journal of Peace Research*, No. 3(1965), pp. 228-257 참조.

**10** 앞으로 이 논문에서 분석할 갈퉁의 폭력·평화 연관 개념들은 1) "Violence, Peace and Peace Research," 2) "Twenty-five Years of Peace Research: Ten Challenges and Some Responses," *Journal of Peace Research*, Vol. 22, No. 2(June 1985), 3) "Cultural Violence," *Journal of Peace Research*, Vol. 27, No. 3(August 1990), 4) J. Galtung and

갈퉁은 '의도적 행위에 의한 육체적 무력화 또는 건강성의 박탈'로 협소하게 규정되던 기존 폭력 개념의 불완전성을 지적하면서, 인간의 실제적인 육체적·정신적 실현이 어떤 영향으로 인하여 그 잠재적 실현보다 낮아진다면, 그리고 둘 사이의 괴리가 불가피한 것이 아니라면 이미 거기 폭력은 존재하는 것이라고 주장한다. 다시 말해 폭력은 해를 끼치고자 하는 개인적 의도에 의한 직접적·물리적 행위만이 아니라, "잠재적인 것과 실제적인 것, 그럴 수 있었던 것과 그러한 것의 차이"를[11] 유발하여 인간의 실현을 저지시키는 비의도적이고 간접적이며 집합적인 계기, 즉 구조의 요소 또한 포함한다는 것이다. 의도적이고 가시적이며 즉각적으로 나타나는 직접적 폭력과 달리, 구조적 폭력은 "의도와 상관없이 (…) 천천히 작동해 (…) 인간을 서서히 무너뜨리는" "구조에 내장된 폭력"을 의미한다[12]. 이렇게 직접적 폭력과 구조적 폭력을 포함하는 확장된 외연에 의해 갈퉁의 폭력은 육체적인 것과 정신적인 것, 대상이 있는 것과 없는 것, 주체가 있는 것과 없는 것, 의도가 있는 것과 없는 것, 드러난 것과 감춰진 것 등의 이분법을 구성하는 각 항들의 어떤 조합도 선험적으로 배제할 수 없는, 다양한 차원과 구별을 포괄하는 개념이 된다.[13]

Dietrich Fischer, "Violence : Direct, Structural and Cultural," *Johan Galtung : Pioneer of Peace Research*(New York : Springer, 2013)을 출전으로 삼는다. 첫 번째 논문은 관련 주요 개념이 처음으로 제시되었다는 점에서, 두 번째 논문은 PRIO 설립 25주년을 맞아 평화연구를 둘러싼 그간의 논쟁을, 특히 평화와 폭력 개념을 중심으로 갈퉁 스스로 정리하고 있다는 점에서, 세 번째는 '문화적 폭력' 개념이 처음으로 개진되어 갈퉁의 '폭력의 삼각형'이 완성된 논문이라는 점에서, 마지막 논문은 가장 최근에 출판된 관련 글로, 현재까지의 폭력 개념을 최종적으로 제시하고 있다는 점에서 선택되었다.

**11**  J. Galtung, "Violence, Peace and Peace Research," p. 168.
**12**  차례대로 J. Galtung, "Twenty-five Years of Peace Research," p. 145; "Violence, Peace and Peace Research," p. 171.
**13**  J. Galtung, "Violence, Peace and Peace Research," pp. 169-172.

폭력을 인간의 잠재적 실현을 방해하는 것으로 보는 시각은 필연적으로 그 실현 대상이 되는 인간의 기본적 욕구나 권리의 문제를 폭력과 개념적으로 관계 짓는다. 실제로 갈퉁이 제시한 여덟 가지 폭력의 유형학은 인간의 네 가지 기본욕구와 직접적·구조적 폭력이라는 2차원의 폭력을 관계항으로 조합한 결과다.[14] 이때 인간의 네 가지 기본욕구는 ① 생존, ② 복지, ③ 자유, ④ 정체성의 욕구이며, 이를 위협하는 직접적 폭력의 대표적 유형은 각각 ① 살인이나 불구화, ② 가난이나 질병, ③ 구금이나 추방 등의 억압, ④ 강제적 탈사회화나 재사회화 등 정체성을 훼손하는 소외다. 한편 네 가지 욕구 실현을 저해하는 구조적 폭력의 원형은 중심-주변, 사회적 강자-약자로 분할된 착취구조이며, 특히 이는 사회적 약자를 죽음에 이르게 하는 강한 착취와, 영양결핍이나 질병과 같이 지속적인 고통과 빈곤의 상태에 남겨두는 약한 착취로 나뉜다. 강한 착취와 약한 착취는 각각 생존욕구와 복지욕구에 반하는 구조적 폭력 유형을 대표한다. 자유와 정체성 욕구에 대한 구조적 폭력은 위와 같은 착취구조에 대항하기 위해 필

**14** J. Galtung, "Twenty-five Years of Peace Research: Ten Challenges and Some Responses," pp. 146-147; "Cultural Violence," pp. 292-294; "Violence: Direct, Structural and Cultural," pp. 35-38 참조. "Twenty-five Years of Peace Research"에서 갈퉁은 인간의 네 가지 욕구 중 생존·자유의 욕구는 직접적 폭력과, 복지·정체성의 욕구는 구조적 폭력과 관련지어 총 네 가지의 폭력 유형을 도출한 바 있다. 그러나 생존·자유의 욕구가 구조적 폭력과, 복지·정체성의 욕구가 직접적 폭력과 밀접히 연관되는 경우가 상존하는바(예를 들어 생존욕구를 저해하는 직접적 폭력인 홀로코스트에는 구조적 요인 또한 존재한다), 이를 감안하여 갈퉁은 네 가지 기본욕구를 두 가지 폭력 모두에 각각 관련지은 여덟 개 유형으로 수정하였다. "Cultural Violence"에는 이러한 변화가 반영되어 있다. 한편 가장 최근에 발표된 논문 "Violence: Direct, Structural and Cultural"에서 갈퉁은 앞서 두 논문에서 복지욕구에 대한 직접적 폭력으로 분류했던 '불구화'나 '포위', '제재'를 생존욕구에 대한 직접적 폭력의 사례로 변경하였다. 이러한 변화를 이론의 자연스런 발전의 산물로 볼 수도 있겠지만, 여러 학자들이 지적하듯이 사실 이러한 혼란의 본질은 갈퉁이 부단히 시도하는 지나친 도식화 경향의 필연적 결과로 볼 수도 있을 것이다.

요한 사회적 약자들의 조직화와 의식화를 저지하는 기능과 밀접히 관련된다. 즉 자유 및 정체성 욕구를 위반하는 구조적 폭력 유형은 각각, 조직화를 저해하기 위한 —사회적 강자에 의한 약자의— 파편화와 주변화, 의식화를 방해하는 —약자의 의식으로의— 침투와 그 분열로 현상한다.

한편 언어, 예술, 종교, 이념, 도덕, 가치 등 인간 존재의 상징적 차원에서 작동하는 문화적 폭력은 살인, 빈곤, 억압, 소외, 착취 등 앞서 열거한 직접적·구조적 폭력의 모든 유형을 관통하며 이들에 정당성과 합법성을 부여함으로써 폭력을 은폐한다. 갈퉁에 따르면 직접적 폭력이 '사건'이고 구조적 폭력이 '과정'이라면, 문화적 폭력은 상당 기간 '장기 지속'되는 불변체로 두 폭력의 발현을 추동해내는 폭력의 기저층으로 작동한다. 하지만 실제 현실에서 직접적·구조적·문화적 폭력이 형성하는 '폭력의 삼각형'은 어느 각에서나 시작해 어느 방향으로나 흐를 수 있고, 그 과정에서 서로를 확대·재생산한다. 따라서 중요한 것은 세 유형의 폭력 사이의 인과적 서열이 아니라, 그들 간의 긴밀한 상호규정성, 또는 그로 인한 "폭력의 악순환"을 차단하는 것이다.[15] 갈퉁에게 진정한 평화가 직접적 폭력의 부재로서의 소극적 평화만이 아니라, 구조적 폭력과 문화적 폭력의 부재인 적극적 평화에 대한 지향으로 보완될 때만 가능한 것은 이 때문이다.

### 2) '구조적 폭력' 개념을 둘러싼 논란들

갈퉁이 새로운 폭력 개념을 선보인 뒤 이를 둘러싼 치열한 논쟁이 벌어졌다. 갈퉁 스스로 자인하듯이, 인간의 기본적 욕구의 위반으로서의 폭력

---

**15** J. Galtung, "Cultural Violence," p. 295.

개념이나, 직접적·구조적 폭력의 부재로서의 평화 개념에 대한 처음의 반응은 "너무나 부정적"이었다. PRIO 설립 25주년에 즈음해서까지도 그 활동에 제기된 가장 첨예한 도전은 이들 개념을 겨냥한 것이었다.[16] 특히 이러한 문제제기는 평화학과 밀접히 연관된 국제정치나 국제관계학 전공자들을 중심으로 지속적으로 이루어졌다.

예를 들어 갈퉁이 구조적 폭력 개념을 선보인 이듬해 같은 저널을 통해 발표된 논문에서 그로노(Jukka Gronow)와 힐포(Jorma Hilppo)는 갈퉁의 폭력 개념을 통렬하게 비판한다. 그에 따르면 폭력은 통상적으로 비난의 뉘앙스를 함축(condemnatory connotation)한다는 점에서 그 자체 가치판단을 담은 용어이기에 사용자의 규범, 이데올로기, 이해관계에 매우 의존적이며, 그 정치적 태도에 좌우되기 쉽다. 따라서 폭력은 윤리적 개념일 수는 있으나 사회과학의 유용한 이론적 개념이 되기 힘들며, 이를 뚜렷하게 증명해주는 것이 바로 갈퉁의 시도라는 것이다. 갈퉁의 목적은 폭력이 함축한 비난의 태도를 새로운 영역으로 향하게 함으로써 개념의 범위를 확장시키고자 하는 것이었고, 갈퉁 자신의 주장과 달리 그 확장의 근거는 논리적인 것이 아니라 규범적으로 바람직하지 않은 것의 리스트를 나열한 것이며, 따라서 "갈퉁의 폭력 개념 뒤에는 명백하게 정치적 목표가 숨겨져 있다"는 것이다.[17] 아이드(Kjell Eide) 역시 갈퉁의 폭력 개념처럼 용어 사용자의 가치구조에 따라 의미가 변화하는 규범적 개념은 그 가치구조의 기능이 되는 것이지, 그 자체로는 의미가 없다고 비판했다.[18] 갈퉁 비판의 고

---

**16** J. Galtung, "Twenty-five Years of Peace Research," p. 145.

**17** Jukka Gronow and Jorma Hilppo, "Violence, Ethics and Politics," *Journal of Peace Research*, Vol. 7, No. 4(1970), pp. 311~320. 인용은 p. 314.

**18** Kjell Eide, "Note on Galtung's Concept of Violence," *Journal of Peace Research*, Vol. 8, No. 1(1971), p. 71.

전이 된 한 논문에서 볼딩(Kenneth Boulding)은 "갈퉁이 좋아하지 않는 모든 것"으로 확장된 구조적 폭력 개념의 지나친 포괄성이 그것을 학적 용어가 아닌 메타포로 만들어버렸으며, 이를 통해 갈퉁은 평화학을 전쟁과 폭력뿐 아니라 인류를 괴롭히는 모든 악을 다루는 보편적 규범과학으로 확장하고자 했으나, 규범은 현실에 대한 인식의 왜곡을 낳을 수 있기에 언제나 위험한 것이라고 경고한 바 있다.[19] 초기의 부정적 인식과 달리 자신이 개진한 개념이 "평화연구에 대한 어떤 관념도 받아들여야 할 만큼 널리 퍼지게 되었다"는 갈퉁의 낙관이 근거 없는 것은 아니지만,[20] 위와 같은 반론은 현재까지도 꾸준히 이어지고 있다.[21]

하지만 관점을 달리한다면 갈퉁의 구조적 폭력 개념이 가능하게 한 전통적 평화학으로부터 비판적 평화학으로의 전환, 다시 말해 그의 평화연구를 주류 국제관계학과 뚜렷이 구별 짓는 '비판성'의 계기는 바로 위와 같은 반론들 자체에 숨어 있다고도 말할 수 있다. 갈퉁의 폭력 개념에 대한 반론들을 관통하는 공통성은 ① 바람직하거나 바람직하지 않은 등의 윤리적 평가를 함축하는 규범적 개념의 위험성에 대한 경고, ② 특정 행위자의

---

**19** Kenneth E. Boulding, "Twelve Friendly Quarrels with Johan Galtung," *Journal of Peace Research*, Vol. 14, No. 1(1977), pp. 75-86.

**20** J. Galtung, "Twenty-five Years of Peace Research," p. 145.

**21** John Keane, *Reflections on Violence*(London : Verso, 1996), p. 66; H. Muller, "Theories of Peace," ed. M. Evangelista, *Peace Studies: Critical Concepts in Political Science*, Vol. 1(London and New York : Routledge, 2005), p. 76; Claire Thomas, "Why don't We Talk about 'Violence' in International Studies," *Review of International Studies*, Vol. 37, No. 4(Oct. 2011), p. 1836 참조. 한국학자들의 갈퉁 비판도 이 맥락에서 크게 벗어나지 않는다. 신진욱, 앞의 글, 11-12쪽; 문성훈, 「폭력 개념의 인정이론적 재구성」,《사회와 철학》제20호(사회와철학연구회, 2010), 67-73쪽; 정천구, 「평화의 두 가지 개념에 관한 논쟁: 적극적 평화와 소극적 평화」,《서석사회과학논총》제4집 1호(조선대학교 사회과학연구원, 2011), 39-69쪽 참조.

의도와 그 수단만이 아니라 집합적 구조의 결과까지 포괄하도록 확장된 개념의 이론적 적실성에 대한 의문으로 정리할 수 있다. 이때 '그 자체 비난을 함축'하는 폭력 개념의 규범성이란 그 '불법성' —즉 힘의 '잘못된' 행사— 을 인정하는 것과 다르지 않다. 구조적 폭력 개념은 이 불법성을 국가 속에 제도화된 사회구조로 확장 적용한 것이며, 따라서 이에 대한 국제관계학자들의 반발은 충분히 예상 가능한 일이다. 국제관계학은 합법적 행위자로서 국가 간 관계를 전제로 하며, 따라서 전쟁같이 명백한 폭력현상을 다루는 경우에조차 힘(force)이나 대응(response) 등의 중립적 용어로 폭력이란 단어를 대체한다. 이는 폭력 개념이 지닌 평가적 차원의 위험성, 그로 인한 객관성의 훼손을 우려하기 때문이다. 하지만 갈퉁의 개념 사용이 그의 규범적 지향과 의도에 좌우된다는 비판자들의 지적이 단지 갈퉁만의 몫은 아닐 것이다. 특정 개념의 사용만큼이나, 의식적으로 그 사용을 기피하는 것 역시 주체의 지향과 의도를 반영한다. 전통적 국제관계학에서 보이는 폭력 개념의 회피, 즉 '힘'과 같은 중립적 용어로의 대체 또한 폭력을 "전형적이며 정당화 가능한 국가 행동"으로 보는 견해를 반영하며, "폭력을 국제 시스템 기능의 정상적 부분으로 인지하는 담론을 구성한다는 혐의"에서 자유롭기 힘들기 때문이다.[22]

더 나아가 폭력 개념과 같은 규범적 용어의 위험성을 주장하는 근거, 즉 객관성의 문제와 관련하자면, 근대적 문명화 과정에서 권력과 지식이 나누어온 깊은 공모관계가 푸코에 의해 낱낱이 밝혀진 이후 근대학문이 내걸었던 객관성의 신화가 국가권력의 합법성의 신화를 지탱하는 가장 주요

---

[22] C. Thomas, "Why don't We Talk about 'Violence' in International Studies," p. 1820, 1819.

한 메커니즘 중 하나였음은 이제 더 이상 새롭지 않다. 실제로 가치중립성의 요구에 대해 갈퉁은 "바라는 것이 무엇이고 거부되어야 하는 것이 무엇인지 밝히고 그런 관점에서 현실을 평가하는 것은 정당한 학문적 행위"라고 반박했다.[23] 나아가 그는 정치적인 것은 권력의 문제이고, 폭력은 직접적·구조적 형식 모두에 있어 권력의 행사와 관련되기에 평화 역시 권력과 관련되지 않을 수 없으며, 만일 이를 정치적이라 말한다면 "평화연구, 평화교육, 평화행동과 관련된 모든 것은 처음부터 끝까지 정치적인 것"이라고 명시적으로 밝혔다.[24]

갈퉁의 구조적 폭력 개념이 가능하게 한 '비판적' 평화학으로의 전환은 이처럼 불법성이나 비합법성의 함축을 그대로 간직한 폭력 개념이 사회구조와 결합됨으로써, 문명화 과정 자체가 동반한 제도화된 폭력들, 계급관계나 경제질서라는 이름 아래 국가 속에 내장된 다양한 억압기제와 착취구조에 대한 근원적 비판을 가능하게 했다는 점이다. 이런 관점에서라면 전통적 국제관계학에서 평화를 보장하는 가장 관습적인 단위로 간주되어 온 국가는 동시에 구조적 폭력의 가장 근원적인 실행자이기도 하다. 갈퉁의 개념 확장이 가능하게 한 것은 바로 이러한 인식지평의 확장, 즉 "국제관계학적 사고방식의 전면적 재설정과 (…) 그 인식론적 전환"이다.[25] 갈퉁에 대한 다른 지적들, 즉 이론적 난삽함이나 지나친 유형화의 오류들, 절충주의의 혐의 등은 나름의 근거를 가진다. 특히 포괄적이고 방대해진 개념을 어떻게 컨트롤하여 정밀한 학적 분석이나 구체적인 문제의 해결이 가

**23** J. Galtung, "Peace Studies as Countertrend in International Relations Theory: On the Linkage between Cosmology and Epistemology," 《평화연구》 제7권(고려대학교 평화연구소, 1998), 262쪽.

**24** J. Galtung, "Twenty-five Years of Peace Research," p. 151.

**25** J. Galtung, "Peace Studies as Countertrend in International Relations Theory," p. 243.

능하도록 만들 수 있을지는 여전히 남아 있는 문제다. 하지만 구조 속에서 자기 직분을 성실히 수행하는 것만으로도 폭력의 주체가 되는 그런 구조가 존재한다는 것, 즉 바우만이 1990년대에 이르러서야 얻은 그러한 통찰로 폭력에 대한 인식지평을 본능의 명령, 개인의 의지 너머로 확장시킨 의미는 충분히 인정될 수 있을 것이다.


## 3. 벤야민의 「폭력 비판을 위하여」와 그 현대적 변주들

### 1) 벤야민의 「폭력 비판을 위하여」: 신적 폭력의 아포리아(aporia)

인간 욕구나 권리의 위반, 또는 사회부정의와 동일시될 수 있는 확장된 폭력 개념으로 갈퉁이 관련 학계에 파장을 일으키던 그 즈음, 정치철학이나 종교철학, 법철학 등을 포함하는 철학 분야에서는 전혀 다른 움직임이 감지된다. 종교철학자 웨이드(Francis Wade)는 폭력이 '힘의 과잉'을 의미하는 'violentus'와 '위반'을 의미하는 'violare', 두 라틴 어에 어원을 둔다는 사실에서부터 출발해, 폭력을 권리의 위반으로 보는 이해가 근거를 가진다고 주장한다. 이에 기반해 그는 인간 권리를 침해하는 감춰진 제도적 힘이 가시적으로 행사된 힘만큼이나 폭력의 명확한 사례가 될 수 있다는 견해를 밝힌다.[26] 미국의 저명한 정치철학자 울프(Robert Wolff)는 여기서 한 걸음 더 나아가 폭력 개념이 함축하는 비합법성 자체에 의문을 제기

---

**26** Francis C. Wade, "On Violence," *The Journal of Philosophy*, Vol. 68, No. 12(June 1971), pp. 369-377.

한다. 즉 힘의 비합법적 행사로서 폭력을 이해하는 것은 힘의 합법적 행사를 암묵적으로 전제하는 것으로, 그 근저에는 신학적 믿음의 세속적 버전이라 할 수 있는 "정치적 권위의 합법성"의 신화가 놓여 있다는 것이다. 하지만 이는 어디까지나 신화에 불과하며, 따라서 정치적 권위, 즉 국가권력의 합법성 여부는 판단주체의 입장에 따라 달라질 수 있기에, 폭력은 그러한 정치적·이념적 입장이 "충돌하는 개념"이 될 수밖에 없다고 그는 말한다.[27]

울프의 이러한 주장은 갈퉁의 구조적 폭력 개념보다 훨씬 더 근본적이고 철저한 것이다. 즉 갈퉁의 구조적 폭력 개념은 사회구조와 폭력의 연루 가능성을 함축하지만, 이는 각종 억압기제나 착취 형식 등 '잘못 행사된' 구조의 기능에 머무는 것으로, 그러한 구조들을 작동시키는 국가와 법질서 자체에 도전하지 않는다. 다시 말해 갈퉁의 구조적 폭력은 '국가폭력'의 불법성을 타깃으로 하는 것이지, '국가에 독점된 폭력'의 합법성 자체를 겨냥하지는 않는다. 반면 울프의 문제의식은 어떠한 행위를 합법적이다, 불법적이다 판단하는 정의(定義)의 근원으로서 국가권력과 법의 권위 자체를 의심하고, 자신만을 합법성의 원천으로 간주하는 것을 가장 근본적인 폭력으로 규정함으로써 국가와 법, 그리고 폭력 사이의 '정상적'(이라고 받아들여진) 관계를 뿌리부터 흔들어버린다. 웨이드나 울프의 견해가 비슷한 시기 갈퉁을 둘러싸고 벌어진 논란과 어떤 관련이 있는지는 두 사람 모두 갈퉁을 인용하지 않기에 확인할 바 없다. 오히려 더 적법한 기원은 국가와 폭력, 법과 폭력의 관계에 대한 철학적 비판의 길을 연 벤야민의 에세이

---

**27** Robert P. Wolff, "On Violence," *The Journal of Philosophy*, Vol. 66, No. 19(Oct. 1969), pp. 601-616.

「폭력 비판을 위하여(Zur Kritik der Gewalt)」(1921, 이하 「폭력 비판」)에서 찾을 수 있을 것이다.

데리다(Jacques Derrida)가 지적한 바 있듯이 벤야민의 「폭력 비판」에서 '비판'은 폭력에 대한 거부나 비난 같은 부정적 평가를 의미하는 것이 아니다. 이는 마치 칸트의 '비판 3부작'의 '비판' 개념처럼 "판단이라는 형식 아래 결정을 함축하고 판단의 권리주체에 대한 질문을 함축"하며 그런 점에서 "그 자체가 법의 영역과 본질적인 관련을 맺는" 것이다.[28] 따라서 폭력에 대한 '비판적' 성찰의 출발점은 그것을 폭력으로 판단 내리는 정의(定義)의 주체를 묻는 일과 긴밀히 연관되며, 이는 폭력의 독점을 그 정의(定義)에 대한 독점에서부터 개시하는 법의 본질에 대한 물음으로 이어질 수밖에 없다. 이러한 '비판' 과정을 통해 벤야민이 전하고자 했던 메시지를 한마디로 요약한다면, '법은 폭력을 정의하고 폭력은 법을 정립한다'가 될 것이다. 벤야민이 모국어로 삼았던 독일어의 'Gewalt'가 폭력뿐 아니라 합법적 권력, 힘, 권능, 강제력 모두를 지시하는 것처럼 근대적 법질서 속에서 법과 폭력은 분리 불가능한 일체를 이룬다.[29]

벤야민은 어떤 행위가 폭력이 되는 것은 그것이 윤리적 상황에 개입할 때 비로소 가능하기에 폭력은 본원적으로 법과 정의(正義)의 문제와 관련될 수밖에 없음을 밝히는 것으로 자신의 폭력 비판을 시작한다. 법이론의 대표적 갈래인 자연법주의와 법실증주의가 대표하듯이, 이제까지 폭력은 법질서의 가장 원초적 토대인 목적과 수단 관계에 의해 규정되어왔다. 즉 자연법주의가 목적의 정당성을 통해 수단을 합법화하고자 노력한다면, 법

**28** 자크 데리다, 『법의 힘』, 진태원 옮김(문학과지성사, 2004), 76쪽.
**29** 발터 벤야민, 「폭력 비판을 위하여」, 최성만 옮김, 『발터 벤야민 선집 5』(길, 2008), 79쪽, 역주 2.

실증주의는 수단을 적법화함으로써 목적의 정의(正義)를 보증하려고 노력한다. 이러한 차이에도 불구하고 두 경향 모두 수단과 목적이 서로를 정당화하고 보증하는 순환고리에서 벗어나지 못하기에, "폭력 일반이 원칙으로서 (…) 윤리적이냐는 물음은 여전히 열린 채로" 남아 있을 수밖에 없다.[30]

이는 특히 실정법을 전제로 삼는 법실증주의의 폭력 구분, 즉 '승인된 폭력'과 '승인되지 않은 폭력'이라는 구분에서 더욱 가시적으로 드러난다. 벤야민은 이 구분이 가지는 의미 속에서 근대적 법과 폭력의 상호연루성을 밝혀낸다. 그 핵심은 근대적 법질서 속에서 법적 목적의 정의(正義)를 보증하는 수단의 적법성, 즉 승인된 폭력과 승인되지 않은 폭력을 구분하는 주체는 바로 법 자체라는 것이다. 즉 폭력은 법에 의해 합법성이 정의(定義)되고, 법은 승인된 폭력에 의해 법적 정의(正義)를 실행, 정립한다. 이렇게 정의(定義)의 주체이자 정의(正義)의 원천으로 일치된 법은, 자연적 목적에 의해 합법화될 수 있는 경우까지 포함하여 모든 폭력을 법적 주체로서의 개인에게서 빼앗아 그들의 폭력을 '승인되지 않은 폭력'으로 범주화하여 '승인된 폭력'을 독점한다. 벤야민이 말하는 폭력의 법 정립적 성격, 또는 법 정립의 폭력적 계기란 이를 일컫는다.

한편 폭력은 법 정립의 단계뿐만 아니라 법이 관철되고 실행되는 과정에도 깊숙이 연루된다. 군대나 경찰, 특히 사형제도에서 단적으로 드러나듯이 법 정립적 폭력에 봉사하는 관리된 폭력을 벤야민은 "법 보존적 폭력"으로 개념화한다. 결국 "모든 폭력은 수단으로서 법 정립적이거나 법 보존적이다. (…) 이로부터 수단으로서 모든 폭력은 (…) 법 일반의 문제성

---

**30** 같은 글, 80쪽.

에 관련되어 있다는 결론이 나온다."[31]

중요한 사실은 법이 폭력독점에 몰두하는 궁극적 이유가 정의(正義)로 대표되는 법적 목적을 지키기 위해서라기보다, 법 자체를 지키기 위함이라는 점이다. 즉 법이 진정으로 두려워하는 것은 법 내부에서의 그 위반이 아니라, 법 바깥에서의 그 부정이다. 전쟁권과 더불어 유일하게 인정되는 폭력의 권리인 파업권이 제한되는 상황(즉 총파업의 불법화)이나, '대'범죄자가 불러일으키는 공포 속에서 벤야민은 이를 읽어낸다. 총파업의 혁명성이나 대범죄자의 형상에 각인된 '입법가나 예언가의 원시적 흔적'은[32] "법적 상황을 근거 짓고 수정할 수 있는" "새로운 법의 근거"를 정립하는 것과 관련된다.[33] 기존의 법질서를 일거에 무력화시킬 수 있는 이러한 폭력에 맞서 법은 승인된 폭력으로서의 법의 기원을 부단히 드러내며 반복한다. 벤야민이 법 정립적 폭력과 법 보존적 폭력을 신화적 폭력으로 통칭한 것은 이런 맥락에서일 것이다. 신화가 어떤 기원을 지속적으로 정당화하는 메타서사라면, 법 정립적 폭력과 법 보존적 폭력은 "신화와 법이 교배하여 낳은" 신화적 폭력에 다름 아니다.[34] 벤야민은 법과 폭력 사이의 이러한 본질적 상호구성성에 주목하여 "모든 신화적 폭력, 개입하여 통제하는 폭력이라고 불러도 좋은 법 정립적 폭력은 배척해야 마땅하다. 그 폭력에 봉사하는 관리된 폭력이라고 할 수 있는 법 보존적 폭력 역시 배척해야 마땅하다"고 선언한다.[35]

벤야민은 이러한 신화적 폭력에 중단을 명할 수 있는 어떤 순수한 폭

---

**31** 같은 글, 96쪽.
**32** 자크 데리다, 앞의 책, 92쪽.
**33** 발터 벤야민, 앞의 글, 89, 115쪽.
**34** 같은 글, 116쪽.
**35** 같은 글, 116쪽.

력의 가능성을 '신적 폭력'이라는 이름으로 제시한다. 아감벤(Giorgio Agamben)이 지적하듯이 벤야민 에세이의 궁극적인 목표는 이러한 신적 폭력의 가능성, 즉 "완전히 법 바깥에, 그리고 법 저편에 자리하면서 그 자체로 법 정립적 폭력과 법 보존적 폭력의 변증법을 폭발시켜버릴 수 있는 폭력의 가능성을 확증하는 것"에 다름 아니다.[36] 신화적 폭력이 법에 의해 정의된다면, 신적 폭력은 "법 정립의 부재를 통해 정의"되며, 그런 의미에서 "신화적 폭력이 법 정립적이라면, 신적 폭력은 법 파괴적"이다. 법과의 연관을 벗어버린 신적 폭력은 목적에 의한 정당화를 필요로 하지 않는 순수한 수단으로서의 폭력이며, 이렇게 목적과 수단 사이의 신화적 순환고리를 돌파하여 목적과 수단, 즉 법과 폭력의 관계를 폭로하는 동시에 폐기한다. 이렇게 "법과 더불어 그 법에 의존하는 폭력들처럼 그 법이 의존하는 폭력들의 전체"를 "탈정립"하는 것이 신적 폭력이며, 법적 목적에 봉사하지 않는 신적 폭력은 정의(定義)와 정의(正義)를 독점하지 않음으로써 진정으로 정의롭다. 이로써 정의(正義)는 신화적 법 정립의 본질이 아니라 신적 목적 설정의 원리로 전치된다.[37]

법과 폭력 사이의 본원적 상호규정성을 입증하는 벤야민의 신화적 폭력이 —갈퉁의 구조적 폭력보다 더 근본적인 의미에서— 근대적 법질서와 체계 자체에 '의한' 폭력을 의미한다면, 그의 신적 폭력은 그 질서와 체계에 '대한' 폭력의 가능성을 암시하는 것으로 해석될 수 있다. 실제로 신적 폭력 개념은 법에 대항하여 법을 넘어서고자 하는 다양한 저항폭력에 대한 정당화 근거로 참조되기도 했다.[38] 특히 이 에세이의 특정 구절들, 즉 신

---

**36** 조르조 아감벤, 『예외상태』, 김항 옮김(새물결, 2009), 105쪽.
**37** 인용은 차례대로 발터 벤야민, 앞의 글, 112, 111, 116쪽.
**38** 심지어 데리다는 바이마르 헌법의 중지라는, 법의 중단이 가능하게 한 홀로코스트의 대학

적 폭력이 "종국에는 국가권력을 탈정립하는 데서 새로운 역사 시대의 토대가 마련된다"거나, "폭력이 법의 테두리를 넘어서서 순수하고 직접적인 폭력으로 존속하는 것이 보장되어 있다면, 그로써 혁명적 폭력 역시 가능하다"는 언급들은 이를 뒷받침하는 근거가 되곤 했다.[39]

하지만 신적 폭력을 묘사하는 벤야민의 언어는 매우 시적이고 형상적이어서 하나의 이해로 수렴되기 힘들다. 더구나 에세이에서 벤야민은 신적 폭력의 구체적인 사례를 직접적으로 언명한 바 없을뿐더러, 그 존재 여부를 결정하는 것은 가능하지도 시급하지도 않으며, 인간에게 인식 가능한 것은 신적 폭력이 아니라 신화적 폭력뿐이라고 밝힌 바 있다.[40] 더욱 중요한 사실은 위에 인용한 "폭력이 법의 테두리를 넘어서서 순수하고 직접적인 폭력으로 존속하는 것이 보장되어 있다면"이라는 문장이 암시하듯이, 신적 폭력이 법과의 연관을 기각한 순수한 폭력으로 '지속'될 가능성, 즉 새로운 법으로 스스로를 정립함 없이 법적 폭력을 탈정립하는 순수한 수단으로 '남을' 가능성은 벤야민에게조차 오로지 가정으로서만 존재한다는 점이다. 신적 폭력이 "새로이 몰락할 새로운 법의 근거"로, 즉 언젠가 다른 신적 폭력에 의해 중단될 새로운 법적 폭력으로 타락할 가능성은 얼마든지 존재한다. 1920년대 벤야민에게 신적 폭력이라는 철학적 상상을 가능

---

살을 신적 폭력의 일종으로 사고하게 만드는 유혹이 벤야민의 「폭력 비판」에 내재해 있다는 혐의까지 제기한 바 있다. 이에 대해서는 다음 장에서 고찰할 데리다의 폭력론에서 더 자세히 살펴볼 것이다. 자크 데리다, 앞의 책, 134-136쪽 참조. 나치즘의 희생자였던 벤야민의 신적 폭력론이 나치 이념을 정당화하는 근거가 되었다는 '벤야민의 역설'과 관련된 논란에 대해서는 고현범, 「현대 폭력론에 대한 연구—발터 벤야민의 「폭력 비판론」에 대한 데리다의 독해를 중심으로」, 《대동철학》 제50집(대동철학회, 2010), 87-94쪽; 조르조 아감벤, 앞의 책, 103-124쪽 참조.
**39** 발터 벤야민, 앞의 글, 116쪽.
**40** 같은 글, 116쪽.

하게 한 볼셰비키 혁명이 이후 정말 '신화적일 정도로' 거대하고 처참한 대량폭력의 기원이 되었다는 사실을 떠올린다면, 신적 폭력 주위에 벤야민이 은밀히 뿌려놓은 유예의 단서들은 예언적이기까지 하다.

"폭력의 양가성을 해법이 아니라 아포리아로 제시"하는[41] 벤야민의 이런 주저의 흔적들은 신적 폭력에 대한 일의적 해석의 시도들을 끊임없이 좌절시킨다. 따라서 벤야민의 「폭력 비판」을 단지 대안적 폭력의 철학적 합법화 가능성으로 성급하게 받아들여서는 안 될 것이다. 오히려 이 에세이가 전하는 궁극적 메시지는 순수한 수단, 또는 목적 없는 수단이라는 역설을 통해 법과 폭력, 정치와 폭력 사이의 상호구성성을 은폐해왔던 오랜 철학적 전통을 급진적으로 재고함으로써, 반복될 모든 '폭력의 악순환'을 끊으려 했다는 데서 찾아야 할 것이다. 그럼에도 '마지막 폭력'이라는 불가능한 가능성에 대한 벤야민의 부인할 수 없는 기대는 "아직 혁명의 성취에 대한 희망을 잃지 않았던 벤야민 시대의 유물"로 판단할 수도 있을 것이다.[42]

## 2) 벤야민의 현대적 변주들: 아렌트와 지젝의 폭력론

### (1) 아렌트의 폭력론: 권력과 폭력

벤야민의 「폭력 비판」이 발표된 이후 "불안하고 수수께끼투성이고 극히 다의적인 이 텍스트"는 많은 지식인의 영감과 상상력을 자극하며 다양하게 변주되었다.[43] 아렌트, 데리다, 아감벤, 발리바르(Étienne Balibar), 지젝

---

41 에티엔 발리바르, 『폭력과 시민다움—반폭력의 정치를 위하여』, 진태원 옮김(난장, 2012), 88쪽.
**41** 에티엔 발리바르, 『폭력과 시민다움—반폭력의 정치를 위하여』, 진태원 옮김(난장, 2012), 88쪽.
**42** 김용대, 「폭력과 인권—소렐, 아렌트, 벤야민에서의 폭력의 문제」, 《민주주의와 인권》 제4권 1호(전남대학교 5·18연구소), 2004, 104쪽.
**43** 자크 데리다, 앞의 책, 63쪽.

등 대표적인 현대 사상가들의 이론과 「폭력 비판」 사이의 —부분적이거나 전면적인— 상호 텍스트성을 확인하는 일은 그다지 어렵지 않다. 특히 아렌트와 지젝은 각각 『폭력에 대하여(*On Violence*)』(1969)와 『폭력(*Violence*)』(2008)이라는 저작으로 '벤야민의 이름'에 직접적으로 응답했다.[44] 같은 유대계 독일인으로 나치즘의 악몽을 공유한 벤야민과 아렌트의 폭력이론의 유관성이야 말할 것도 없지만, 특히 지젝은 『폭력』의 마지막 장을 벤야민의 신적 폭력의 현대적 의미를 탐색하는 데 할애한다.

벤야민이 법과 폭력, 정치와 폭력의 내밀한 연관을 폭로하고 중지시키는 수단으로 신적 폭력을 상상했다면, 아렌트는 권력과 폭력의 상호배타성을 개념적으로 각인함으로써 권력에서 폭력을 끊어내고자 했다. 그녀의 『폭력에 대하여』는 바로 이러한 시도다. 아렌트는 정치적 좌파에서부터 우파에 이르기까지 폭력을 권력의 본성으로 간주하는 합의가 광범위하게 형성되어 있다는 사실에 주목한다. 그녀는 근본적으로 이는 권력과 폭력 개념을 합당하게 구별하지 않기에 발생하는 것이라고 주장한다. 그녀에 따르면 권력은 "제휴하여 행위할 수 있는 인간의 능력"으로, 권력을 만들어내는 집단, 즉 인민으로 구성되는 정치공동체의 현존에 내재하는 것이다. '권력 이면의 권력'이라 할 인민의 동의가 권력의 정당성을 보증하기에, 권력은 그 자체로 목적이며 정당화를 필요로 하지 않는다.

반면 폭력의 가장 큰 특징은 그 도구적 본성에 있으며 모든 도구나 수단이 그러하듯이 정당화를 필요로 한다. 아렌트에 따르면 스스로 목적이자 정당성을 내면화한 권력이, 정당화를 필요로 하는 폭력을 수단으로 요

---

**44** 한글로는 차례대로 『폭력의 세기』, 『폭력이란 무엇인가: 폭력에 대한 6가지 삐딱한 성찰』로 번역되었다. 한나 아렌트, 『폭력의 세기』, 김정한 옮김(이후, 1999); 슬라보예 지젝, 『폭력이란 무엇인가: 폭력에 대한 6가지 삐딱한 성찰』, 이현우·김희진·정일권 옮김(난장이, 2011).

구하는 순간, 이미 권력은 몰락의 길로 들어서는 것에 다름 아니다. 권력을 폭력으로 보완하거나 대체하려는 유혹을 만들어내는 것은 권력의 상실 자체이거나, 권력의 본질을 명령과 복종으로 환원하고자 하는 욕망 때문이다. 하지만 폭력은 권력을 파괴할 수는 있으나 생산할 수는 없으며, 때로 목적을 압도하는 폭력의 불예측성과 임의성은 이 과정을 더욱 가속화한다. 따라서 "권력과 폭력이 동일하지 않다고 말하는 것으로는 불충분"하며, "권력과 폭력은 대립적"이며, 폭력의 반대는 비폭력이 아니라 바로 권력이다.[45]

이상의 간단한 스케치를 통해서도 아렌트의 폭력론이 벤야민의 그것에 얼마나 기대고 있는지 충분히 짐작할 수 있다. 두 사람 모두 법, 권력, 폭력과 같은 고도의 연관 개념을 관계항으로 삼아 이를 목적-수단 관계에서 고찰하는 한편, 목적에 의한 정당화를 필요로 하는 폭력을 거부한다. 반면 중요한 차이는 벤야민에게 권력의 확립이 법 정립과 마찬가지로 폭력과 근원적으로 연루된 행위라면, 아렌트의 권력은 폭력과의 연관이 본원적으로 기각된 개념, 즉 공동체의 자유로운 의사소통과 합의를 이끌어내는 행위로 상정된다는 점이다. 따라서 아렌트의 권력 개념은 이미 그 자체로, 폭력의 연쇄를 정지시키는 신적 폭력에 상응하는 기능을 갖는다. 더 정확히 말해 정당화를 필요로 하지 않는 '목적 그 자체'인 아렌트의 권력은 —법에 의한— 정당화를 필요로 하지 않는 '순수한 수단'인 신적 폭력의 거울상이라고 할 수 있다. 벤야민이 파기하고자 했던 신화가 법과 폭력 사이의 상호연루를 은폐하는 철학적 전통이었다면, 아렌트가 해체하고자 했던 신화는 권력과 폭력의 상호연루를 당연시하는 "거의 하느님의 계명의

---

**45** 한나 아렌트, 앞의 책(1999), 62-91쪽. 인용은 순서대로 74, 90쪽.

자동적인 일반화"[46]에 준하는 정치적 맹신이다. 그런 의미에서 "도구적 폭력과 권력 (…) 에 대한 아렌트의 구별은 벤야민의 신화적 폭력과 신적 폭력의 구별로부터 파생된 것"이라는 주장은 충분한 근거를 갖는다.[47]

권력과 폭력의 상호배타성을 개념적으로 상정함으로써 권력의 '구조'로부터 폭력을 원천적으로 분리해낸 아렌트의 이론에서 구조와 체계에 대한 대항폭력의 가능성 역시 자동 소멸되는 것은 논리적 귀결일 것이다. 사실 폭력론보다 앞선 아렌트의 『혁명론(*On Revolution*)』(1963)을 준거로 (대항)폭력에 대한 아렌트적 역설을 주장하는 의견이 존재하는 것도 사실이다. 예를 들어 혁명론의 다음과 같은 부분, 즉 "혁명은 우리에게 '시작'의 문제를 불가피하게 (…) 대면케 하는 유일한 정치적 사건"이며 "시작은 폭력을 사용하지 않고 규범을 위반하지 않은 채로는 진행될 수 없"기에 "태초에 범죄가 있었다는 확신은 (…) '태초에 말씀이 있으셨다' (…) 못지않게 인간 상태에 대한 자명한 설득력을 지니고 있다"는 구절이 그것이다.[48] 그러나 혁명론의 주조음이 시작과 폭력의 관계보다 시작과 혁명의 관계에 놓여 있다는 사실, 즉 정치적인 행위와 시작하는 능력이 동일시되는 아렌트적 '탄생(natality)의 철학'의 본질, 더 나아가 그 시작의 원리로서 공적 자유(freedom), 상호약속과 공동심의 등에 놓여 있다는 점을 간과하면 안 될 것이다. 이런 맥락에서라면 그녀의 폭력론이 권력과 폭력의 분리 불가능성이라는 맹목의 해체인 것처럼, 혁명론은 시작과 폭력의 분리 불가능성을 구성하는 자명성의 재고(再考)로 해석하는 편이 더 타당할 것이다.

---

**46** 같은 책, 67쪽.

**47** Peg Birmingham, "On Violence, Politics, and the Law," *The Journal of Speculative Philosophy*, Vol. 24, No. 1(2010), p. 5.

**48** 한나 아렌트, 『혁명론』, 홍원표 옮김(한길사, 2005), 84–85쪽.

실제로 아렌트는 소렐부터 사르트르, 파농에 이르는 폭력혁명론은 물론이거니와, 당시 학생운동이나 흑인운동권에 널리 공유되었던 폭력의 정당성에 대한 주장을 유아론적인 것으로 치부하며 단호히 반대했다. 이는 68혁명, 베트남 반전운동, 인권운동, 여성운동의 활발한 전개 속에 합법적 시민운동의 가능성이 광범위하게 확대된 당시의 상황과도 관련될 터다. 다른 한편 일찍이 자살한 벤야민과 달리 아렌트는 신적 폭력을 참칭한 전체주의의 참상과 몰락의 과정을 가감 없이 지켜보았다.

문제는 아렌트적 의미의 권력, 즉 아테네의 이소노미아(isonomia)나 로마의 키비타스(civitas) 같은 자유롭고 평등한 권력을 현실에서 발견하는 게 쉽지 않다는 사실이다. 실제 현실 속에서 권력과 폭력은 아주 자주 서로를 동반하며, 많은 경우 "권력은 총구에서 나온다." 아렌트 스스로도 "권력과 폭력은 별개의 현상이지만, 대개 함께 나타"나며, "폭력과 권력의 결합보다 더 평범한 일도 없고, 폭력과 권력을 순수한 (…) 형태로 발견하는 것보다 덜 빈번한 일은 없다"고 전제하지만,[49] 그럼에도 그녀가 "권력과 폭력을 서로에 대한 절대적 타자로 만들어"버리는 오류를 범했다는 지적이 드물지 않은 것은 이 때문이다.[50]

하지만 이 지점에서 "아렌트의 폭력론, 특히 폭력과 권력을 구분하자는 그녀의 주장이 벤야민의 신적 폭력에 대한 이해를 진전시키고 명확히 하기 위한 시도"라는 견해에 귀를 기울일 필요가 있다.[51] 아렌트가 권력과 폭력 사이를 작위적일 정도로 배타적인 관계로 대립시킬 수밖에 없었던 것은 역설적이게도 권력과 폭력이, 혁명과 폭력이 분리 불가능할 정도로 긴밀하게

---

**49** 한나 아렌트, 앞의 책(1999), 85, 78쪽.
**50** 신진욱, 앞의 글, 19쪽 참조.
**51** Peg Birmingham, op. cit., p. 8.

결탁된 현실을 배경으로 한다. 권력과 폭력을 개념적으로 단절시킨 아렌트의 의도는 이러한 현실로부터의 해방의 가능성을 (신적 폭력을 포함하여) 여하한 폭력과도 단절된 권력의 복원, 즉 공동체의 자유로운 의사소통과 합의를 이끌어내는 '정치적 행위'의 복원 속에 위치 지음으로써 벤야민적 아포리아로부터 탈출하려는 기획으로 볼 수 있다. 이는 그녀가 전 생애에 걸쳐 부단히 주장해왔던 진정한 정치적 가능성의 부활, 즉 인간을 '단순한 삶(sheer life)', '벌거벗은 생명(bare life)'을 넘어 진정으로 인간이게 하는 조건의 회복, 대화와 소통, 우정과 연대에 기반한 공적 영역의 활성화 요구와 일치하는 것이기도 하다. 아렌트의 말년, 그녀가 폭력론을 썼던 1960년대 말 서구 지성계의 분위기를 생각한다면 이러한 해법의 급진성을 이해할 수 있다. 폭력의 과감한 수용이 진보의 징표이자 지식인의 양심인 것처럼 간주되던 분위기 속에서 아렌트의 폭력론은 일종의 지적 결단으로까지 읽힐 수 있다.

하지만 '정치의 종식'에 대한 공공연한 선언을 가능하게 하는 전 지구적 자본주의체제, 그럼에도 서발턴, 지구화의 인간쓰레기, 호모 사케르 등 각양각색의 이름표를 단 '벌거벗은 생명'을 양산해내는 지구화의 현실은 '정치의 복원'에 대한 아렌트의 기획을 그 근저에서부터 위협한다. 이렇게 정치가 종으로서의 인간 생명의 관리와 통제로 대체되는 '탈정치적 생명정치'의 시대, 벤야민의 신적 폭력은 지젝에 의해 21세기로 다시 소환된다.

### (2) 지젝의 폭력론: 폭력의 양가성

지젝은 『폭력』에서 폭력의 유형을 주관적 폭력, 상징적 폭력, 체계적 폭력 세 가지로 분류한다. 후자의 상징적 폭력과 체계적 폭력은 전자와 대비하여 객관적 폭력으로 통칭되기도 한다. 먼저 주관적 폭력은 명확히 식별

가능한 행위자가 저지르는 직접적이고 가시적인 폭력으로 각종 범죄, 테러 행위, 사회폭동, 국제분쟁 같은 것이 해당된다. 두 번째로 상징적 폭력은 언어라는 상징을 통해 발현되는 폭력이다. 하지만 이는 단순한 언어폭력이나, 부르디외(Pierre Bourdieu)의 '상징폭력' 개념처럼 억압이나 지배를 정당화하는 상징적 기능에 국한되는 것이 아니다. 보다 근본적으로 이는 "시인은 살인자다"라는 원초적 각성에서 드러나듯이 대상에 의미를 부과하는 언어행위 자체에 본질적으로 내재하는 것이다. 마지막으로 체계적 폭력은 정치 및 경제체계가 작동할 때 나타나는 파국적 결과를 의미한다. 지젝의 폭력론은 바로 이와 같은 "주관적·객관적(체계적─필자)·상징적이라는 세 가지 방식의 폭력이 복잡하게 벌이는 상호작용에 대한 분석"이다.[52]

지젝의 '주관적-체계적-상징적' 폭력 유형은 당연히 갈퉁의 '직접적-구조적-문화적' 폭력의 삼각형을 떠올리게 하며, 두 삼각형의 대응각 사이에는 사용된 용어만큼이나 어느 정도의 상응성도 존재한다. "지젝이 갈퉁을 무시하고"[53] 있는지는 알 수 없으나, 박학과 다식으로 정평이 난 지젝의 갈퉁에 대한 이 ─의도된?─ 무지는 그 자체로 연구감이다. 지젝은 "이 나라에서는 6초마다 한 여성이 강간당합니다!" 같은 선정적인 구호로 눈에 보이는 폭력에만 주의를 집중시키는 가짜 급박함을 '뒤틀어', 드러나지 않는, 그러나 비교할 수 없이 파괴적인 객관적 폭력에 눈을 돌릴 것을 권한다.[54]

---

**52** 슬라보예 지젝, 앞의 책, 23~24쪽. 인용은 38쪽. 한글본에서는 systemic violence를 '구조적 폭력'이라고 번역하고 있으나, 지젝의 systemic violence는 전 지구적 자본주의체제에 의한 폭력을 뜻하기에 앞으로 이 글에서는 구조와 체제의 의미가 결합된 '체계적 폭력'으로 고쳐서 인용할 것이다. 간혹 지젝은 객관적 폭력을 체계적 폭력과 동의어로 사용하기도 한다.

**53** 허우성, 「몫이 없는 자를 위한 신적 폭력」, 《철학과현실》 제90호(철학문화연구소, 2011), 261쪽.

**54** 슬라보예 지젝, 앞의 책, 29, 37~38쪽.

이것이 『폭력』의 부제인 "six sideways reflection"의 포문을 여는 첫 번째 '삐딱함'일진대, 사실 이는 갈퉁이 이미 40여 년 전에 제안한 바다. 그럼에 도 지젝의 무시, 또는 무지가 정당화될 수 있는 근거는 그가 제안하는 새로운 폭력의 삼각형과 갈퉁의 그것과의 차이, 특히 지젝의 체계적 폭력이 갈퉁의 구조적 폭력보다 훨씬 더 근본적이고 비판적인 개념이라는 데서 찾아야 할 것이다.

갈퉁의 구조적 폭력과 달리, 또는 앞서의 울프나 벤야민의 문제의식과 유사하게, 지젝의 체계적 폭력은 국가폭력이나 공권력의 남용, 착취구조나 억압기제 같은 체계의 이상(異常) 기능이 아니라, 그 체계가 지극히 '정상적' 으로 작동할 때 발휘되는 필연적 결과다. 다시 말해 "주관적 폭력이 정상적이고 평온한 상태를 혼란시키는 것"처럼 보이는 데 반해, "체계적 폭력은 바로 이 정상적인 상태에 내재하는 폭력"으로, 이것이 가시화되지 않는 이유는 우리가 무언가를 폭력이라고 인식하는 바로 그 기준이 되어주기 때문이다. 따라서 체계적 폭력은 "더 이상 구체적인 개인들과 그들의 '악한' 의도의 탓으로 돌릴 수 없으며, 순수하게 '객관적'이고 체계적이며 익명성을 띠"는 것이다.[55]

반면 지젝의 체계적 폭력 개념을 갈퉁은 물론, 울프나 벤야민과도 구별 짓는 특성은 첫째로 이것이 근대적 법질서나 국가권력 등 문명화 과정 일반의 폭력으로 추상화되는 것이 아니라, '자본주의'라는 구체적 이름 아래 "철저히 역사화"된 개념으로 제시된다는 점,[56] 두 번째로는 국민국가의 경계에 제한되지 않고 전 지구적으로 확대된 체계를 대상으로 삼는다는 점

---

**55** 같은 책, 24, 40쪽.
**56** 같은 책, 39쪽.

이다. 그 핵심에 있는 것은 '글로벌 스탠더드'라는 새로운 보편의 이름으로 전 지구적으로 자기증식하며 관철되는 "자본의 형이상학적 춤사위"이며, "바로 거기에 자본주의의 근본적인 체계적 폭력이 존재"한다. 지젝에 따르면 이 전 지구적 자본주의체제의 폭력은 그 이전 시대의 어떤 폭력보다 훨씬 더 섬뜩하고 불길하다.[57]

벤야민의 신적 폭력이 21세기에 새로이 기입될 수 있는 것은 바로 이러한 맥락에서다. 지젝은 글로벌 자본주의 체제에 내장된 체계적 폭력에 대한 해방의 전략 속에 벤야민의 신적 폭력을 재배치한다. 우선 지젝은 신적 폭력과 근본주의적 테러 사이에 단호하게 선을 긋는다. 테러리즘은 무능을 감추기 위한 폭력의 분출로, 분노라는 투기자본의 전 지구적 순환에 다름 아니다. 또 벤야민의 신적 폭력을 둘러싼 분분한 해석에 대해 지젝은 특유의 과감함으로 신적 폭력을 실제로 존재했던 역사적 현상과 등치시키는 것을 두려워하지 말아야 한다고 주장한다. 그 역사적 사례로 그가 든 것 중 하나가 2004년 아이티 사태다. 아리스티드(Jean Bertrand Aristide) 전(前) 대통령이 이끈 해방투쟁에서 "대중이 절박하게 행사하는 폭력적인 자기방어"를 지젝은 신적 폭력의 실례로 제시한다.[58] 그의 정의에 따르면 신적 폭력이란 "백성의 소리는 신의 소리라는 말이 뜻하는 바로 그 의미 속에서 신적인 것"으로, "구조화된 사회적 공간의 바깥에 있는 자들"이 휘두르는 "초도덕적일지는 몰라도 부도덕한 것은 아닌" 그런 폭력이다. 더나아가 그는 "순수한 폭력의 영역, 그러니까 법 (…) 바깥의 영역, 법 제정적이지도 법 보존적이지도 않은 이 폭력의 영역은 사랑의 영역"이라고까지

---

**57** 같은 책, 40쪽.
**58** 슬라보예 지젝, 「민주주의에서 신의 폭력으로」, G. 아감벤, A. 바디우, S. 지젝 외, 『민주주의는 죽었는가』, 김상운·양창렬·홍철기 옮김(난장, 2009), 177-190쪽.

말한다.[59]

그렇다면 지젝의 단호함이, 또는 그 어느 시대보다 섬뜩한 전 지구적 자본주의의 폭력적 현실이 신적 폭력을 둘러싼 벤야민의 아포리아를 돌파하게 했는가. 이제 신적 폭력은 체제와 구조에 대한 대항폭력의 이론으로 안착했는가. 그런 것 같지는 않다. 지젝은 신적 폭력에 대한 장의 결론 부분에서 어떤 폭력이 신적 폭력인지 식별할 수 있는 객관적 기준은 없으며, 같은 행위를 두고 외부의 관찰자는 그걸 단순히 폭력이 분출되는 행위로 볼 수도 있고, 직접 참여한 자에게는 신적 폭력이 될 수도 있다고 말한다. 결국 어떤 것을 "신적 폭력으로 읽고 떠맡는 위험은 순전히 주체의 몫"이 되는 셈이다. 이러한 지젝의 언급은 신적 폭력을 결코 정의될 수도, 인식될 수도 없는 것으로 유예한 벤야민을 환기시킨다.[60] 뿐만 아니라 에필로그에서 지젝은 바틀비(Bartleby)의 수동성을 예로 들어 체계 내에서 변화를 일으키기 위한 첫 번째 제스처는 활동을 철회하는 것이라는 주장을 제기한다. 권력자들이 비판적 참여보다 더 두려워하는 우리 안의 '불길한 수동성'을 급진화하는 것이야말로 진정한 정치적 행위라는 것이다. 이러한 주장의 결과, "폭력에 반대한다는 거짓 주장을 거부하는 것"에서 시작된 지젝의 『폭력』은 역설적이게도 "때로는 아무것도 하지 않는 것이 가장 폭력적으로 무언가를 하는 것이다"라는 문장으로 끝난다.[61]

"안 하는(I would not prefer to)" 것이 아니라, "안 하는 것을 '하는'(I would prefer not to)" 바틀비적 수동성의 급진성에 대해서는, 들뢰즈·네그리·아감벤 등 여러 사상가들이 이미 그러했듯이, 따로 곱씹어 생각해볼 만

---

**59** 슬라보예 지젝, 앞의 책(2011), 277, 281쪽.
**60** 슬라보예 지젝, 앞의 책(2011), 27쪽; 발터 벤야민, 앞의 글, 116쪽.
**61** 슬라보예 지젝, 앞의 책(2011), 283, 297쪽.

하다.[62] 그럼에도 신적 폭력, 더 나아가 폭력 일반에 관한 지젝의 모호한 태도에는 많은 비판이 뒤따랐다. "(지젝이) 대항폭력(신적 폭력)과 비폭력(바틀비)의 변증법을 (…) 얼개로 삼아 '맥락'에 따라서 어떤 경우에는 대항폭력을, 다른 경우에는 비폭력을 대안으로 제시한다는 인상을 지우기 어렵다"는 지적이 한 예가 될 수 있다.[63] 지젝 스스로도 정리한 바 있듯이 이 비판들의 핵심은 정작 무엇을 할 것인가라는 구체적 대목에 이르러서는 ① 바틀비의 수동성의 정치학, ② 혁명적인 거대한 폭력의 준비, ③ 부분적인 실용적 개입이라는 세 가지 경우의 수 사이에서 지젝이 끊임없이 동요한다는 것이다. 이에 대해 지젝은 그 혐의를 인정하면서도 왜 하나의 선택을 해야만 하는지 되묻는다. 즉 이 모호한 시대에 어떤 것이 타당한 길인지는 구체적 상황의 구체적 분석에 따라 달라질 수 있다는 것이 그의 항변의 요체다.[64]

다문화주의적 관용과 탈근대적 상대주의의 득세 속에 이를 제압할 '보편적 진리의 정치'를 비타협적으로 주장하는 모습에서 지젝의 매력을 발견하던 이들에게 이러한 답변은 당황스러울 것이다.[65] 또 지젝 특유의 '과감한' 전략적 단절에서 '쿨한' 해법의 영감을 얻던 이들에게 폭력의 앞뒤는 물론, 좌우까지 두루 챙기는 모습은 낯설고 어색한 것일 터다. 하지만 벤야민으로부터 아렌트를 따라 더듬어온 폭력에 대한 이론적 계보의 끝자락에

---

**62** 바틀비의 급진적 수동성과 체계적 폭력의 관계에 대해서는 황정아, 「법의 폭력, 법 너머의 폭력」, 《인문논총》 제67집(서울대학교 인문학연구원, 2012), 233-236쪽 참조.

**63** 김정한, 「폭력과 저항―발리바르와 지젝」, 《사회와 철학》 제21집(사회와철학연구회, 2011), 383쪽.

**64** Slavoz Zizek, "Some Concluding Notes on Violence, Ideology and Communist Culture," *Subjectivity*, Vol. 3, No. 1(April 2010), pp. 101-102.

**65** 이러한 반응은 예를 들어 Sean Homer, "To Begin at the Beginning Again: Zizek in Yugoslavia," *Slavic Review*, Vol. 72, No. 4(Winter 2013), pp. 726-727 참조.

서 지젝의 이런 모습에 대한 최종 평가 역시 유보될 수밖에 없다. 신적 폭력에 대한 지젝의 양가적 태도는 어느 한 개인의 비일관성의 차원이 아니라, 벤야민을 끊임없이 주저하게 만들었던, 또는 아렌트를 가차 없이 단호하게 만들었던 폭력의 양가성 자체, 더 나아가 대항폭력과 비폭력을 둘러싼 결코 끝나지 않을 논쟁의 맥락 속에서만 최종적으로 판단될 수 있을 것이기 때문이다.[66]

## 4. 맺음말

본론을 통해 갈퉁, 벤야민, 아렌트, 지젝을 중심으로 각종 사회구조, 법, 정치권력, 국가 등으로 대표되는 근대적 문명화 기제와 폭력의 상호연루성에 대한 이들의 문제의식이 폭력의 이론화나 개념적 분화 과정에서 어떻게 구체화되는지를 살피고, 이 이론들 사이의 상호연관성이나 차이, 그 의미와 문제점 등을 고찰했다. 연대기적 순서를 거슬러 갈퉁과 나머지 학자들을 분리한 것은 폭력연구를 본령으로 삼는 동시에 —그 학제적 지향에도 불구하고 아직까지— 사회과학에 더 근접한 평화학의 폭력 개념을, 법철학이나 정치사상, 문화이론 등 인문학 영역에서 전개된 논의와 거칠게나마

---

**66** 대항폭력과 비폭력의 양자택일을 넘어서는 제3의 대안으로 발리바르의 '반폭력(anti-violence)' 개념에 주목할 수 있다. 특히 국가의 소멸이 아닌 '국가의 문명화'를 전제하는 등 문명화 기제와 반폭력의 연결 가능성을 열어둔다는 점에서 매우 시사적이다. 이 주제는 다음 장에서 더 자세히 다룰 예정이다. 이는 데리다의 벤야민 비판, 벤야민의 『폭력 비판』 및 '역사테제 8번'과 아감벤의 『예외상태』의 관계 등, 법의 실행과 법의 정지, 신화적 폭력과 신적 폭력, 궁극적으로는 폭력과 비폭력 사이의 이율배반적 상호구성에 대한 논의와 긴밀히 연관된다.

변별하고자 하는 목적 때문이었다.

　논의에서 밝혀진 바와 같이 본능의 명령이나 개인적 의도의 차원을 넘어 사회구조나 문화적 맥락과 밀접히 결부된 갈퉁의 폭력 개념은 문명화과정이 동반한 제도화된 폭력에 대한 실질적 비판을 가능하게 했다. 이처럼 폭력 개념의 확장을 통해 인식의 지평을 확대한 선구적 의미에도 불구하고, 갈퉁의 폭력 개념은 국가폭력이나 공권력의 남용, 착취나 억압기제 같은 구조의 이상 기능(異常機能)에 상응하는 것으로, 국가가 독점한폭력의 합법성 등 문명화 과정의 정상성 자체에 대한 근원적 회의로까지는 나아가지 않는다. 이러한 특성은 구체적인 문제에 대한 실천 가능한 대안의 제시, 이를 위한 제도적 개선이나 정책적 고려를 도외시할 수 없는평화학의 현실과학적 특성과 무관하지 않을 것이다. 물론 갈퉁 한 사람의예를 들어 이를 평화학 전반의 특성으로 보편화하는 데는 위험이 따르며더 정치한 연구와 분석으로 보완되어야 할 것이다. 그럼에도 개념의 '유용성'을 들어 아직도 분분하게 진행되는 해당 분야의 폭력 개념 논쟁은 평화학의 위와 같은 특징과 무관할 수 없다.

　특히 이는 "갈퉁과 더불어 유럽 내 비판적 평화연구 조류의 가장 독창적이고 열정적인 학자의 한 명"이자, "최근 유럽 평화학의 가장 의미 있는 지적 성과"로[67] 간주되는 디터 젱하스(Dieter Senghaas)의 평화론을 통해서도 입증될 수 있다. 1990년대 젱하스는 '문명육모평화론(the hexagon of civilization theory of peace)'을 통해 복합구성으로서의 평화를 보장하는여섯 가지 기본요소를 제안했는데, 그 첫 번째가 다름 아닌 국가의 폭력독

---

**67** 이동기, 「디터 젱하스의 평화론—문명화의 복합구성」, 《Oughtopia》 Vol. 28, No.1(경희대학교 인류사회재건연구원, 2013), 34쪽.

점, 두 번째가 폭력의 공적 독점의 오용을 막아줄 법치다.[68] 굳이 벤야민에 기대지 않더라도 법의 지배가 폭력독점의 남용을 방지하는 안전장치가 될 수 있을지 매우 의심스러운 것은 사실이다. 그러나 여기서 보다 중요한 점은 문명화 자체의 폭력적 역기능을 모르지 않음에도 불구하고 왜 젱하스가 문명의 구성요소들을 평화와 밀접히 결합시킨 육모론을 여전히 주장하는지다. 그 근저에는 "어떻게 하면, 그리고 무엇을 통해서 평화가 형성될 수 있는지"라는 평화학의 '실천적' 동기가, 즉 실천 가능한 대안에 대한 강력한 지향이 자리한다.[69]

반면 벤야민, 울프, 아렌트, 지젝의 법철학이나 정치사상, 문화이론에 나타난 폭력 개념은 국가의 폭력독점이나 법의 지배의 이러한 자명성 자체, 문명화 과정과 폭력을 대립항으로 상정하는 근대적 통념과 정면으로 대결한다. 법적 제도, 정치권력, 자본주의 경제체제 등 근대적 구조와 체계에 '의한' 폭력의 인식은 그 구조와 체계에 '대한' 폭력의 —또는 아렌트의 경우 그 부재의— 필연성의 문제를 야기하는바, 이들의 이론에서 신적 폭력이나 혁명적 폭력, 비폭력 등의 개념으로 저항폭력의 이슈가 전면화되는 것은 이 때문이다.

하지만 일찍이 베버가 경고한 바 있는 폭력에 내재한 악마적 과잉, 또는 '전능함의 미망'은[70] 억압폭력과 저항폭력, 대항폭력과 비폭력이 서로를 차용하며 구성하는 아포리아, 그 곤경 속에 여전히 이들을 서성이게 한다. 이러한 곤경은 특히 지구화 시대 이중, 삼중으로 착종된 극단적 불균형과 비대칭의 현실 속에서 더욱 문제적일 수밖에 없다. 근대적 문명화 자체의

---

**68** 젱하스의 평화론에 대해서는 같은 글, 31-66쪽; H. Muller, op. cit., pp. 76-80 참조.
**69** 이동기, 앞의 글, 53-54쪽. 젱하스의 언급은 이 논문의 53쪽에서 재인용.
**70** 에티엔 발리바르, 앞의 책, 146-147쪽.

폭력성을 향한 이들의 근원적 비판과 그것이 열어젖힌 새로운 사유의 가능성은 얼마 전 지구의 다른 편, 북한에서 일어난 장성택 처형과 같은 사건 앞에서 일순 공허해진다. 기본적 법치조차 구현되지 못한 채 중세 시대의 '죽이는 권력'의 야만성을 적나라하게 노출한 그 사건 앞에서 근대적 생명정치, 즉 인간 생명을 관리하는 '살리는 권력'의 폭력성은 기꺼이 감내할 만한 대가일 수도 있다.

지구화 시대 출현한 폭력의 새로운 패러다임과 관련해서도 이러한 곤경은 계속된다. 서론에서 언급한 바와 같이 주권국가의 위기, 국가의 폭력 독점권의 쇠퇴와 밀접히 연동되어 진행되는 정치폭력의 세계화(홉스봄)나 폭력의 사유화(비비오르카(Michel Wieviorka)) 같은 21세기적 현실은 국가 독점폭력의 탈신화화에 대한 주장들을 효과적으로 무력화시키는 근거가 될 수 있다. 하지만 지구화 시대는 9·11이라는 예외상태를 상례로 만들어버리는 미국의 애국법과 장성택을 처형한 북한의 인민공화국법이 동시에 존재한다. 또 국민국가의 통제를 벗어난 국지전의 비약적 증가와, 폭력에 대한 무소불위의 정당성을 확보한 그 어느 때보다 강력한 국민국가(superpower)가 주도하는 '전 지구적 내전'이 공존하는 시대다. 이렇게 다양한 차원이 비대칭적으로 착종된 지구화의 폭력적 현실에 갈퉁, 벤야민, 아렌트, 지젝의 이론을 단순히 기입, 적용하는 것은 불가능하다. 오히려 역설과 모순이 현실이 된 현재, 이들이 직면한 곤경을 극한까지 밀어붙여 갈퉁과 평화학의 (실천)가능한 불가능성, 또는 벤야민, 아렌트, 지젝의 (실천)불가능한 가능성에 대한 부단한 사유를 필연화하는 것만이 그 이론적 계보를 통과해 우리가 얻을 수 있는 유일한 해법일지도 모르겠다.

# 참고문헌

**국문**

고현범, 「현대 폭력론에 대한 연구: 발터 벤야민의 「폭력 비판론」에 대한 데리다의 독해를 중심으로」, 《대동철학》 제50집, 대동철학회, 2010.

김용대, 「폭력과 인권: 소렐, 아렌트, 벤야민에서의 폭력의 문제」, 《민주주의와인권》, 제4권 1호, 전남대학교 5·18연구소, 2004.

김정한, 「폭력과 저항: 발리바르와 지젝」, 《사회와 철학》 제21집, 사회와철학연구회, 2011.

막스 베버, 『직업으로서의 정치』, 전성우 옮김, 나남, 2012.

문성훈, 「폭력 개념의 인정이론적 재구성」, 《사회와 철학》 제20호, 사회와철학연구회, 2010.

발터 벤야민, 「폭력 비판을 위하여」, 최성만 옮김, 『발터 벤야민 선집 5』, 길, 2008.

슬라보예 지젝, 「민주주의에서 신의 폭력으로」, 김상운·양창렬·홍철기 옮김, 『민주주의는 죽었는가』, 난장, 2009.

슬라보예 지젝, 『폭력이란 무엇인가: 폭력에 대한 6가지 삐딱한 성찰』, 이현우·김희진·정일권 옮김, 난장이, 2011.

신진욱, 「근대와 폭력: 다원적 복합성과 역사적 불확정성의 사회이론」, 《한국사회학》 제38집 4호, 한국사회학회, 2004.

에릭 홉스봄, 『극단의 시대: 20세기 역사』(상, 하), 이용우 옮김, 까치글방, 1997.

에릭 홉스봄, 『폭력의 시대(*Globalization, Democracy and Terrorism*)』, 이원기 옮김, 민음사, 2008.

에티엔 발리바르, 『폭력과 시민다움: 반폭력의 정치를 위하여』, 진태원 옮김, 난장, 2012.

이동기, 「디터 젱하스의 평화론: 문명화의 복합구성」, 《Oughtopia》, 28(1), 경희대학교 인류사회재건연구원, 2013.

자크 데리다, 「벤야민의 이름」, 진태원 옮김, 『법의 힘』, 문학과지성사, 2004.

정천구, 「평화의 두 가지 개념에 관한 논쟁: 적극적 평화와 소극적 평화」, 《서석사회과학논총》
　　제4집 1호, 조선대학교 사회과학연구원, 2011.

조르주 소렐, 『폭력에 대한 성찰』, 이용재 옮김, 나남, 2007.

조르조 아감벤, 『예외상태』, 김항 옮김, 새물결, 2009.

한나 아렌트, 『폭력의 세기』, 김정한 옮김, 이후, 1999.

허우성, 「몫이 없는 자를 위한 신적 폭력」, 《철학과현실》 90, 2011.

황정아, 「법의 폭력, 법 너머의 폭력」, 《인문논총》 제67집, 2012.


## 영문

Bauman, Z., *Modernity and the Holocaust*, Ithaca: Cornell University Press, 1989.

Beroldi, G., "Critique of the Seville Statement of Violence," *American Psychologist*,
　　Oct., 1994.

Birmingham, Peg, "On Violence, Politics, and the Law," *The Journal of Speculative
　　Philosophy*, Vol. 24, No. 1, 2010.

Boulding, K., "Twelve Friendly Quarrels with Johan Galtung," *Journal of Peace
　　Research*, Vol. 14, No. 1, 1977.

Eide, K., "Note on Galtung's Concept of Violence," *Journal of Peace Research*, Vol. 8,
　　No. 1, 1971.

Galtung, J., "Cultural Violence," *Journal of Peace Research*, Vol. 27, No. 3, Aug., 1990.

Galtung, J., "Peace Studies as Countertrend in International Relations Theory: On
　　the Linkage between Cosmology and Epistemology," 《평화연구》 제7권 12,
　　고려대학교 평화연구소, 1998.

Galtung, J., "Twenty-five Years of Peace Research: Ten Challenges and Some
　　Responses," *Journal of Peace Research*, Vol. 22, No. 2, June, 1985.

Galtung, J., "Violence: Direct, Structural and Cultural," J. Galtung and Dietrich
　　Fischer, *Johan Galtung: Pioneer of Peace Research*, New York: Springer,
　　2013.

Galtung, J., "Violence, Peace and Peace Research," *Journal of Peace Research*, 6(3),
　　1969.

Genoves, Santiago, "Social and Cultural Sources of Violence," *From a Culture of*

*Violence to a Culture of Peace*, Paris: UNESCO Publishing, 1996.

Gronow, J. and J. Hilppo, "Violence, Ethics and Politics," *Journal of Peace Research*, Vol. 7, No. 4, 1970.

Homer, Sean, "To Begin at the Beginning Again: Zizek in Yugoslavia," *Slavic Review*, Vol. 72, No. 4, Winter, 2013.

Keane, John, *Reflections on Violence*, London: Verso, 1996.

Lawrence, Bruce and Karim, Aisha(eds.), *On Violence*, Durham & Lndon: Duke University Press, 2007.

Muller, H., "Theories of Peace," ed. M. Evangelista, *Peace Studies: Critical Concepts in Political Science*, Vol. 1, London and New York: Routledge, 2005.

The Seville Statement on Violence, *American Psychologist*, No. 45, 1990.

Thomas, C., "Why don't We Talk about 'Violence' in International Studies," *Review of International Studies*, Vol. 37, No. 4, Oct., 2011.

Wade, Francis C., "On Violence," *The Journal of Philosophy*, Vol. 68, No. 12, June, 1971.

Wolff, Robert P., "On Violence," *The Journal of Philosophy*, Vol. 66, No. 19, Oct., 1969.

Zizek, S., "Some Concluding Notes on Violence, Ideology and Communist Culture," *Subjectivity*, Vol. 3, No. 1, April, 2010.

# 2장

# 지구화 시대의 폭력:
## 폭력과 경계

이문영

## 1. '불통의 소통': 폭력과 소통의 공존

일반적으로 폭력은 개인이나 집단 사이의 소통이 불가능할 때 어느 한 쪽의 이해를 상대방에 강제적으로 관철하는 행위로 여겨진다. 소통이 자유롭고 유연하게 이쪽저쪽을 넘나드는 탈경계적 움직임을 연상시킨다면, 폭력은 자신의 경계 내로 타자를 몰수하는 일방향적 움직임을 상기시킨다. 따라서 불통을 상징하는 폭력은 소통의 정반대편에 자리하는 것으로 흔히 인식된다. 하지만 폭력에 대한 어원적 고찰은 폭력 개념 자체에 어떤 '경계넘기'의 요소가 기원적으로 내재함을 보여준다. 보통 violence는 '타자에 물리적 위해가 되는 광폭하고 과도한 힘'을 의미하나, 동시에 그러한 힘의 '과잉'은 '위반', 즉 '어떤 한계나 규범의 초과'와 필연적으로 연관된다. violence가 라틴 어로 '통제 불가능한 힘'을 의미하는 'violentus'

와 '규범의 위반'을 의미하는 'violare' 양자에 어원을 두는 것은 우연이 아니다.[1] 실제로 폭력을 개념적으로 규정하려는 그간의 시도는 대개 이 과잉을 위반과 결합하려는 노력 속에 구성된 바 있다. 과잉의 의미에서나 위반의 의미에서나, 어쨌든 폭력은 어떤 (정상적) 경계로부터의 일탈과 어긋남이라는 탈경계적 계기를 자신의 본질 속에 이미 담고 있다고 할 수 있다.

폭력에 내재한 이 탈경계적 요소는 현재 지구화의 (조건이자 결과인 또 다른 차원의) 탈경계적 계기와 접속해 최대화되면서 급기야 폭력이 소통의 가장 중요한 수단이자 대상이 되는 수준으로까지 상승한다. 바로 이와 같은 폭력과 소통의 이율배반적 공존이야말로 지구화 시대 폭력의 특성을 가장 가시적으로 보여주는 지점이 아닐까 생각된다. "현대의(21세기의—필자) 폭력은 실로 새로운 패러다임을 형성하고 있"으며 "우리는 폭력을 다른 개념으로 사고하는 법을 배워야만 한다"는 비비오르카(Michel Wieviorka)의 주장처럼,[2] 20세기와 비교해 오늘날의 폭력은 패러다임의 교체, 인식 및 대응 방법의 혁신의 필요성이 운위될 정도로 질적인 변화를 보인다. 그 본질은 앞서 언급한 바와 같은 폭력의 탈경계적 요소의 극대화에서, 보다 정확히는 '지구화의 폭력'이, 지구화 자체를 가능하게 한 글로벌 소통 네트워크를 통한 '폭력의 지구화'와 맞물리는 뫼비우스적 연쇄 속에서 찾을 수 있다.

21세기형 폭력을 상징하는 9·11 테러를 예로 들어보자. 이 사건이 가지는 세계사적 의미는 "그 충격, 그 폭발, 그 느릿한 붕괴, 이 모든 것이 더 이

---

**1** 폭력의 어원에 대해서는 Vittorio Bufacchi, "Two concepts of violence," *Political Studies Review*, Vol. 3(2005), pp.193-204; Francis C. Wade, "On violence," *The Journal of Philosophy*, Vol. 68, No. 12(Jun., 1971), pp. 369-377 참조.

**2** Michel Wieviorka, "The New Paradigm of Violence," ed. Jonathan Friedman, *Globalization, the State, and Violence*(Walnut Creek, Lanham, New York, Oxford: Altamira Press, 2003), p. 116, 125.

상 할리우드에서나 볼 수 있는 장면이 아니라 소름끼치는 실제 상황"이라는 점, 다시 말해 "전 지구적 또는 세계적 수준에서 실제(사실)와 표상(상연)이 동시에 발생"했다는 점에 있다.[3] 이렇게 9·11은 현실과 허구, 실재와 가상, 사실과 이미지 사이를 탈경계적으로 넘나드는 지구화 시대의 폭력을 21세기 벽두에 가장 극적인 방식으로 실현해냈다. 나아가 테러 이후 전면화된 것은 파괴된 건물, 희생된 인명, 금전적 피해와 같은 물질적 훼손만이 아니다. 9·11 테러로 세계무역센터, 펜타곤과 함께 붕괴한 것은 그것이 대변하는 글로벌 자본주의의 상징적 질서, 즉 "우세하고 압도적이고 패권적인 방식으로 세계의 공적 공간에서 승인된 담론들"의 체계다.[4] 테러리스트의 궁극적 목적은 실제 파괴보다 그러한 파괴가 초래할 상상적 효과와 상징체계의 전복에 있으며, 이는 테러와의 전쟁을 정당화하고자 하는 반대편(미국)의 목적에도 부합하기에, 폭력의 이미지를 전 지구적으로 유통하는 것은 양자 모두에 사활이 걸린 문제가 된다.[5] 유통의 극대화를 위해 폭력은 그 어느 때보다 스펙터클한 상품이 되어야 하고, 새로운 잔혹이나 절멸의 방식이 고안된다. 지구촌 방방곡곡을 촘촘히 포획하며 실시간으로 연결해주는 소통 네트워크는 지구화의 필수 조건인 동시에 21세기형 폭력이 전달, 확산되는 기반이 되고, 우리 모두는 이 글로벌한 폭력 소통의 생생한 목격자가 된다. 발리바르(Étienne Balibar)의 말처럼 지구화 시대 폭력에서 전례 없는 것은 이러한 "극단적 폭력의 새로운 가시성일 것이(며) …

---

**3** 인용은 차례대로 지오반나 보라도리, 「하버마스와의 대화」, 손철성 외 옮김, 『테러 시대의 철학: 하버마스, 데리다와의 대화』(문학과지성사, 2004), 65쪽; 지오반나 보라도리, 「테러리즘의 재구성」, 같은 책, 97쪽.
**4** 지오반나 보라도리, 「데리다와의 대화」, 같은 책, 171-172쪽.
**5** 이에 대한 더 자세한 논의는 이문영, 「현대적 복합재난의 기원과 체르노빌의 '스탈케르'」, 김성철 편, 『재난과 평화』(아카넷, 2015), 115-118쪽 참조.

수많은 절멸의 이질적 방법들, 또는 과정들이 … 스스로 세계화되고 있다는 사실일 것"이다.[6] 결국 사실과 이미지, 물질적인 것과 상징적인 것, 로컬과 글로벌 등 다양한 차원에서 금 그어지는 경계를 간단히 뛰어넘는 탈경계적 소통이 그 어느 때보다 활성화된 시대, 폭력 역시 그러한 특성을 공유하며 그 자체가 소통의 가장 중요한 수단이자 대상이 되는 것이다.

물론 이와 같은 폭력의 탈경계적 소통은 궁극적으로 강렬한 동질화의 욕망, 배타적 정체성 요구에 철저히 복무한다는 점에서 진정한 의미의 소통이 아닌 '불통의 소통', 즉 (재)경계화를 필연적 전제로 삼는 탈경계화에 다름 아니다. '불통의 소통'이라는 모순어법을 가능하게 하는 것이 궁극적으로 지구화의 패러독스, 즉 탈경계화의 표면 아래 은닉된 강력한 (재)경계화의 지향, 그 둘 사이의 대결이 촉발하는 곤경과 불가분 연관될 수밖에 없는 것도 이런 맥락에서다.

## 2. 지구화의 패러독스와 21세기 폭력의 패러다임 : 발리바르와 비비오르카의 폭력론

정보혁명과 소통기술의 비약적 발전, 자본·노동·정보의 탈경계적 이동에 기반한 지구화는 수평적 교차와 횡단을 통한 문화다양성, 차이에 대한 새로운 감수성을 촉발한다. 하지만 지구화의 개념 자체, 즉 '전 지구'라는 보편의 상정과, '~화(lization)'가 함축하는 동질화 과정은 위반과 흐름

---

**6** 에티엔 발리바르, 「잔혹성의 지형학에 대한 개요: 세계적 폭력 시대의 시민성과 시빌리티」, 《사회운동》 통권46호(사회진보연대, 2004), 11쪽.

이라는 탈경계적 외피 속에 자리한 것이 여전히 어떤 보편으로의 동화, 또는 어떤 전일적(全一的) 구조(경계)의 완성일 수 있음을 암시한다. '역사의 종말' 주장이나 '외부 없는 자본주의' 테제는 이 구조의 시공간적 차원에서의 완결을 선언하는 것에 다름 아니다. 따라서 지구화 시대가 표면적인 차원에서는 배타적 구조나 경계에 대한 표상이 그 어느 때보다 약화된 듯 보일 수도 있지만, 심층의 차원에서는 그 어느 때보다 거대하고 완결된 초구조(super-structure)를 전제로 한다고 말할 수 있다. 이 초구조의 주요 작동기제라 할 수 있는 글로벌 자본의 동질화 과정을 통해 구조를 구성하는 부분들 간의 상호연관성이 고도로 강화되는 한편, 각자의 부분들에는 다문화주의적 공존이라는 이름으로 차이가 배분된다.[7]

하지만 동질화 과정은 물론이고, 차이가 배분되고 관리되는 과정은 이 초구조 내부에 수없이 많은 차별과 배제의 경계들을 양산해낸다. 난민, 불법체류자, 무국적자, 소수자 등의 '일회용 인간'을 예로 들어 발리바르가 설명한 바와 같이, 포함적 배제(inclusive exclusion)를 통한 경계의 내부 전이, 이를 통해 증식하는 내적 경계들은 전통적 경계와 달리 공적 공간의 가장자리에서 그 중심으로 이동하거나 사람들의 의식 깊이 내면화하여, "도처에 있지만 어디에도 없는" 보이지 않는 경계들을 만들어낸다.[8] 이렇게 경계의 내부이양과 확산, 그로 인한 차별과 배제의 심화에도 불구하고, 이러한 차이의 나눔과 배분의 기술, 즉 관리와 경영이 정치를 대신하고, 글로벌 경제의 논리가 정치의 자리를 대신한다.

---

7  이문영, 「탈경계 시대의 평화와 문화」, 서울대학교 통일평화연구원 평화인문학연구단 편, 『평화인문학이란 무엇인가』(아카넷, 2013), 170쪽.
8  에티엔 발리바르, 「세계의 국경들, 정치의 경계들」, 진태원 옮김, 『우리, 유럽의 시민들?』(후마니타스, 2010), 217-226쪽; 에티엔 발리바르, 「경계란 무엇인가?」, 최원·서관모 옮김, 『대중들의 공포』(도서출판b, 2007), 445-457쪽.

발리바르에 따르면 지구화 시대의 폭력, 즉 그가 잔혹성(cruelty), 또는 '극단적 폭력(extreme violence)'이라 일컫은 것은 바로 이 부재하는 정치의 자리를 대체하거나 그와 결합한다. 즉 "'세계화'라는 맥락에 있는 오늘의 정치에 정치의 가능성 그 자체가 위태로워지는 결정적인 실험을 의미"[9] 하는 극단적 폭력은 주체의 결여인 '초(ultra)객관적 폭력'과 주체의 과잉인 '초(ultra)주체적 폭력'으로 구성된다. 양자는 대량폭력이자 다면적 폭력이라는 공통성을 나눈다. '초객관적 폭력'은 에이즈, 사스와 같은 전염병, 홍수, 지진 같은 자연재해 등 폭력이 자연성과 분리할 수 없이 결합된 형태를 말한다. 그러나 이 폭력을 방지하거나 이에 대처하는 사회적 안전망의 불균등한 분배, 심지어 일회용 인간 또는 잉여인구를 조절할 필요성과 이 폭력 사이에 제도화된 조응이 존재한다는 점에서 초객관적 폭력은 결코 순수히 자연적이지 않으며, 사회적·경제적·정치적 구조들로 과잉 결정된 대규모 살인이라고도 할 수 있다.

한편 인종청소와 절멸로 대표되는 '초주체적 폭력'은 다수의 주체가 연루된 폭력으로 이때 이 인종주의는 한편으로는 민족주의의 내적 보충물이자, 다른 한편으로는 내부로 이양된 차별과 배제, 증오의 경계들의 충돌에 다름 아니다. 극단적 폭력의 이 두 가지 형태는 상호결합하거나 전도되고 "서로 다른 이유에서 발생하지만 분명한 누적효과를 생산하며, 결국 세계를 생명의 지대와 죽음의 지대로 분할하는 초경계(super-border)를 생산"한다.[10] ultra, super, extreme 등의 어휘가 상징하듯이 지구화 시대 폭력

---

**9** 에티엔 발리바르, 앞의 글(2004), 2쪽.

**10** 극단적 폭력에 대해서는 에티엔 발리바르, 「폭력: 이상성과 잔혹」, 앞의 책(2007), 502~503쪽; 에티엔 발리바르, 『폭력과 시민다움: 반폭력의 정치를 위하여』, 진태원 옮김(난장, 2012a), 96~133쪽; 에티엔 발리바르, 앞의 글(2004), 1~17쪽. 인용은 마지막 논문 1쪽.

의 이 '초과적 차원', 즉 극단적 폭력이 빚어내는 '초경계'는, 폭력적으로 경계를 지워버림으로써 폭력적으로 경계를 재생산하는 글로벌 '초구조'의 역설적 분신에 다름 아닐 것이다.

한편 폭력의 새로운 패러다임을 주장하는 비비오르카 역시 그 새로움의 근원을 "정치적인 것의 결여(political deficit)"와의 연관 속에서 찾는다.[11] 먼저 그는 지구화 시대 폭력 분석을 1) 국제 시스템, 2) 국가, 3) 사회, 4) 개인의 네 가지 차원에서 시도한다. 첫 번째로 국제적 차원에서는 냉전 종식과 지구화가 폭력에 큰 변화를 야기한다. 특히 문화적 분화(cultural fragmentation)와 그로 인한 정체성들 간의 경쟁과 급진화가 큰 요소로 작용한다. 두 번째로 국가 차원에서는 국가의 폭력독점이 심각한 도전에 직면했다는 사실이 폭력에 본질적 변화를 초래하는 요소가 된다. 세 번째로 탈근대 후기산업사회에 진입한 현재, 더 이상 지배와 착취구조가 아니라 차별과 배제의 메커니즘, 사회 불평등과 불인정에 따른 좌절과 분노의 기제가 폭력의 사회적 측면을 좌우한다는 점이 특징적이다. 마지막으로 공동체로의 동질화와 그로부터의 독립, 참여와 거리두기의 양극에서 동요하는 현대의 개인은 앞서 세 차원과의 긴밀한 연관 속에 폭력의 내용과 형식을 결정적으로 좌우한다. 이 네 차원을 관통하며 폭력의 급진적 혁신성을 결정하는 것은, 지구화와 국지화, 중심과 주변, 보편과 특수 등 기존 구조화 단위들의 차이를 교란하며 기각시키는 탈근대적 해체(disintegration)와 전위(dislocation), 나아가 그것이 야기하는 혼란과 불확실성을 컨트롤할 "정치적 장의 붕괴"에 있다.[12]

**11** M. Wieviorka, op. cit., p. 127.
**12** Ibid., pp. 117-126.

비비오르카가 새로운 폭력의 대표 현상으로 제시하는 '정치이하적 (infrapolitical) 폭력'과 '정치상위적(metapolitical) 폭력'은 정치의 부재와 근대적 경계를 둘러싼 글로벌한 지각변동 사이의 상호작용을 그 본질로 삼는다. 앞서 발리바르의 초객관적·초주체적 폭력이 (정치적) '주체'의 결여나 과잉과 연관된다면, 정치이하적 폭력·정치상위적 폭력은 (정치적) '의미'의 결핍이나 초과와 관련된다. 먼저 '정치이하적 폭력'은 글로벌한 테러조직이나 극단적 폭력집단의 활동이 마약, 무기, 장물, 어린이나 장기 거래 등 불법적 경제행위와 분리 불가능하게 결합되고, 그 정치적 목적이 자원, 돈, 영토 획득을 위한 경제적 목적에 의해 역전, 압도되는 경우를 말한다.[13] 이는 홉스봄, 뮌클러 등 다수의 이론가들이 주장한 바와 같은 지구화 시대 '국민국가의 위기' 및 '그 폭력독점권의 쇠퇴', 이와 밀접히 연동된 '폭력의 사유화, 민영화'와 밀접한 관련을 가진다.[14] 과거 정치폭력이 민족해방, 계급혁명 등의 의미로 포화되었던 것과 달리, 행위의 의미를 비워내 정치폭력을 조직범죄와 구별할 수 없게 만드는 정치이하적 폭력의 범람은 글로벌 경제 논리가 정치적 대의를 대체하는 지구화 시대, 그 보편적인 정치 실종의 원인이자 결과로 현상한다.

다른 한편 '정치상위적 폭력'은 종교, 이념, 인종, 윤리 등 정치 외적 가치가 정치의 부재를 대체하는 동시에, '절대 타협할 수 없음'의 요소로 정치를 초과해버리는 현상을 말한다.[15] 근본주의 테러나 종족분쟁, 인종청

**13** M. Wieviorka, *Violence: A New Approach*, trans. by D. Macey(Los Angeles, London, New Delhi, Singapore, Washington DC: Sage, 2009), pp. 34-36; M. Wieviorka, op. cit.(2003), pp. 127-130.

**14** 에릭 홉스봄, 『폭력의 시대』 이원기 옮김(민음사, 2008), 29-30, 42, 139쪽; 헤어프리트 뮌클러, 『새로운 전쟁: 군사적 폭력의 탈국가화』 공진성 옮김(책세상, 2012), 7-18쪽.

**15** M. Wieviorka, op. cit.(2009), pp. 36-38; M. Wieviorka, op. cit.(2003), pp. 130-132.

소 등의 현상을 일컫는 이 폭력은 발리바르의 초주체적 폭력과 일맥상통하는바, 주체의 과잉은 의미의 과잉과 짝패를 형성한다. 흥미로운 점은 정치이하적 폭력처럼 이 유형의 폭력 역시 지구화 시대 국민국가의 약화, 국가의 폭력독점권의 쇠퇴와 관련되지만, 이와 동시에 미국으로 대표되는 슈퍼파워의 등장, 즉 그 어느 때보다 강력한 국민국가의 출현과, (인도주의적 개입이나 예방적 폭력의 이름으로) 그 어느 때보다 광범위한 영토(즉 지구적 차원)에서 행사되는 폭력독점권의 주장과도 (부정적으로) 연관된다는 사실일 것이다. 이는 지구화 시대 폭력의 새로움이나 그 기원이 되는 정치적인 것의 결핍이 단순히 약화된 국민국가의 위상이나 폭력독점권을 회복시킴으로써 해결될 수 없다는 것을 보여준다. 동시에, 지구화가 재현하는 '수평'에 대한 허구적 표상이 그 어느 때보다 '수직적'으로 위계화된 현실과 충돌할 수밖에 없음 또한 보여준다. 더욱 중요한 사실은 발리바르가 주장한 초객관적 폭력과 초주체적 폭력이 상이한 근원에도 서로 누적되며 연루되듯이, 정치이하적 폭력과 정치상위적 폭력 역시 기존 경계의 역전과 자리바꿈을 허락하는 지구화의 패러독스 속에서 긴밀하게 연동된다는 것이다. 이는 경계의 어떤 한계(limit)를 함축하는 infra, meta, ultra, super 등의 접두사가 결핍/과잉, 부재/잉여를 통해 어떤 정상성의 '경계'를 넘어서는 지구화 시대 폭력의 '초과적 차원'을 그 자체 지시하는 것과 관련된다. 결국 1장에서 언급한 폭력 개념에 내재한 탈경계적 계기가 글로벌 초구조 속에서 때로는 결핍이나 부재로, 때로는 과잉이나 잉여로 극단화되는 것이다.

이렇게 지구화는 경계교차 및 파괴에 기반한 다원화의 과정이자, (근대보다) 더 거대한 중심으로의 동질화 과정이기도 하며, 세계의 상호연관성이 유례없이 강화되어 국민국가, 민족 등 근대적 경계의 실체성이 근본적인 위협을 받는 시기이자, 양극화와 불통이 극단화됨으로써 각자의 정체성 주장의 근거로 민족, 인종, 종교 등의 경계가 새로이 호명되는 시기이기도 하다.[16] 프리드먼(Jonathan Friedman)의 주장처럼 지구화의 동력은 수평적 다원화와 수직적 양극화가, 문화적 파편화와 글로벌한 통합이, 혼성화와 토착화가 공존하는 모순으로부터 발생한다.[17] 따라서 지구화의 폭력 역시, 때로는 다원화가 야기하는 첨예한 갈등으로, 때로는 동질화에 대한 극렬한 저항으로, 때로는 국민국가의 약화와 맞물려 비약적으로 증가한 국지전의 양상으로, 때로는 그 어느 때보다 강력한 초강대국의 영향력 아래서의 '전 지구적 내전' 등으로 다양하게 발현된다. 지구화의 대표적 이론가인 아파두라이(Arjun Appadurai)의 간명한 통찰을 변형해 이 한없이 복잡하고 상호의존적인 폭력의 본질을 정리한다면, 그것은 "'언젠가 인정되었으나 지구화에 의해 교란된 범주(경계—필자)의 순수성(purity)을 재확립'하려는 시도와, 그 동일화(identification) 전략을 다시 교란하려는 시도 사이의 여러 차원에 걸친 대결"이라고 말할 수 있을 것이다.[18]

동일화 vs. 탈동일화, (재)경계화 vs. 탈경계화 사이의 대결이 폭력 개념 자체는 물론이고, 지구화의 패러독스 및 지구화 시대 폭력의 본질을 구성하는 기본원리라고 한다면, 폭력에 대한 성찰 담론 역시 이를 중심으로 전개되는 것은 어쩌면 지극히 논리적이고 당연한 귀결일지 모르겠다. 경계에

---

**16** 이문영, 「탈/경계 시대 동아시아 평화와 러시아 극동에 대한 상상력」, 《외국학연구》 제31집 (중앙대학교 외국학연구소, 2015), 421쪽.

**17** Jonathan Friedman, "Globalization, Dis-integration, Re-organization: The Transformations of Violence," ed. Jonathan Friedman, *Globalization, the State, and Violence*(Walnut Creek, Lanham, New York, Oxford: Altamira Press, 2003), pp. 17–19.

**18** Arjun Appadurai, "Dead Certainty: Ethnic Violence in the Era of Globalization," *Public Culture*, Vol. 10, No. 2(Winter 1998); J. Friedman, op. cit., p. 22에서 재인용.

대한 예민한 감수성이 폭력과 비폭력 자체의 경계를 겨냥해 대항폭력이나 비폭력에 대한 상투적 옹호를 해체시켜버리는 데리다(Jacques Derrida)의 폭력론은 이를 가장 선명하게 보여주는 사례다.


## 3. 폭력과 비폭력의 경계: 데리다의 폭력론

데리다, 그리고 그 이름이 대표하는 해체철학이 유희적이고 허무적이며 비정치적이라는 비판적 통념과 달리, 실제 '폭력'과 '정의'는 데리다의 전 저작을 관통하며 그의 사유의 본질을 구성했던 핵심 개념들이다. 물론 많은 데리다 연구자들이 1980년대에서 1990년대 사이 그에게 이루어진 '윤리적·정치적 전회(ethical, political turn)'를 지적하듯이,[19] 언어, 기호, 문자와 글쓰기, 텍스트의 문제에 집중했던 그의 초기 저작(『글쓰기와 차이』, 『그라마톨로지』 등)과, 법, 정의, 민주주의 등의 개념이나, 9·11 테러, 유럽연합, 인권 등 사회정치적 이슈를 보다 선명하고 직접적인 방식으로 거론한 후기 저작(『마르크스의 유령들』, 『법의 힘』, 『불량배들』 등) 사이에 어떤 차이가 있음은 분명하다.

그러나 자신의 초기 사유를 대표하는 차연[또는 차이(差移), difference] 개념과 민주주의의 상관성을 논하며 데리다 스스로 반박하듯이 "사람들이

---

**19** 이에 대해서는 Samir Haddad, "A Genealogy of Violence, from Light to the Autoimmune," *Diacritics*, Vol. 38, No. 1-2(Spring-Summer 2008), pp.121-122; Rick Elmore, *Critical Ecologies: Violence and Life in the Work of J. Derrida and T. Adorno*, Ph. D. dissertation(Chicago, Illinois: Depaul University, 2011), pp. 82-84; 박기순, 「스피노자와 데리다에서 폭력과 신학·정치적 문제」, 《마르크스주의연구》 제10권 4호(경상대학교 사회과학연구소, 2013), 148-149쪽 참조.

때때로 주장하는 것과 같은 '해체'의 정치적 변화나 윤리적 변화는 … 결코 존재하지 않으며 … 정치적인 것에 대한 사유는 항상 차연의 사유였고, 차연의 사유는 … 항상 정치적인 것의 윤곽과 한계에 대한 사유"였다.[20] 실제로 그의 초기작에 속하는 「폭력과 형이상학」, 「문자의 폭력」 등의 논문들은 그 제목이 암시하는 것처럼 문자, 언어기호, 담론에 대한 성찰이 어떻게 정치적인 것에 대한 사유의 기원이 될 수 있는지 잘 보여준다. 그 핵심은 로고스중심주의나 서구중심주의 등 동일성(identification)의 철학이 대변하는 서구 형이상학의 전통, 그것이 강제한 경계 구획의 폭력을 드러냄으로써 그 정당성을 해체하는 데 놓여 있다.

「폭력과 형이상학」에서 데리다는 레비나스(Emmanuel Levinas)의 사유를 재조명함으로써 타자를 자아의 동일성에 폭력적으로 동화시키는 서양 철학의 한계를 성찰한다. 레비나스에게 서구 형이상학의 이 전체성(totality)의 폭력을 극복하는 유일한 길은 타자와의 윤리적인 관계, 즉 "무한히 다른 무한성인 타자와의 비폭력적 관계(nonviolent relationship to the infinite as infinitely other, to the Other)"를 회복하는 것이며, 이것은 오로지 언어, 대화 등 담론(discourse)의 형태로만 가능하다. 데리다는 레비나스의 위와 같은 기본 전제에 동의하지만, 여기서 한 발 더 나아가 타자와의 비폭력적 관계를 절대적으로 보증하는 것은 없으며, 만일 타자와의 관계에서 담론만이 정당하다면 바로 그 사실로 인해 담론 또한 폭력이며, "담론과 폭력 사이의 구분은 언제나 도달할 길 없는 지평이 될 것"임을 지적한다.[21]

---

**20** 자크 데리다, 『불량배들: 이성에 관한 두 편의 에세이』, 이경신 옮김(휴머니스트, 2003), 99쪽.
**21** 자크 데리다, 「폭력과 형이상학: 엠마뉴엘 레비나스의 사유에 관한 에세이」, 남수인 옮김, 『글쓰기와 차이』(동문선, 2001), 131-246쪽. 인용은 차례대로 136, 188쪽. 인용 시 영문

한편 담론과 폭력의 연루성은 그의 또 다른 논문 「문자의 폭력」을 통해 더 근원적인 차원에서 입증된다. 「문자의 폭력」은 말(로고스)/문자, 발화(speech)/글쓰기(writing) 사이의 이항대립을 통해 문자와 글쓰기의 폭력을 지적한 레비스트로스(Claude Lévi-Strauss)에 대한 재해석이다. 데리다는 "글쓰기는 폭력이다"라는 레비스트로스의 주장을 받아들이지만, 그의 이항대립은 거부한다. 즉 데리다에 의해 글쓰기의 폭력은 문자와 글쓰기뿐 아니라 말, 발화 등 언어기호와 의미작용 전반의 폭력으로 보편화한다. 데리다에 따르면 어떤 대상을 명명하거나 정의(定義)하거나 재현하는 언어기호와 실제 대상 사이에는 늘 차이가 존재한다. 다시 말해 대상의 완전하고 순수한 재현이란 불가능하며, 말이나 글을 통한 재현 외부에는 그 과정에서 배제되고 기각된 잔여가 늘 존재하기 마련이다. 바로 이것이 데리다가 "원-폭력(arche-violence)"이라 일컫은바, "고유성과 절대적 유사성의 상실, 자기현전의 상실"을 강제하는 언어의 "원초적 폭력(originary violence)"이다.[22] 엘모어(Rick Elmore)의 지적처럼 이때 원초성의 의미는 1) 모든 종류의 기호와 의미작용에 폭력이 구조적으로 필연적이며, 2) 이 원초성이 모든 다른 폭력의 기원으로 작동함을 의미한다.[23] 어떤 물질적 특성을 결여한 이 형이상학적인 원-폭력을 구체적이고 경험적인 폭력 일반으로 전화시키는 것은 양자가 공유한 (타자의) 배제의 논리다.

본과 대조해 번역을 부분적으로 수정하였음. Jacques Derrida, *Writing and Difference*, trans. by A. Bass(Chicago: The University of Chicago Press, 1978), p. 83, 116.

**22** 자크 데리다, 「문자의 폭력: 레비스트로스에서 루소까지」, 김성도 옮김, 『그라마톨로지』 (민음사, 2010), 279-345쪽, 인용은 298쪽. 인용 시 영문본과 대조해 번역을 부분적으로 수정하였음. J. Derrida, *Of Grammatology*, trans. by G. Spivak(Baltimore: Johns Hopkins University Press, 1997), p. 112.

**23** Rick Elmore, op. cit., p. 18.

타자에 대한 윤리적 관계를 회복할 가능성이 레비나스에게는 담론을 통해, 레비스트로스에게는 문자의 거부를 통해 주어져 있다면, 원-폭력의 근원성으로 말미암아 데리다에게 그런 비폭력적 관계의 가능성은 애초부터 존재하지 않는다. 오히려 절대적 비폭력의 가능성을 주장하는 것이야말로 데리다에게는 최악의 폭력을 유발하는 원인이 될 수 있다. 왜냐하면 절대적 비폭력의 가능성은 폭력에 대한 최종적 정의(定義)나 결정을 통해서만 가능한데, 언제나 불완전할 수밖에 없는 정의(定義)의 결정 가능성을 강요하는 것이야말로, 앞서 밝힌 바와 같이 모든 폭력의 기원인 원-폭력을 현실화하는 것에 다름 아니기 때문이다. 비폭력의 주장보다 먼저 요구되는 것은 차이의 필연성, 나아가 차이를 유발하는 폭력의 필연성을 받아들이는 것이며, 따라서 '폭력의 외부는 없다.'

물론 데리다가 폭력의 필연성을 주장하는 것이 폭력에 대한 해법을 포기함을 의미하지는 않는다. 단지 "역사 속에서 … 비폭력의 모든 철학은 폭력의 경제학(economy of violence) 속에서 더 작은 폭력을 선택할 수 있을 뿐"[24]이며, 그렇지 않을 경우 "비폭력은 어떤 의미에서 더 나쁜 형식의 폭력"[25]이 될 수도 있음을 자각할 필요가 있다는 것이다. 폭력을 넘어설 비폭력의 비밀을 발견하는 것보다 데리다에게 더 본질적인 것은 폭력, 비폭력 등 어떤 개념이나 가치의 확정된 경계를 해체하는 것이자, 경계의 순수성에 기반한 동일화 기제를 교란하는 것이며, 정의(定義)를 내리는 주체의 정당성을 의도적으로 훼손하는 것이다. 이런 근본적인 되묻기, 바로 여기

---

**24** 자크 데리다, 앞의 책(2001), 485쪽, 각주 15. 인용 시 영문본과 대조해 번역을 부분적으로 수정하였음. J. Derrida, op. cit.(1978), p. 313, note 21.

**25** Etienne Balibar, "Some Questions on Politics and Violence," *Assemblage*, No. 20(April, 1993), p. 12에서 재인용.

에 '해체의 정치적인 의미'가 존재하며, 따라서 "해체적 질문하기는 전적으로 법과 정의에 대한 질문하기, 법과 도덕, 정치의 토대들에 대한 질문하기"에 다름 아니다.[26] 바로 이 지점이 초기 데리다의 폭력에 대한 형이상학적 고찰을 후기의 경험적 폭력 비판과 이어주는 고리이자, 데리다의 윤리적·정치적 전회를 상징하는 『법의 힘』에서 그가 "해체는 정의(正義)다"라고 보다 직접적으로 주장할 수 있는 근거다.[27]

사실 『법의 힘』으로의 전환의 계기는 이미 「문자의 폭력」에 숨겨져 있다. 논문에서 데리다는 아직 윤리적 판단이 불가능한, 순수한 가능성의 영역에 속하는 원-폭력을 구체적인 폭력으로 전화시키는 두 번째 폭력으로 '회복적 폭력(reparatory violence)'을 거론한다. 어떤 도덕적인 것의 제도화를 통해 원-폭력이 유발한 차이를 고정시키고 질서 지우는 이 폭력에서부터 우리가 통상적으로 악, 전쟁 등으로 부르는 세 번째 폭력이 발생할 가능성이 생긴다.[28] 이 두 번째 폭력의 가장 대표적인 사례가 바로 정당한 힘과 부당한 힘, 합법적 폭력과 불법적 폭력 사이의 차이를 정의(定義)하고 그 위계를 제도화하는 '법의 힘'일 것이다. 『법의 힘』이 벤야민(Walter Benjamin)의 「폭력 비판을 위하여」(이하 「폭력 비판」)를 주된 분석 대상으로 삼은 것은 우연이 아니다. 벤야민의 「폭력 비판」은 폭력의 독점을 그 정의(定義)에 대한 독점으로부터 개시하는 법의 본질을 파헤침으로써 폭력의 법 정립적 계기, 또는 법 정립의 폭력적 계기를 규명하기 때문이다.

벤야민의 숨겨진 문제작을 단숨에 화제의 대상으로 만든 『법의 힘』에서 데리다는 법과 폭력의 근원적 연루라는 벤야민의 대전제에 전적인 공감을

---

**26** 자크 데리다, 『법의 힘』, 진태원 옮김(문학과지성사, 2004a), 21쪽.
**27** 같은 책, 33쪽.
**28** 자크 데리다, 앞의 책(2010), 298쪽.

표시한다. 이는 독일어 '게발트(gewalt)'가 폭력뿐 아니라 합법적 권력과 정당한 권위를 동시에 뜻함을 데리다가 누차 강조하고 있는 점이나, 『법의힘』의 1부 제목을 '법에서 정의(正義)로'로 삼음으로써 법에서 정의를 떼어내고 있다는 점에서 상징적으로 드러난다. 또한 데리다는 해체가 이러한정의(正義)와 법의 분리, 즉 "정의의 해체 불가능성과 법의 해체 가능성을분리시키는 간극에서 발생"하며, "법이 정의는 아니다"라고 보다 명시적으로 밝히고 있다.[29]

하지만 데리다가 레비나스나 레비스트로스와의 차이 속에서 고유한 폭력의 형이상학을 만들어냈듯이, 『법의 힘』의 독창성은 데리다와 벤야민의 불화의 지점에서 형성된다. 이 불화는 데리다가 벤야민의 법철학을 지탱하는 다양한 이항대립에 근본적인 의문을 제기하는 것으로부터 시작되며, 데리다의 해체적 독법의 본질은 이 이항대립의 해체이기도 하다. 실제로 벤야민의 「폭력 비판」은 법 정립적 폭력/법 보존적 폭력, 신화적 폭력/신적 폭력, 정치적 총파업/프롤레타리아 총파업 등 많은 이항대립으로 구성된다. 데리다는 이 이항대립을 유지시키는 순수한 대립이나 차이가 존재하지 않음을 주장한다. 예를 들어 법을 설립하고 정립하는 정초적 폭력은법의 영속성과 적용 가능성을 유지, 확증, 보장하는 보존적 폭력과 단절될수 없다. 데리다에 따르면 이 두 폭력을 연루시키는 근거는 "가장 파괴적인 정초의 순간 속에 보존의 약속을 기입"하고 "기원적인 것의 중심에 반복의 가능성을 기입"하는 "되풀이 (불)가능성(iterability)"의 논리다.[30] 쉽게말해 기원이 기원으로서의 가치를 지니기 위해서는 스스로를 반복해야 하

---

**29** 자크 데리다, 앞의 책(2004a), 11-62쪽. 인용은 차례대로 34, 37쪽.
**30** 같은 책, 89쪽.

지만(되풀이 가능성), 단 한순간도 동일한 것으로 존재하지 않는 시공 속에 스스로를 반복하기 위해서는 스스로를 변경할 수밖에 없다는(되풀이 불가능성) 것이다.

이렇게 차이가 반복을 통해, 반복이 차이를 통해 실현되는 되풀이 (불)가능성의 역설은 데리다의 또 다른 키워드인 차연, 즉 (의미를 만들어내는) 차이의 무한한 지연과, 그 지연이 새로이 의미를 만들어내는 역설과 일맥상통하는 것이다. 나아가 이것은 원-폭력이 조건화하고 회복적 폭력이 현실화하는 차이의 고정, 경계확정, 그를 통한 타자의 배제 가능성을 근원적으로 차단하고자 하는 데리다의 해체적 기획에 정확히 조응한다. 말과 글 등의 상징체계로부터 실증적 법질서에 이르기까지 예외없이 적용되는 되풀이 (불)가능성과 차연의 논리는 우리 실존이 단일하고 순수한 경계로 구획될 수 없다는 것, 외부와 타자, 즉 배제된 것들의 흔적, 죽었으나 살아 배회하는 유령들에 의한 오염의 필연성으로부터 결코 자유로울 수 없음을 보여준다. 결국 해체는 배제된 것, 타자에 대한 사유이며, 따라서 해체는 정의(正義)이며, 법의 해체 가능성에 대조되는 정의(正義)의 해체 불가능성은 이에 기반한다. "정치적인 것에 대한 사유는 항상 차연의 사유였고, 차연의 사유는 … 항상 정치적인 것의 윤곽과 한계(즉 경계―필자)에 대한 사유"라는 데리다의 언급은 이런 맥락에서 이해될 수 있다.

벤야민에 대한 해체적 읽기는 데리다가 「폭력 비판」의 가장 논쟁적 대목인 신화적 폭력·신적 폭력의 연루 가능성을 주장하는 지점에서 절정을 이룬다. 사실 벤야민의 텍스트에서 신화적 폭력과 신적 폭력은 그 어떤 이항대립의 쌍과도 비교할 수 없이 절대적으로 대립하는 개념들이다. 벤야민에게 신화적 폭력이 법과 폭력의 필연적 연관성을 상징하는 개념이라면, 신적 폭력은 법과 폭력의 결탁을 폭로하고 폐지하는 것 외에 어떤 다른 목적도 설정하지 않는 '순수한 폭력(pure violence)'이다. 벤야민에 따르면 "신화적 폭력이 법 정립적이라면, 신의 폭력(신적 폭력—필자)은 법 파괴적이고, 전자가 경계들을 설정한다면 후자는 이것들을 경계 없이 파괴하며 … 전자가 피를 흘리게 만든다면 후자는 피를 흘리지 않고 목숨을 앗아간다."[31]

이렇게 폭력과의 연관을 완전히 끊어낸 '순수한 수단'의 가능성을 신적 폭력을 통해 상상하는[31] 벤야민에게서 데리다는 '마지막 폭력'의 가능성, 나아가 어떤 "비폭력의 질서"에 대한 갈망을 읽어낸다.[32] 그러나 '비폭력적 폭력'이라는 형용모순을 가능하게 하는 신적 폭력 앞에서 데리다가 주목한 것은 어떻게 이러한 비폭력이 가능한지가 아니라, 어떻게 이러한 비폭력이 절대적 폭력(악)과 친화성을 지닐 수 있는지다.[33] 다시 말해 데리다의 주된 관심은 비폭력의 가능성보다 폭력과 비폭력의 경계의 문제로 모아지며, 이는 「폭력과 형이상학」이나 「문자의 폭력」 이래로 이어진 데리다의 해체적 문제의식과 일관된다. 즉 "폭력을 동반하지 않는 순수성(purity)이란 불가능하며" 따라서 '순수한' 폭력으로서의 비폭력의 주장 —가령, 내가 휘두르는 이것은 폭력이 아니다!— 이 오히려 최악의 폭력, 절대적 악으로 귀결될 가능성을 결코 배제할 수 없다는 것이다.[34] 『법의 힘』의 후기에서 데리다가 홀로코스트를 신적 폭력의 발현 가운데 하나로 사고할 수 있으며, 벤야민의 텍스트를 포함한 모든 담론과 최악의 것 사이의 가능한 공모를 인식할 필요성이 있음을 언급한 것은 이를 뒷받침해준다. "순수하게 도덕

**31** 발터 벤야민, 「폭력 비판을 위하여」, 자크 데리다, 앞의 책(2004a), 164쪽.
**32** 같은 책, 110쪽.
**33** 같은 곳.
**34** Chung-Hsiung Lai, "On Violence, Justice and Deconstruction," *Concentric*, 29.1(January 2003), p. 35.

적인 폭력의 비판은 무기력한 만큼이나 부당(unjust)"한 것이다.[35] 데리다가 신적 폭력을 홀로코스트와 연관 지은 것은 "피를 흘리지 않고 목숨을 앗아 가는" 등과 같은 신적 폭력에 대한 벤야민의 묘사와 홀로코스트의 최종해 결책(가스실과 집단화장) 사이의 일차적인 연상작용, 나치즘에 철학적 근거를 제공한 칼 슈미트(Carl Schmitt)와 벤야민을 둘러싼 스캔들 등이 작용을 했을 것이다. 하지만 벤야민에게 순수한 폭력에 대한 철학적 상상을 가능 하게 한 볼셰비키 혁명이 이후 절대악으로 타락했다는 사실은 데리다의 이런 우려가 단지 기우가 아님을 입증해준다. 『법의 힘』 1부와 2부의 발표 사이 베를린 장벽이 무너졌다.

이후 9·11 테러, 이라크 전쟁, 유럽통합 등 보다 직접적이고 구체적인 사회적·정치적 이슈를 통해 주권, 민주주의, 인권 등 보편적(이라 인정되는) 개념의 자명성을 해체하고자 한 데리다의 후기 작업 역시, 차연, 되풀이 (불)가능성, 나아가 자기보존을 위해 자신을 파괴하는 "자가-면역(auto-immunity)"[36]의 경계 해체적 역설로부터 자유로울 수 있는 것은 아무것도 없음을 증명하는 과정에 다름 아니다.


## 4. 폭력의 경계와 예외상태: 아감벤의 폭력론

나치즘의 희생자인 벤야민과 파시스트 공법학자 슈미트를 둘러싼 스캔

---

**35** 자크 데리다, 앞의 책(2004a), 94쪽.
**36** 자가-면역에 대해서는 자크 데리다, 지오반나 보라도리, 「데리다와의 대화: 자가-면역, 실재적이고 상징적인 자살」, 지오반나 보라도리, 『테러 시대의 철학: 하버마스, 데리다와의 대화』, 손철성 외 옮김(문학과지성사, 2004b), 157-248쪽; 자크 데리다, 앞의 책(2003), 79-103쪽.

들, 또는 흔히 '벤야민의 역설'이라 불리는 것의 진상은 슈미트의 『정치신학』이 벤야민의 「폭력 비판」에 대해, 또 벤야민의 『독일 비애극의 기원』이 슈미트의 『정치신학』에 대해 응답의 요소를 지닌다는 점과 주로 관련된다. 하지만 벤야민이 슈미트에게 존경 어린 편지를 보낸 사실이나, 두 사람이 일정 기간 자주 만나며 정서적 교감을 나눈 것과 달리, 사상적 차원에서 양자의 관계는 '훌륭한 적'이 주는 영감, 그를 통한 사유의 비판적 재구성을 넘어서지 않는다.[37] 「폭력 비판」에서 벤야민이 법과 폭력의 결합을 폭로하고 그 결합을 끊어낼 필요를 주장했다면, 『정치신학』은 그러한 결합의 불가피성을 통해 주권독재의 필연성을 주장한다. 한편 슈미트가 『정치신학』에서 "주권자란 예외상태를 '결정'하는 자"라고 말함으로써 법의 중지이자 규칙의 일탈인 예외상태를 법의 내부로 끌어들였다면, 『독일 비애극의 기원』에서 벤야민은 "바로크적 주권 개념은 … 예외상태를 '배제'하는 것을 군주의 가장 중요한 기능으로 삼고 있다"고 슈미트의 언급을 비틀어버림으로써 예외상태를 법의 외부로 밀어낸다.[38]

　법을 중지시킴으로써 법을 실현하는, 따라서 법의 외부이면서 내부인 주권권력의 역설을 조명한 아감벤(Giorgio Agamben)의 『예외상태』는 바로 이러한 벤야민과 슈미트 사이의 긴장으로부터 출발한다. 아감벤은 주권자는 예외상태를 '결정'하는 자라는 슈미트의 주장을 받아들인다. 동시

---

**37** 벤야민과 슈미트의 관계에 대해서는 조르조 아감벤, 「공백을 둘러싼 거인족의 싸움」, 김항 옮김, 『예외상태』(새물결, 2009), 103-124쪽; Arne De Boever, "Politics and Poetics of Divine Violence : On a Figure in Giorgio Agamben and Walter Benjamin," eds. J. Clemens, N. Heron and A. Murray, *The Work of Giorgio Agamben : Law, Literature, Life*(Edinburgh : Edinburgh University Press, 2008), pp. 83-85; 고현범, 「현대 폭력론에 대한 연구 : 발터 벤야민의 「폭력 비판」에 대한 데리다의 독해를 중심으로」, 《대동철학》 제50집(대동철학회, 2010), 87-94쪽 참조.
**38** 조르조 아감벤, 앞의 책(2009), 108-109쪽에서 재인용.

에 그는 법과 폭력의 근원적 연루에 대한 벤야민의 비판 또한 받아들인다. 아감벤에게 예외상태를 '결정'하는 주권자는 "폭력과 법 사이의 비식별 지점, 폭력이 법으로 이행하고 또 법이 폭력으로 이행하는 경계"에 다름 아니다.[39] 나아가 그는 "억압받는 자들의 전통은 우리가 그 속에서 살고 있는 '비상사태(예외상태)'가 상례임을 가르쳐준다"[40]는 벤야민의 역사철학테제 8번을 전적으로 수용한다. 그 결과 아감벤에게 있어 폭력의 경계는 법의 내부에서 외부로, 나아가 억압받는 자들의 삶, 벌거벗은 생명(bare life) 전체로 확대된다. "법의 외부란 없"고,[41] 따라서 다시 한 번 '폭력의 외부는 없다.'

아감벤은 이러한 예외상태의 전면화가 근대의 특성 가운데 하나임을 주장하며 그 대표적 사례들을 조명한다. 1933년 "국가와 민족 보호에 관한 긴급조치" 공표와 함께 히틀러가 선포한 예외상태는 새로운 나치 입법이 아니라, 기존 바이마르 헌법의 모든 조항에 대한 '효력 정지'를 통해 실행됐다. 또 9·11 테러 이후, 법적 지위가 '말소'되어 법적으로 명명하거나 분류할 수 없는 존재들을 양산한 미국의 군사명령, 애국법, 각종 긴급조치도 이에 해당한다. 아감벤에게는 자유민주주의의 전 지구적 확산이 주장되는 21세기야말로 예외상태의 상례화를 단적으로 보여주는 시기다. "예외상태는 오늘날 비로소 최대한으로 확산되어 전 지구적 규모에 이르게" 되었고 "예외상태가 … 상례가 된" 순간부터 그것이 점점 더 예외적 조치 대신 통치술로 등장할 뿐만 아니라 법질서를 구성하는 패러다임으로서의 본성을

---

**39** 조르조 아감벤, 『호모 사케르: 주권권력과 벌거벗은 생명』, 박진우 옮김(새물결, 2008b), 86쪽.
**40** 발터 벤야민, 「역사의 개념에 대하여」, 최성만 편역, 『발터 벤야민 선집 5』(길, 2008), 336-337쪽.
**41** 조르조 아감벤, 앞의 책(2008b), 80쪽.

드러내기까지 하고" 있다.[42] 한국의 경우, 유신헌법의 본질이 얼마 전 논란이 되었던 제53조 —대통령이 필요하다고 인정할 경우 헌법에 보장된 국민의 자유와 권리를 잠정적으로 '정지'하는 긴급조치를 내릴 수 있다— 에 놓여 있다는 점에서 그 사례를 찾을 수 있을 것이다.[43]

이렇게 예외상태가 나치공법, 유신헌법, 미국의 애국법을 넘나들며 적용 가능하다는 사실은 예외상태를 "민주주의와 절대주의 사이의 확정 불가능한 문턱"으로 만듦으로써 "법과 정치 사이의 경계"의 문제를 제기한다.[44] 아감벤에게 이때의 정치란 무엇보다 "생명이 국가권력의 메커니즘과 계산 속으로 통합"되고, 정치가 종으로서의 인간 생명의 관리와 통치로 대체되는 "탈정치적 생명정치"를 뜻한다.[45] 바로 이 지점에서 주권권력을 통한 폭력-법-정치(국가)의 상호연쇄는 억압받은 자들의 '삶', 벌거벗은 '생명'을 포괄하며 확장된다. 아감벤의 대표작인 『예외상태』와 『호모 사케르』가 분리 불가능하게 결합되는 것도 여기서부터다.

고대 로마에서 기원한 호모 사케르(Homo Sacer)란 용어는 "살해는 가능하되 희생물로 바칠 수는 없는 생명"을 뜻한다. 본래 '신성한 인간'을 의미하는 호모 사케르가 법적 폭력의 직접적인 타깃인 벌거벗은 생명을 뜻함을 이해하기 위해서는 고대부터 이어져온 신성함의 양가성, 즉 신성함이 터부와, 성스러움이 저주받음과 긴밀하게 연관되어왔음을 상기할 필요가

**42** 차례대로 조르조 아감벤, 앞의 책(2009), 164, 23쪽.
**43** 2013년 헌법재판소는 긴급조치를 위헌으로 판결한 반면, 그 근거가 된 유신헌법 53조를 위헌심판 대상에서 제외하여 논란을 일으켰다. 최은아, 「헌법재판소는 왜 유신헌법 53조에 침묵하나」, 《프레시안》, 2013년 3월 29일. http://www.pressian.com/news/article.html?no=40630(검색일: 2014년 12월 10일).
**44** 조르조 아감벤, 앞의 책(2009), 16, 13쪽.
**45** 조르조 아감벤, 앞의 책(2008b), 36쪽.

있다. 즉 이미 성스러운 호모 사케르는 신을 위한 희생제의에 쓰일 수 없지만, 바로 그 성스러움이 그의 살해에 면책특권을 부여하는 터부의 기반이 된다.[46] 주권자가 법의 중지를 통한 완성에 의해 법의 외부와 내부에 이중 포함되어 있다면, 신성하나 저주받은 자, 벤야민의 표현에 따르면 '결백하지만 불운한 생명'인 호모 사케르는 그 양가성으로 인하여 여하한 법질서로부터도 이중적으로 배제된다. 아감벤에게 일차적으로 호모 사케르는 가스실의 유대인, 캠프의 죄수와 포로들, 수용소의 난민들, 각종 소수자와 몫 없는 자 등을 일컫는 이름이다. 이렇게 주권자와 호모 사케르는 각각 이중포함과 이중배제의 형태로 예외상태의 위상학의 극단에 위치한다.

그러나 "예외의 가장 고유한 특징은 배제된 것이 바로 배제되었다는 사실 때문에 규칙과 완전히 무관해지지 않으며, 반대로 규칙의 정지라는 형태로 규칙과의 관계를 유지한다는 점", 즉 "규칙은 예외를 통해서만 연명한다"는 사실을 감안한다면,[47] 주권자와 호모 사케르는 '포함적 배제' 또는 '배제적 포함'의 고리로 긴밀히 연루될 수밖에 없다. 주권권력의 보호로부터 배제되고 추방된 호모 사케르는 바로 그 배제와 추방의 형식을 통해 법과의 연관을 유지한다. 결국 "법이 생명에 가 닿고 스스로를 효력 정지시켜 생명을 포섭하기 위한 근원적 장치가 예외상태라면 예외상태에 관한 이론은 살아 있는 자를 법에 묶는 동시에 법으로부터 내버리는 관계를 정의하기 위한 전제조건"이 되며, "주권자와 호모 사케르는 법질서의 양극단에 위치한 두 가지 대칭적인 형상들로서, 동일한 구조를 갖고 있으며 서로 결합되어 있다."[48]

**46** 같은 책, 155~171쪽. 인용은 45쪽.
**47** 차례대로 같은 책, 60, 76쪽.
**48** 차례대로 조르조 아감벤, 앞의 책(2009), 14쪽; 조르조 아감벤, 앞의 책(2008b), 178쪽.

이렇게 아감벤은 주권자를 법의 정지이자 위반인 예외상태를 결정하는 자로 상정함으로써 법적 폭력이 적용되는 공간의 내부와 외부 사이의 경계를 지워버린다. 외부를 허락하지 않는 이 폭력의 공간이 바로 살아 있는 모든 생명의 자리가 된다. 앞서 데리다에게 폭력에 대한 절대적 부정으로서의 비폭력이 부정의(不正義)한 것이었다면, 아감벤에게 이러한 비폭력은 논리적으로 불가능한 것이 된다. 더구나 아감벤의 주장대로 상례화된 예외상태 속에서 "모든 사람을 잠재적인 호모 사케르들로 간주하는 자가 바로 주권자이며, 또 그를 향해 모든 사람들이 주권자로 행세하는 자가 바로 호모 사케르"라면,[49] 우리 모두는 잠재적으로 호모 사케르이기도 하지만, 또 잠재적으로 이미 늘 주권자, 즉 폭력의 실행자이기도 하다. 결국 폭력은 법의 토대이자 탈정치적 정치의 규율이 될 뿐 아니라, 피할 수 없는 실존의 조건이 되어버린다. 아감벤이 "음울한 묵시록과 전망의 금지를 설파하는 형이상학자"라는 타이틀을 얻게 된 것이 전혀 근거 없는 것은 아니다.[50]

그렇다면 정말로 아감벤에게는 폭력과 법과 정치와 생명의 결탁을 중단시킬 가능성이 원천적으로 봉쇄되어 있는가? 그렇다면 왜 그는 주권권력과 벌거벗은 생명의 관계가 그 어느 때보다 위기에 처한 지구화의 시대 "정치적으로 행동한다는 것은 무슨 의미인가"에 답하기 위해 『예외상태』를 썼다고 말했는가?[51] 벤야민이 예외상태를 '배제'하는 자로 주권자를 규정함으로써 법의 내부와 외부를 분리하고, 법과 폭력의 연쇄를 끊어낼 가

---

**49** 조르조 아감벤, 앞의 책(2008b), 178-179쪽.
**50** 김항, 「절대적 계몽, 또는 무위의 인간: 아감벤 정치철학의 현재성」, 《사회와 철학》 제21호 (사회와철학연구회, 2011), 276쪽. 이 논문은 아감벤에 대한 이런 편견을 비판하는 입장에 서 있다.
**51** 조르조 아감벤, 앞의 책(2009), 14쪽.

능성을 법 바깥의 신적 폭력에 마련해둔 것과 같은 그러한 해법은 아감벤에겐 불가능한 것인가? 그렇지는 않다. 그 실마리는 멀리로는 아감벤이 1970년에 쓴 에세이 「폭력의 경계에 대하여(On the Limits of Violence)」에서, 가까이로는 『예외상태』에서 직접 찾을 수 있다.

1970년 28살의 아감벤은 아렌트에게 보낸 편지에 동봉한 에세이에서 벤야민의 신적 폭력을 언급하며 순수한 폭력, 새로운 시대를 여는 그러한 혁명적 폭력이 상상 불가능한 것은 아니라고 말한다. 폭력의 경계(한계)에 놓인 이 순수한 폭력은 한마디로 아감벤에게는 타자의 부정이 자기부정으로 이어지는 폭력을 의미한다.[52] 한편 그로부터 30여 년 후 『예외상태』를 쓴 예순 살의 아감벤은 히틀러의 긴급조치나 미국의 애국법과 같은 '실제' 예외상태와 벤야민의 역사철학테제의 '진정한' 예외상태를 구분함으로써, 삶의 안팎을 에워싸 폭력을 필연화하는 '상례화된' 예외상태를 전복시킬 '진짜' 예외상태의 가능성, 즉 벤야민의 신적 폭력에 상응하는 순수한 폭력에 자리를 마련한다. "진정으로 정치적인 행위란 폭력과 법 사이의 연계망을 끊어내는 행위뿐이다 … . 그제야 비로소 우리는 '순수한' 법을 눈앞에서 보게 될 것이다. 벤야민이 말한 '순수한' 언어나 '순수한' 폭력이라는 의미에서 말이다."[53]

데리다가 폭력을 동반하지 않는 순수성이 불가능함을 들어 신적(순수한) 폭력의 가능성을 부정한 것과 달리, 아감벤은 그 가능성을 확증한다. 비록 그것이 아직은 '순수한 잠재성(pure potentiality)'의 형태로만, 법의 활력을

---

**52** Giorgio Agamben, "On the Limits of Violence," trans. by Elisabeth Fay, *Diacritics*, Vol. 39, No. 4(Winter 2009), pp. 107-109. 원본은 "Sui Limiti della violenza," *Nuovi Argomenti*(Winter 1970).

**53** 조르조 아감벤, 앞의 책(2009), 166-167쪽

빼앗고 작동을 멈추게 하는 소극적이고 추상적인 형태로만 제시된다 해도, 그것은 아감벤의 묵시록을 메시아적 희망으로 전도시키는 핵심기제가 된다. "목적 없는 수단, '순수한 수단'의 형상은 주권과 정치적인 것에 대한 아감벤의 이론화의 핵심"이며, "'순수한 잠재성' 개념은 아감벤 저작을 관통하는 근본 사고"라고 주장할 수 있는 근거가 여기에 있다.[54]

흥미롭게도 언어의 원초적 폭력에 대한 데리다의 인문학적 성찰이 순수한 폭력을 부정하게 했다면, 문학비평가이자 미학자, 특히 이탈리아 어판 벤야민 전집 편집자였던 아감벤의 경우는 오히려 (벤야민에서 비롯한) 순수한 언어(pure language)에 대한 통찰이 순수한 폭력의 가능성을 승인하게 했다. 벤야민이나 아감벤에게 순수한 언어와 미학의 관계는 순수한 폭력과 정치의 관계에 조응한다고 말할 수 있다. 그러나 지구화 시대 실종된 정치의 재발명을 이뤄낼 '주체'의 문제에 이르러 데리다와 아감벤은 다시 만난다. 데리다가 자신과 완전히 일치하는 주체란 없으며, 상징체계로부터 법질서에 이르기까지 예외없이 적용되는 되풀이 (불)가능성과 차연의 논리가 배제된 것들의 흔적, 경계 밖에 남겨진 타자를 소환하며, 바로 여기에 해체의 정의가 놓여 있다고 주장했음은 앞서 밝힌 바 있다. 이와 유사하게 아감벤은 『남겨진 시간』에서 "민중은 … 결코 자기 자신과 일치할 수 없는 개념이고 모든 분할 내에서 무한히 남겨지"며, "이 남겨진 자(잔여)가 결정적인 순간에 민중들의 형상이고 민중들이 취하는 실체성이며 유일하고 진정한 정치적 주체"라고 말한다.[55] 데리다에게 (자신과의 일치를 허락하지 않

---

**54** Benjamin Morgan, "Undoing Legal Violence: Walter Benjamin's and Giorgio Agamben's Aesthetics of Pure Means," *Journal of Law and Society*, Vol. 34, No. 1(Mar., 2007), p. 56; Peg Birmingham, "Law's Violent Judgement: Does Agamben Have a Political Aesthetics?," *CR: The New Centennial Review*, Vol. 14, No. 2(Fall, 2014), p. 99.
**55** 조르조 아감벤, 『남겨진 시간: 로마인들에게 보낸 편지에 관한 강의』, 강승훈 옮김(코나투스,

는) 순수성의 불가능성이 신적 폭력이건, 비폭력(을 자임하는 대항폭력)이건 간에 순수한 폭력을 부정하는 기제였다면, 아감벤은 이 순수성의 부정으로부터 순수한 폭력의 가능성을 끌어낸다. 바로 이것이 1970년 그가 자기부정으로 이어지는 폭력이 폭력의 마지막 경계라 설명한 바일 것이다.

## 5. 대항폭력과 비폭력을 넘어서: 발리바르의 반(反)폭력론

앞 장에서 살펴본 바와 같이 21세기 폭력의 새로움은 '지구화의 폭력'과 '폭력의 지구화'의 맞물림에 기원한다. 소통/접촉의 전면화와 단절/대립의 극단화라는 양립 불가능한 요소의 양립을 허락하는 지구화의 패러독스가 폭력을 포함한 모든 전통적 경계, 그 안팎의 구분을 기각시키는 뫼비우스적 연쇄를 가능하게 한다. 이렇듯 경계의 폭력적 해체와 재생산, 탈경계화와 재경계화라는 모순적 과정의 동시 진행 속에서 경계를 관철하려는 시도와 그러한 경계확정을 교란하려는 시도, 즉 동일화와 탈동일화 전략 사이의 긴장이 발생한다. 대표적인 비판적 탈근대 이론가인 발리바르와 데리다, 아감벤은 지구화라는 전적으로 새로운 시공의 맥락 속에 폭력에 대한 철학적 성찰을 개진하며, 특히 이들 모두 자신의 폭력론을 '경계'에 대한 첨예한 문제의식과 밀접히 결부시키고 있다는 점에서 지구화 시대 폭력을 이해하는 데 필수적이다.

특히 데리다의 경우, 되풀이 (불)가능성, 차연의 사유를 통해 법치국가의 환상, 법과 폭력의 이항대립, 법과 정의(正義) 사이의 자동화된 연관을 해체

2008a).

하고자 한다. 마찬가지로 이는 당연한 진리로 받아들여지는 비폭력이나, 불의에 저항한 정당한 권리로 주장되는 대항폭력에도 예외없이 적용된다. 이 해체적 되묻기의 본질은 폭력, 비폭력, 대항폭력 등을 막론하고 타자를 배제하지 않는 경계란 없다는, 즉 '경계의 순수성의 불의함[不正義]'을 들어 최종화된 정의(定義)의 폭력을 폭로하려는 것이다. 물론 그렇다고 데리다가 대항폭력이나 비폭력에 무조건 반대하는 것으로 이해되어서는 곤란하다. UN의 인도주의적 개입의 허구성, 9·11 테러 이후 미국의 '정의로운 전쟁(just war)' 논리에 대한 그의 날선 비판이나, 비폭력을 단죄하는 대항폭력이 폭력의 악마적 과잉으로 흐를 위험을 경고한 것 등은 이를 상징적으로 보여준다. 이런 점에서 데리다의 폭력, 대항폭력, 비폭력 자체가 (개념으로서의) 동일화 vs. 탈동일화, (재)경계화 vs. 탈경계화 사이의 대결 속에 구성된다고 볼 수도 있을 것이다. 그럼에도 데리다의 입장이 동일화와 탈동일화, (재)경계화와 탈경계화 사이의 긴장을 유지하기보다는 탈동일화, 탈경계화가 가능하게 하는 해체의 정의(正義) 쪽에 더 큰 무게를 둔다는 혐의를 완전히 걷어내기는 힘들 듯하다. '폭력의 외부는 없다'는 그의 폭력론이 어떤 비관주의나 대안 불가의 인상을 자아내고, 구체적이고 현실적인 해법에의 접근 가능성을 원천적으로 봉쇄하는 듯한 느낌을 주는 것은 주로 여기에 기인한다.

한편 아감벤의 폭력론은 지구화 시대가 법과 폭력의 구별을 완전히 무화시켜버리는 예외상태를 상례로 만들었다는 문제의식에서 출발한다. 법을 정지시키고 위반함으로써 그것을 실현하는 예외상태의 역설이 주권의 본질이 됨으로써, 결국 폭력은 법의 토대이자 (탈정치적) 정치의 근간이 될 뿐 아니라, 호모 사케르로 대변되는 지구화 시대 생명의 실존적 조건이 되어버린다. 그 결과 폭력의 경계는 지구화 시대 보편적 삶의 안과 밖을 모두 포괄하며 확장되는 것이다. 하지만 이렇게 극도로 비관적인 현실 인식이 오히려 이 현실을 타개할 절박한 필요성, 즉 '마지막 폭력'에 대한 상상을 허락한다. 그가 순수한 수단으로서의 폭력의 필연성을 역설한 것은 이런 맥락에서 이해될 수 있다. 흥미로운 점은 데리다가 타자를 배제하지 않는 경계란 없다는, 즉 경계의 순수성의 부당함을 들어 순수한 폭력이 불가함을 주장했다면, 아감벤은 이러한 순수성을 스스로 부정하는 순간, 비로소 순수한 폭력이 가능하다고 역설했다는 사실이다. 문제는 아감벤이 제시한 그 순수한 폭력의 실체가 매우 모호하고 추상적이며 오로지 가능성으로서만 가능하다는 점이다. 그가 말한 순수한 폭력이 대항폭력인지, 비폭력인지, 대항폭력이기에 비폭력인 폭력인지는 명확히 알 수 없으며, 이는 그의 순수한 폭력 개념이 '법의 메시아적 실현', '목적 없는 수단', '비폭력적 폭력' 등 초월적이거나 역설적인 수사로 표현된다는 점에서도 간접적으로 입증된다.

하지만 데리다의 해체적 기획이 전해주는 대안 불가의 인상, 아감벤의 극단적 비관주의나 모호한 희망 등은 그들 사유의 결함이라기보다는 폭력, 대항폭력, 비폭력이 근원적으로 구성하는 곤경으로부터 비롯한다고 말해야 할 것이다. 흔히 억압폭력과 저항폭력, 대항폭력과 비폭력은 상호 대립적인 듯 여겨지지만, 이들은 아주 자주 서로를 파괴하는 동시에 서로를 닮아가고, 서로를 부정하는 동시에 서로를 호명하며 상호의존적으로 존재했다. 이 명백한 역사적 사실은 애초부터 어느 한쪽의 '명쾌한' 선택을 불가능하게 한다. 과연 어디까지가 합법화된 기능으로서의 국가독점폭력이고 어디서부터가 그 기능으로부터의 일탈인 국가폭력인지, 어떤 상황에서 대항폭력을 선택하는 게 옳은 일인지, 비폭력의 입장을 고수하는 게 옳은 일인지 자신 있게 말하기는 힘든 법이다. 더 근본적으로 폭력 개념이 육체적·물질적 위해(危害)뿐 아니라 제도적·구조적·문화적 차원까지 포괄하게 된 현재, 도대체 어디까지가 폭력이고 어디서부터가 비폭력인지 그 경계를 확정하는 문제 등은 판단주체의 입장과 지위, 소속에 따라 얼마든지 변경될 수 있다.[56]

이런 점을 감안한다면 데리다와 아감벤의 충분히 성찰적이나 여전히 논쟁적인 입장은 폭력, 비폭력, 대항폭력 사이의 상호구성성, 그로 인해 그들 사이에 명확한 경계를 확정하는 것이 불가능하거나 부당하다는 사실에 뿌리를 둔다고 말할 수 있다. 이런 의미에서 앞서 거론한 지구화 시대 첨예화된 '동일화'와 '탈동일화' 사이의 대결이 폭력에 대한 이들의 사유 자체에도 내면화되었음을 보여주는 것으로 해석할 수도 있을 것이다. 나아가 단기적이거나 실제적인 유용성의 유혹을 넘어서, 또 성급한 타협과 선택의 위험을 넘어서, 언어, 기호, 텍스트, 문화 등 인류의 문명적 근간에서 폭력에 대한 재고를 요청하는 것, 궁극적으로 그 동력이 배제된 타자, 억압된 자, 몫 없는 자의 몫에 대한 요청에서 제기되고 있다는 점은 폭력에 대한 이들의 철학적 탐색이 차별화될 수 있는 지점이기도 하다. 이들의 폭력 이론, 특히 비폭력의 부정이나 마지막 폭력의 주장조차 평화에 대한 기원(祈願)과 긴밀히 연관될 수밖에 없는 것은 이 때문이다. 그럼에도 폭력에 대한 철학적 성찰이 궁극적으로 어떤 실천적 대안에 대한 상상과 완전히 단절되어서는 안 된다면, 우리는 그런 가능성을 발리바르의 사유 속에서 찾을 수 있을 것이다.

---

**56** 이는 단지 인문학자만의 문제의식이 아니다. 사회과학적 평화연구를 대표하는 갈퉁 역시 일찍이 한 논문에서 경제적 보이콧 등 비폭력이라 주장되는 많은 경우가 '넓은 의미의' 폭력과 구별되지 않으며, 따라서 폭력과 비폭력이 이분법을 형성하는 것이 확실한가라고 되물은 바 있다. J. Galtung, "On the Meaning of Nonviolence," *Journal of Peace Research*, Vol. 2, No. 3(1965), pp. 228-257.

앞서 2장에서 밝힌 바와 같이 발리바르는 지구화 시대 폭력의 특성을 경계의 폭력적 해체와 폭력적 양산의 동시 진행 속에서 확인한 바 있다. '폭력의 외부는 없다'고 선언한 데리다나 아감벤과 마찬가지로 발리바르 역시, 폭력의 이런 글로벌한 전개 속에서 그것을 무조건 부정하거나 무차별적으로 비난하는 것은 부질없는 일이라고 말한다. 즉 "그런 비난은 상이한 형태를 띠는 폭력 … 이 인간의 경험에 속하는 동시에 역사에 속한다(폭력은 역사의 '동력' 중 하나다)는 기본적인 인간학적 사실을 부인하거나 도덕적 장막으로 직접 은폐하게 될 뿐"이며, 따라서 "폭력과의 논쟁은 본질적으로 종결되지 않는 것"이다.[57] 결국 '폭력의 외부는 없다'는 데리다나 아감벤의 선언은 "폭력의 영점 상태(degree zero)는 없"으며 "따라서 비폭력이란 없다"는 발리발르의 주장으로 이어진다.[58] 나아가 발리바르는 어떤 상황에서는 비폭력이 노골적인 폭력보다 더 나쁘고 폭력적일 수 있다는 데리다의 주장에 적극적인 공감을 표시한다. 발리바르는 이를 어떤 환상에 대한 경고로, 즉 "폭력의 조건으로부터 탈출하는 절대적 방법이 있을 거라는 환상에 대한 경고"로 받아들인다.[59]

발리바르는 기존의 대항폭력 역시 비판한다. 그는 폭력과 이상성(理想性)의 역설적 관계를 논하면서, 대항폭력에 내재한 어떤 이상성[정의(正義)의 이상성]이 역사발전이나 해방적 실천에 필수적이었으나, 동시에 그것들이 어떤 잔혹의 경험들과 짝을 이루어왔음을 보인다. 이는 원칙적으로나 실제적으로나 "이상들의 선용과 악용에 관한 그 어떤 보증도 있을 수 없"기

**57** 에티엔 발리바르, 앞의 책(2012a), 102, 145쪽.
**58** 에티엔 발리바르, 「폭력: 이상성과 잔혹」, 앞의 책(2007), 506쪽.
**59** E. Balibar, op. cit.(1993), p. 13.

때문이다.[60] 발리바르의 이러한 단언은 마지막 폭력으로서 신적 폭력이 최악의 폭력, 절대적 악으로 귀결될 수 있다는 데리다의 우려와 일맥상통하는 것이다. 발리바르는 역사적으로 비폭력과 대항폭력은 그 반대 짝이 얼마나 비효율적이거나 부당했는지를 입증하는 한에서만 유효했음을 말하며, 특히 대항 폭력의 경우, 폭력의 역효과 없이도 폭력으로 폭력을 제어할 수 있다고 믿는 '전능함에 대한 미망'에서 벗어나야 할 필요성을 역설한다.[61]

폭력의 필연성을 인정하면서도 그것을 제어하기 위한 방법으로 그간 행사되어왔던 대항폭력과 비폭력의 이항대립을 극복할 '제3의 전략'으로 발리바르가 제안한 것이 바로 '반폭력', 즉 '시빌리테(civilité, 시민다움)'의 정치다. 그 본질은 지구화 시대 위기에 처한 정치적인 것의 가능성을 최대화하는 데 놓인다. 발리바르에 따르면 지배와 폭력 사이의 연관성이 극대화된 지구화의 시대, "정치의 가능성은 본질적으로 저항의 실천과 연계"될 수밖에 없다.[62] 2장에서 밝힌 극단적 폭력은 바로 이 저항의 객관적인 조건이나 주체적인 역량을 근본적으로 말살함으로써 정치의 부재의 원인이자 결과로 동시 작동한다. 반폭력과 시빌리테의 정치는 바로 이 극단적 폭력의 경우처럼 정치의 가능성을 파괴하는 폭력에 대한 저항을 말한다. 이때 정치의 가능성을 부활시키는 저항의 실천은 '기성 질서에 대한 반대 같은 부정적(소극적) 의미의 저항과, 능동적 주체성과 집합적 연대의 형성이라는 적극적 의미의 저항'의 두 차원으로 구성된다.[63]

---

**60** 에티엔 발리바르, 「폭력: 이상성과 잔혹」, 앞의 책(2007), 505-506쪽. 인용은 505쪽.
**61** E. Balibar, op. cit.(1993), p. 13; 에티엔 발리바르, 앞의 책(2012a), 113쪽.
**62** 에티엔 발리바르, 앞의 책(2012a), 101, 118쪽. 인용은 118쪽.
**63** 같은 책, 118쪽.

이렇게 저항의 실천과 밀접히 연관된 "시민다움의 정치는 비폭력과도, 폭력을 예방하거나 폭력에 저항하는 대항폭력과도 동일시되지 않는다."[64] 오히려 그 본질은 발리바르가 '레닌과 간디의 조우'로 정식화한바, '국가의 문명화'와 '혁명의 문명화'를 동시에 요청함으로써 대항폭력과 비폭력의 이항대립을 극복하는 데 놓인다. 즉 "시민국가(civil state)가 자연상태(state of nature)보다 더 폭력적이게 될 때 필요해지는 일련의 실천들"로 정의되는 반폭력은 한편으로는 그러한 '국가의 문명화'를 지향하는 동시에, 대항폭력의 이상성이 극단적 잔혹을 동반하지 않도록 하는 '혁명의 문명화' 역시 요청한다. 발리바르에 따르면 레닌과 간디의 이러한 조우는 역사적으로 한번도 이루어진 적 없지만, 폭력의 경제학의 글로벌한 전개로 주권과 대표성(민주주의)이 위기에 처한 21세기 시민들의 상상 속에서는 이루어질 수 있다.[65]

그런데 여기서 주목해야 할 점은 법과 폭력, 정치주권과 폭력이 필연적으로 연관될 수밖에 없다고 주장함으로써 반국가적이거나 무정부주의적으로 비약할 여지를 주는 데리다나 아감벤과 달리, 발리바르는 "국가에 대한 문명화"나 "혁명에 대한 문명화"와 더불어 "국가가 수행하는 문명화"[66]의 역할을 결코 포기하지 않는다는 사실이다. 사실 국가 기능에 대한 주목은 포스트-마르크스주의자로서 발리바르를 차별화하는 지점이기도 하다. 그는 마르크스주의의 아나키즘적 요소가 국가, 정치, 시민권 등으로의 접근을 불가능하게 만든다고 보았고, 그의 이론적 선회의 핵심 역시 "마르크스주의의 국가 사멸 기획을 국가의 발본적인 민주적 전환의 기획으로 대

---

**64** 같은 책, 144쪽.

**65** E. Balibar, "Lenin and Gandhi: a Missed Encounter?," trans. by Knox Peden, *Radical Philosophy*, 172(March/April 2012b), pp.15-16; E. Balibar, op. cit.(1993), p. 13. 인용은 후자.

**66** 에티엔 발리바르, 『정치체에 대한 권리』, 진태원 옮김(후마니타스, 2011), 18쪽.

체"한 것에 놓인다.[67] '정치체에 대한 권리'를 통해 '정치체의 필연성'을 역설한 발리바르에게 미래의 시민성은 "국가가 수행하는 문명화/국가 자신에 대한 문명화를 경유"하며 이중 구성되는 것으로, 국가는 문명화의 대상인 동시에 그 주체이기도 하다. 이렇게 발리바르는 국가의 문명화의 필요성과 동시에 "시민인륜(시민다움—필자)을 가능케 하는 공간으로서 그것을 담지하는 국가의 역할을 새삼 강조"하고 있다.[68] 반폭력의 구체적인 방법이나 내용이 여전히 선명하지 않은 것은 사실이나, 그럼에도 이렇게 국가로 대표되는 정치체의 존재, 그에 기반한 공적 영역의 확대나 제도적 개선의 자리를 반폭력의 정치에 마련해두는 것이야말로 발리바르의 철학을 데리다나 아감벤 등의 사유와 구분 지을 수 있는 지점이라 할 수 있다.

더욱 흥미로운 사실은 이러한 정치적 저항의 두 차원, 즉 발리바르가 시민권(citizenship)이라는 기존 개념을 보충해 새로이 제안한 '시민다움'의 본질이 '정체화와 탈정체화(동일화와 탈동일화)'라는 양립 불가능한 것의 양립 여부에 달려 있다는 점이다. 이를 이해하기 위해서는 '인간과 시민의 권리 선언'의 달라진 맥락을 포착할 필요가 있다. 1789년 그것은 봉건적 위계와 억압으로부터의 해방의 의미를 지녔다. 반면 국민국가 등 기존 경계가 무너지는 현재, 인간의 권리와 시민의 권리의 등치는 그 시민(국가)에 해당(소속)되지 않는 자, 즉 경계 밖의 타자를 배제하는 대표적인 동일화의 폭력이 되어버렸다.

발리바르의 '시민다움'은 한편으로는 저항의 정치적 단위이자 주체를 만

---

**67** 발리바르의 포스트-마르크스주의에 대해서는 서관모, 「반폭력의 문제설정과 인간학적 차이들: 에티엔 발리바르의 포스트마르크스적 공산주의」, 《마르크스주의연구》 제5권 2호(경상대학교 사회과학연구소, 2008), 259-283쪽. 인용은 261쪽.
**68** 김정한, 「폭력과 저항: 발리바르와 지젝」, 《사회와 철학》 제21호(사회와철학연구회, 2011), 376쪽.

드는 정체화(identification) 과정을 필요로 하지만, 그와 동시에 그것이 타자를 배제하는 동일화의 폭력이 되지 않도록 스스로의 경계를 끊임없이 파열시키고 변경하는 탈정체화(dis-identification) 과정을 함께 요청하며, 그럼으로써 기존 '시민권'과 구별될 것을 지향한다. 즉 하나의 정체성만을 인정하는 '총체적 동일화'와 그 어떤 정체성도 허락하지 않는 '부동하는 동일화'의 양극단 사이에 놓인 갈등을 해결하는 정치가 바로 시민다움이며, 그것은 "정체화와 탈정체화의 운동"이자, '공동체를 만드는 운동'과 '공동체로부터 거리를 둘 수 있게 해주는 운동' 사이의 결합'이다.[69]

정체화와 탈정체화, 경계화와 탈경계화 사이의 주체적 운동으로서 발리바르의 시민다움이 가지는 의미는 그의 '비판적 유럽(연합)론'에서 구체적으로 확인할 수 있다. 발리바르는 난민, 무국적자 등이 양산되는 시대, 근대적 국민국가를 넘어서는 새로운 정치적 주체로서 유럽의 역할을 인정한다. 그러나 그는 유럽의 가장 주요한 역할을 하나의 유럽성을 구성하는 것이 아니라 거꾸로 유럽의 실체를 흩트리고 비워내는 것에서 찾는다. 유럽이라는 하나의 표상 아래 봉합되어 있는 유럽연합 내의 수많은 내부경계들, 예를 들어 유럽 시민권의 제도화 과정에 포괄된 유럽연합 회원국과, 그로부터 배제된 비회원국/비유럽 출신 유럽 거주민 사이의 비대칭적 관계에 주목하는 것이 그 예가 될 수 있다.

이렇게 발라바르에게 유럽의 역할이란 국민국가가 아닌 지역을 단위로 한 새로운 정치체의 가능성을 앞장서 실험함과 동시에, 그 정치체가 배타적 주체로 고착되지 않도록 유럽이라는 경계를 끊임없이 의심하고 부정하는 데 놓인다. 그가 유럽의 역할을 매개이되 '사라지는 매개(vanishing

---

**69** 에티엔 발리바르, 앞의 책(2007), 64~65쪽; 에티엔 발리바르, 앞의 책(2012a), 135~136쪽.

mediator)'라 명명한 것은 이렇게 새로운 정치적 주체이되 자신의 동질성을 끊임없이 초과함으로써 스스로를 부단히 사라지게 하는 것을 그 역할의 본질로 보았기 때문이다.[70] 정치학을 철학적 인간학과 만나게 하는 이 '사라짐의 윤리'야말로 '실천의 단위로의 주체화와 (배타적) 실체의 부정으로서의 탈주체화'의 공존이라는 불가능한 소명을 결코 포기하지 않는 '시민다움', 즉 '시민인륜'의 본질이다.

이렇게 경계를 구성하면서 동시에 그 경계를 끊임없이 넘어서 '더 많은 민주주의'를 확보하도록 하는 것, 이것이 바로 반폭력의 정치의 핵심이자, 발리바르가 지구화의 맥락에서 정치를 재발명하는 일의 중심이라 일컬은 '경계들의 민주화'의 실질적 내용이기도 하다.[71] 앞서 지구화 시대 폭력의 본질로 거론한 동일화와 탈동일화, (재)경계화와 탈경계화 사이의 긴장이 데리다, 아감벤, 발리바르를 거쳐 이렇게 주체화와 탈주체화의 공존에 대한 표상 속에 그 해법을 모색하게 되는 것은 한편으로는 역설적이지만, 다른 한편으로는 지극히 자연스러운 귀결이기도 하다. 물론 이러한 해법들이 폭력, 대항폭력, 비폭력과 관련된 수많은 논점들에 정답을 내려줄 수는 없다. 하지만 데리다로부터 발리바르에 이르러 우리는 정답은 불가능할 뿐아니라 부정의하다는 것을 알았다. 누군가의 말처럼 '정답'이 아니라 '해답'을 구하는 것이 중요하다. 지구화 시대 폭력은 물론, 그에 대한 인식이나 성찰은 '경계의 경계'를 결코 벗어날 수 없으며, 그럼에도, 또는 바로 그러한 이유로 그 해답은 경계에 대한 새로운 상상 속 어딘가에 존재할 것이다.

---

**70** E. Balibar, "Europe, Vanishing Mediator," *We, the People of Europe?: Refletions on Transnational Citizenship*, trans. by J. Swenson(Princeton and London: Princeton University Press, 2004), pp. 203-235. 이 챕터는 영어본에만 존재한다.

**71** 에티엔 발리바르, 앞의 책(2010), 217-226쪽.

# 참고문헌

## 국문

고현범, 「현대 폭력론에 대한 연구: 발터 벤야민의 「폭력 비판론」에 대한 데리다의 독해를 중심으로」, 《대동철학》 제50집, 대동철학회, 2010.

김정한, 「폭력과 저항: 발리바르와 지젝」, 《사회와 철학》 제21호, 사회와철학연구회, 2011.

김 항, 「절대적 계몽, 또는 무위의 인간: 아감벤 정치철학의 현재성」, 《사회와 철학》 제21호, 사회와철학연구회, 2011.

박기순, 「스피노자와 데리다에서 폭력과 신학-정치적 문제」, 《마르크스주의연구》 제10권 4호, 경상대학교 사회과학연구소, 2013.

발터 벤야민, 「역사의 개념에 대하여」, 최성만 편역, 『발터 벤야민 선집 5』, 길, 2008.

서관모, 「반폭력의 문제설정과 인간학적 차이들: 에티엔 발리바르의 포스트마르크스적 공산주의」, 《마르크스주의연구》 제5권 2호, 경상대학교 사회과학연구소, 2008.

에릭 홉스봄, 『극단의 시대: 20세기 역사』, 이용우 옮김, 까치글방, 1997.

에릭 홉스봄, 『폭력의 시대』, 이원기 옮김, 민음사, 2008.

에티엔 발리바르, 「잔혹성의 지형학에 관한 개요: 세계적 폭력 시대의 시민성과 시빌리티」, 《사회운동》 통권 46호, 사회진보연대, 2004. http://www.pssp.org/bbs/view.php?board=journal& category1=47&nid=1523(검색일: 2014년 12월 7일).

에티엔 발리바르, 『대중들의 공포』, 최원·서관모 옮김, 도서출판b, 2007.

에티엔 발리바르, 『우리, 유럽의 시민들?』, 진태원 옮김, 후마니타스, 2010.

에티엔 발리바르, 『정치체에 대한 권리』, 진태원 옮김, 후마니타스, 2011.

에티엔 발리바르, 『폭력과 시민다움: 반폭력의 정치를 위하여』, 진태원 옮김, 난장, 2012a.

울리히 벡, 『위험사회』, 홍성태 옮김, 새물결, 2006.

이문영, 「탈경계 시대의 평화와 문화」, 서울대학교 통일평화연구원 평화인문학연구단 편, 『평화인문학이란 무엇인가』, 아카넷, 2013.

이문영, 「현대적 복합재난의 기원과 체르노빌의 '스탈케르'」, 김성철 편, 『재난과 평화』, 아카넷, 2015.

이문영, 「탈/경계 시대 동아시아 평화와 러시아 극동에 대한 상상력」, 《외국학연구》 제31집, 중앙대학교 외국학연구소, 2015.

자크 데리다, 「폭력과 형이상학: 엠마뉴엘 레비나스의 사유에 관한 에세이」, 남수인 옮김, 『글쓰기와 차이』, 동문선, 2001.

자크 데리다, 『불량배들: 이성에 관한 두 편의 에세이』, 이경신 옮김, 휴머니스트, 2003.

자크 데리다, 『법의 힘』, 진태원 옮김, 문학과지성사, 2004a.

자크 데리다, 지오반나 보라도리, 「데리다와의 대화: 자가-면역, 실재적이고 상징적인 자살」, 지오반나 보라도리 편, 『테러 시대의 철학: 하버마스, 데리다와의 대화』, 손철성 외 옮김, 문학과지성사, 2004b.

자크 데리다, 「문자의 폭력: 레비 스트로스에서 루소까지」, 김성도 옮김, 『그라마톨로지』, 민음사, 2010.

조르조 아감벤, 『남겨진 시간: 로마인들에게 보낸 편지에 관한 강의』, 강승훈 옮김, 코나투스, 2008a.

조르조 아감벤, 『호모 사케르: 주권권력과 벌거벗은 생명』, 박진우 옮김, 새물결, 2008b.

조르조 아감벤, 『예외상태』, 김항 옮김, 새물결, 2009.

지오반나 보라도리 편, 『테러 시대의 철학: 하버마스, 데리다와의 대화』, 손철성 외 옮김, 문학과지성사, 2004.

최은아, 「헌법재판소는 왜 유신헌법 53조에 침묵하나」, 《프레시안》, 2013년 3월 29일. http://www.pressian.com/news/article.html?no=40630(검색일: 2014년 12월 10일).

헤어프리트 뮌클러, 『새로운 전쟁: 군사적 폭력의 탈국가화』, 공진성 옮김, 책세상, 2012.


**영문**

Agamben, Giorgio, "On the Limits of Violence," trans. by Elisabeth Fay, *Diacritics*, Vol. 39, No. 4, Winter, 2009.

Appadurai Arjun, "Dead Certainty: Ethnic Violence in the Era of Globalization," *Public Culture*, Vol. 10, No. 2, Winter, 1998.

Balibar, Etienne, "Some Questions on Politics and Violence," *Assemblage*, No. 20, April, 1993.

Balibar, Etienne, "Europe, Vanishing Mediator," trans. by J. Swenson, *We, the People of Europe?: Reflections on Transnational Citizenship*, Princeton and London: Princeton University Press, 2004.

Balibar, Etienne, "Lenin and Gandhi: A Missed Encounter?," trans. by Knox Peden, *Radical Philosophy*, 172, March/April, 2012b.

Birmingham, Peg, "Law's Violent Judgement: Does Agamben Have a Political Aesthetics?," *CR: The New Centennial Review*, Vol. 14, No. 2, Fall, 2014.

Boever, Arne De, "Politics and Poetics of Divine Violence: On a Figure in Giorgio Agamben and Walter Benjamin," eds. J. Clemens, N. Heron and A. Murray, *The Work of Giorgio Agamben: Law, Literature, Life*, Edinburgh: Edinburgh University Press, 2008.

Bufacchi, Vittorio, "Two concepts of violence," *Political Studies Review*, Vol. 3, 2005.

Derrida, Jacques, *Writing and Difference*, trans. by A. Bass, Chicago: The University of Chicago Press, 1978.

Derrida, Jacques, *Of Grammatology*, trans. by G. Spivak, Baltimore: Johns Hopkins University Press, 1997.

Elmore, Rick, *Critical Ecologies: Violence and Life in the Work of J. Derrida and T. Adorno*, Ph. D. dissertation, Chicago, Illinois: Depaul University, 2011.

Friedman, Jonathan, "Globalization, Dis-integration, Re-organization: The Transformations of Violence," ed. Friedman Jonathan, *Globalization, the State, and Violence*, Walnut Creek, Lanham, New York, Oxford: Altamira Press, 2003.

Galtung, Johan, "On the Meaning of Nonviolence," *Journal of Peace Research*, Vol. 2, No. 3, 1965.

Haddad, Samir, "A Genealogy of Violence, from Light to the Autoimmune," *Diacritics*, Vol. 38, No. 1-2, Spring/Summer, 2008.

Lai, Chung-Hsiung, "On Violence, Justice and Deconstruction," *Concentric*, 29.1, January, 2003.

Lawrence, Bruce and Aisha Karim(eds.), *On Violence*, Durham & London: Duke University Press, 2007.

Morgan, Benjamin, "Undoing Legal Violence: Walter Benjamin's and Giorgio Agamben's Aesthetics of Pure Means," *Journal of Law and Society*, Vol. 34, No. 1, March, 2007.

Wade, Francis C., "On violence," *The Journal of Philosophy*, Vol. 68, No. 12, Jun., 1971.

Wieviorka, Michel, "The New Paradigm of Violence," ed. Friedman Jonathan, *Globalization, the State, and Violence*, Walnut Creek, Lanham, New York, Oxford: Altamira Press, 2003.

Wieviorka, Michel, *Violence: A New approach*, trans. by D. Macey, Los Angeles, London, New Delhi, Singapore, Washington DC: Sage, 2009.

# 3장

# 탈폭력적 폭력:
## 신자유주의 시대 폭력의 유형

이찬수

## 1. 머리말

이 글에서는 신자유주의(neo-liberalism)가 자유를 내세워 사람을 통제해가는 방식과 사람들이 자유롭게 선택한다면서 필연적으로 겪게 되는 사실상의 강제성 문제를 신자유주의가 만들어내고 있는 폭력의 새로운 양상과 연결 지어 비판적으로 논하고자 한다. 신자유주의가 강화되고 있는 시대에 폭력은 자본의 축적과 관련하여 어떻게 변형되어왔고 어떤 양상으로 작동하는지, 그 과정에 종교는 신자유주의와 어떤 관계를 맺는지도 밝혀보도록 하겠다.

이를 위해서는 신자유주의의 개념사를 먼저 정리할 필요가 있지만, 다양한 지역에서 여러 양상으로 드러난 신자유주의의 역사를 일거에 규정하기는 간단하지 않은 일이다. 무엇보다 이 글의 의도를 넘어서는 일이다.

그럼에도 불구하고 최소한의 작업 정의는 필요하기에 간단하게나마 정리해보고자 한다.

신자유주의란 18세기 스미스(Adam Smith)의 '보이지 않는 손'에 담긴 고전적 경제 자유주의와 자본의 방임적 자유를 통제하면서 자본과 고용을 확대시킨다는 수정자본주의(일명 케인스주의) 이후에 동구권 사회주의 경제체제에 대한 비판적 반작용 속에서 힘을 얻어온 시장경제의 흐름이다. 이러한 배경 속에서 1970년대 후반에 영국과 미국에서 자유시장 정책을 펼친 이후 급격히 세계적으로 확장되기 시작한 경제적 흐름을 이 글에서는 신자유주의에 대한 작업 정의로 사용하고자 한다.

신자유주의는 개인과 기업의 자유 선택과 경쟁에 입각한 철저한 자유시장주의를 핵심으로 한다. 하지만 '자유'라는 말이 전면에 강조되는 것과는 달리, 신자유주의가 실제로 인간의 전적인 자유 선택에 의거해 형성된 흐름이라고 할 수는 없다. 자유라는 이름을 내세웠지만, 기존의 불평등한 자본의 힘과 흐름을 용인하는 국가의 거대한 개입으로 형성되어온 경제체제이기에, 신자유주의에는 사실상 보이지 않는 '강제의 손'이 작용하고 있다. 권력은 개인과 기업의 자유경쟁 체제를 강화시키는 방식으로 그 '강제의 손'에 가장 적극적으로 개입한다. 그런 식으로 피할 수 없는 '경쟁'이 '자유'라는 이름을 입고 전면에 등장하고 있는 시대가 신자유주의 시대인 것이다.

오늘날 신자유주의의 힘은 워낙 막강해 누구도 그 흐름을 거부하며 살기는 쉽지 않다. 현세 너머의 가치를 추구하는 듯한 종교도 사실상 신자유주의적 흐름에서 자유롭지 못하며, 때로는 그 흐름을 강화시키기도 한다. 종교도 경쟁에서 거둔 승리와 시장에서 축적한 자본을 신이 축복한 결과로 여기면서 자신도 모르는 사이에 시장 논리를 정당화시킬뿐더러, '자본의 통치'와 '신의 통치(하느님 나라)'를 혼동하기도 한다. 그만큼 신자유주의는 강력하고 영향력도 광범위하다.

1920년대에 벤야민(Walter Benjamin, 1892~1940)은 자본주의가 이미 종교로서의 기능을 하고 있다는 비판적 주장을 한 바 있는데,[1] 자본주의의 극단적 흐름인 신자유주의야말로 오늘날 전 지구에 걸쳐 실제적인 '신흥종교'의 역할을 한다.[2] 거의 전 세계가 신자유주의의 강력한 힘에 노출되고 포획되어 그 힘이 개인에게 가하는 폭력조차 자유롭게 수용하고 자발적으로 내면화시킨다. 자유경쟁이라는 이름으로 밀려오는 강력한 압박감과 구조적 폭력을 개인 안에 자율적으로 내면화시키는 방식으로 구조적 폭력을 감내하는 형태를 보여주고 있는 것이다. 이것이 신자유주의 시대에 형성되고 있는 폭력의 새로운 양상이다.

신자유주의 시대는 구성원 각자가 자본이 가하는 폭력의 피해자이면서도 그 폭력을 자발적으로 내면화시키는 바람에 폭력의 가해자가 실종되고 극복해야 할 폭력마저 베일에 가려지는 새로운 사태를 야기한다. 폭력을 당하면서도 폭력을 폭력으로 인식하지 못한다. 나아가 폭력의 확대·재생산에 가담한다. 이 글에서는 이런 현상을 '탈폭력적 폭력(de-violent violence)'이라 명명하고자 한다. 폭력의 가해자가 실종되어 개인이 감수할 수밖에 없게 된 신자유주의 시대의 폭력은 그런 까닭에 극복하기도 더욱 힘들어진다. 신자유주의 시대의 폭력은 과연 극복될 수 있는지, 종교마저 신자유주의화하고 있는 현실 속에서 탈폭력적 폭력을 극복하는 근거를 어디서 찾을 수 있는지 하나씩 풀어가도록 하겠다.[3]

---

**1** 발터 벤야민, 『발터 벤야민 선집 5』, 최성만 옮김(길, 2008), 119-131쪽.
**2** 장윤재, 『세계화 시대의 기독교 신학』(이화여대출판부, 2009), 212-213쪽.
**3** '탈폭력적 폭력'이라는 이 글의 고유 개념을 정립하는 과정에는 재독 철학자 한병철의 비판

## 2. 폭력의 내면화와 탈폭력적 폭력

### 1) 자유경쟁

대표적인 신자유주의 경제학자 하이에크(Friedrich August von Hayek)가 강조한 바 있듯이, 신자유주의는 잘못된 정부의 개입이 경제의 원리를 훼손시킬 수 있으니, 정부는 개인 및 기업의 권리와 사적 재산권을 보호하되 개입은 최소화되거나 폐지해야 한다는 입장을 보여준다.[4] 하이에크는 이렇게 말한다.

> 우리의 문제를 해결하는 데 가능한 한 사회의 자발적 힘을 최대한 이용하고, 가능한 한 최소한의 강제력만 써야 한다는 근본 원리는 무한히 변용되어 적용될 수 있다.[5]

비록 자유의 속도가 느리다고 해도 정부의 사회주의적 정책과 같은, 자

---

적 사회 분석에서 받은 영향이 적지 않다. 이 글에서 그의 사상을 정리하려는 의도는 없지만, 신자유주의 시대 폭력의 양상을 재구성하는 과정에 그의 아이디어가 제법 녹아들어갔고, 따라서 그의 저술도 상대적으로 많이 인용되었다.

**4** 하이에크(1899~1992)는 노벨경제학상을 수상한 대표적인 신자유주의 경제학자다. 그는 2차 세계대전 당시 독일 등을 중심으로 집단주의 또는 전체주의적 흐름이 커지는 것을 목도하면서, 밀(John Stuart Mill)의 『자유론』 등 19세기 유럽 자유주의의 유산을 떠올렸고, 20세기에는 자생적인 발전의 동력을 집단주의적 통제로부터 해방시켜야 한다고 주장했다. 그의 주저인 『노예의 길(*The Road to Serfdom*)』(1944)도 "개인을 위한 자유의 정책이 참으로 유일한 진보적 정책이라는 지도적 원리는 19세기에 그랬듯이 지금도 여전히 진리로 남아 있다"[Friedrich A. Hayek, *The Road to Serfdom*(Chicago: The University of Chicago Press, 2007), p. 238]는 문장으로 결론을 맺는다.

**5** Friedrich A. Hayek, *The Road to Serfdom*, p. 71.

유를 제한하는 모든 제안들과 싸워야 한다는 것이다. 하이에크는 자유를 최고의 가치로 꼽는다. 이때 '자유'는 '경쟁'이라는 외피를 입는다. 그에 의하면, 시장이 자유롭게 경쟁해 최대한의 효율성을 발휘할 수 있도록 국가는 가능한 간섭하지 말아야 한다. 국가가 시장에 간섭할 수 있는 것은 "경쟁이 가능한 한 효과적일 수 있도록 조건을 창출하는 일, 경쟁이 효과적이지 못하면 보완해주는 일"[6] 정도다. 이처럼 자유경쟁은 시장중심주의 체제를 유지시키는 동력이자, 신자유주의를 위한 가장 효율적이고 유일한 방법이다.

자유주의의 논점은 인간 노력의 조정 수단으로 경쟁의 힘을 가능한 한 최대로 사용하자는 것이지 그것을 그대로 두자는 것이 아니다. 이는 효과적인 경쟁이 창출될 수 있는 곳에서는 경쟁이 다른 어떤 것보다 개인적 노력을 적절히 인도해준다는 확신에 근거한 것이다 … 경제적 자유주의는 개인들의 노력을 조절하는 열등한 방법들이 경쟁을 대체하는 것에 반대한다. 그리고 자유주의는 대부분의 경우 알려진 방법 중 경쟁이 가장 효과적이기 때문일뿐더러, 더 크게는 권위의 강제적이고도 자의적인 간섭이 없이도 우리의 행위들이 서로 조정될 수 있는 유일한 방법이라는 점에서, 경쟁을 우월한 방법으로 간주한다.[7]

---

**6**  Ibid., p 88.
**7**  Ibid., p 86.

## 2) 긍정성의 폭력

자유경쟁의 목표는 경제 규모의 지속적 확장이다. 하이에크의 신자유주의에는 사회주의 체제의 집단주의적 통제를 극복하고 개인들의 자발성을 확보해야 한다는 정치적 의도도 담겨 있지만,[8] 다른 한편에서는 개인과 기업의 자발성에 입각한 경제 규모의 지속적 성장을 기본 목표로 한다. 실제로 신자유주의적 자본주의는 경제 규모가 지속적으로 확장될 수 있다는 생각을 자연스럽게 전제하는 경향이 있다. 확장은 경쟁의 필연적 결과이기도 하다. 시장경제의 활성화를 위해 소비자들에게는 끝없이 소비하라고 독려하며, 이는 소비에 맞추기 위한 생산 강화 체제로 이어진다. 신자유주의 사회는 더 많은 성과를 낳고 소비하도록 충동하고 추동한다.

이때 끝없이 생산하고 소비하려면 생산과 소비의 영역을 지속적으로 확장해나가야 한다. 특정 경계 안에 갇혀 있어서는 안 된다. 경계를 넘어 낯선 곳으로 들어가야 하고 예전에는 이질적인 것으로 배타하던 것들도 수용해야 한다. 분리가 아니라 수용, 부정이 아니라 긍정해야만 경제 규모도 확장시켜나갈 수 있게 되는 것이다. 그런 점에서 오늘날은 기본적으로 긍정성의 사회, 더 엄밀히 말하면 긍정성 과잉의 시대다. 과거와는 달리 이질성으로 인한 부정적 면역반응은 일어나지 않는다. 지난 세기가 "안과 밖, 친구와 적, 나와 남 사이에 뚜렷한 경계선이 그어진 시대", 이른바 "면역학적 시대"였다면,[9] 오늘날 이질성은 별 면역반응을 일으키지 않는, 차이 아닌 차이로 대체되었다. 이러한 차이는 여행객의 호기심 대상 정도에 머물

---

**8**  하이에크는 주저 *The Road to Serfdom*을 스스로 '정치적인 책(a political book)'으로 규정하고 있기도 하다. 전체주의적 흐름을 경계하는 그의 입장은 같은 책, p. 37, pp. 63-67 참조.

**9**  한병철, 『피로사회』, 김태환 옮김(문학과지성사, 2012), 12쪽.

며, 오늘날은 탈경계적 혼성화 경향이 두드러진다. 예전 자민족 중심 사회의 부정적 제한, 금지, 거부의 자리에 긍정적 프로젝트, 이니셔티브, 모티베이션 등이 자리를 잡았다.[10] "할 수 있다"거나 "해야 한다"는 말을 구호처럼 외치며, 스스로 더 많이 일하고 더 많이 생산하는 길에 나선다. 이것이 신자유주의 시대 폭력적 상황의 기초를 형성한다.

끝없이 소비와 성장을 추동하는 시대의 사회적 역학은 수용적 긍정성에 기반을 두고 있다. 이는 긍정성을 기반으로 형성되었고, 또 긍정성을 강화한다. 그런데 이러한 긍정사회에서는 상대방을 부정하거나 적대하는 데서 오는 폭력과는 다른 종류의 폭력을 낳는다. 이와 관련하여 한병철은 이렇게 말한다. "세계의 긍정화는 새로운 형태의 폭력을 낳는다. 새로운 폭력은 면역학적 타자에서 나오는 것이 아니라 시스템 자체에 내재하는 것이며, 바로 그러한 내재적 성격으로 인해 면역 저항을 유발하지 않는다." "긍정성의 폭력은 적대성을 전제하지 않는다." 보들리야르가 '적(敵)의 계보학'의 마지막 단계에서 '바이러스성 형태의 적'이 출현한다고 했지만, 긍정성의 폭력은 "오히려 관용적이고 평화로운 사회에서 확산되며, 그 때문에 바이러스성 폭력보다도 눈에 덜 띈다. 긍정성의 폭력이 깃들이는 곳은 부정이 없는 동질적인 것의 공간, 적과 동지, 내부와 외부, 자아와 타자의 양극화가 일어나지 않는 공간이다." 이러한 긍정성의 폭력은 은밀하고 교묘하다. 그것은 "면역학적인 의미에서 타자가 불러일으키는 공포와는 근본적으로 구별된다 … 긍정성의 폭력은 박탈(privativ)하기보다는 포화(saturativ)시키며, 배제(exklusiv)하는 것이 아니라 고갈(exhaustiv)시키는 것이다. 따라서 그것은 직접적으로 지각되지 않는다."[11] 자기가 자기에게

---

**10** 같은 책, 24쪽.

끝없는 기대와 희망과 자유의 이름으로 가하는 폭력이기 때문이다.

### 3) 폭력의 내면화와 탈폭력적 폭력

벤야민이 자본주의를 극단적인 형태의 제의종교(Kultreligion), 그것도
"그 속에는 '평일'이란 것이 없고 모든 성스러운 치장의 의미, 경배하는 자
의 극도의 긴장이 펼쳐지는 끔찍한 의미에서의 축제일"의 연속으로 규정한
것도 같은 맥락일 것이다.[12] 벤야민에 의하면, 죄를 씻기 위해 죄를 지을 수
밖에 없는, 그렇게 신은 끝까지 숨겨두고서 종말까지 죄를 견디도록 요구
하는 종교가 자본주의라는 것이다. '극도의 긴장으로 이어지는 끔찍한 축
제일'은 '절망을 희망하도록', 다시 말해 희망이라는 이름으로 절망을 이어
가도록 추동한다. 그렇게 희망이라는 이름의 절망은 개인을 고갈시킨다.

그것은 타자에 의한 강요가 아니라 자기주도적 자발성의 이름을 내세
운다. 그런 까닭에, 개인의 차원에서 보면, 폭력의 가해자와 피해자 모두
자기 자신이다. 신자유주의 시대 세포 단위의 폭력은 자기와 자기의 충돌
이다. 가해자가 자기 자신이기에 자기 스스로 극복해낼 수밖에 없다. 그것
은 폭력을 기꺼이 감수하는 형태로 나타난다. 그렇게 폭력은 개인 안에 내
면화한다.

개인 안에 내면화한 폭력도 폭력일까. 이 지점에서 폭력에 대한 정의가
필요하다. 라틴 어 '비올렌시아(violentia)'는 '힘(vis)'·'위반(violo)'에서 비롯
되었으며, '지나친 힘'을 의미한다. 한자어 폭력(暴力)도 '사나운 힘', '지나

---

**11** 같은 책, 21쪽.
**12** 발터 벤야민, 앞의 책, 122-123쪽.

친 힘'을 의미한다. 폭식, 폭염, 폭음, 폭주 등에서 '폭'은 '사나움'이다. 사납다는 것은 '정도가 지나치다'는 뜻이다. 그래서 폭력은 정도가 지나쳐 피해를 주거나 파괴를 수반하는 힘이다. 이때 정도가 지나치다고 판단하는 주체는 일반적으로는 폭력의 사용자라기보다는 폭력의 대상자다.[13] 성폭력의 여부를 판단하는 기준이 성폭력 피해자에게 있듯이, 폭력을 폭력으로 판단하는 기준은 그 '지나친 힘'이 향하고 있는 대상이다. 개인 안에 내면화한 폭력도 어떻든 그 '지나친 힘'의 피해를 자기 자신이 받는다는 점에서 분명히 폭력이다.

그리고 폭력의 '지나친 힘'이라고 할 때, 그 '지나침' 속에는 '폭력은 나쁘다'는 가치판단도 개입되어 있다. 가치판단 없이 폭력은 규정되지 않는다. 힘의 대상자가 그 힘을 부당하다고 판단할 때, 그 '지나침'은 폭력이 된다는 말이다. 반대로 대상자가 그 힘을 정당하다고 판단하면 그 힘은 더이상 '지나친' 힘이 아니게 된다. 마찬가지로 무엇이든 '할 수 있다'는 각오로 긍정의 과잉, 권력화한 자본의 힘을 스스로 감내하고자 한다면, 그 권력이 주는 지나침은 그 사람에게 부당하지 않다. 그 힘의 대상자가 그 힘을 부당하지 않다고 판단하는 한, 그 힘은 폭력이 아니게 된다. 그렇게 긍정성의 과잉을 기꺼이 감내할뿐더러 적극적으로 추구하기도 하는 신자유주의 시대는 폭력을 판단하는 주체가 실종되는 사태가 벌어진다.

어찌 보면 이런 입장은 딱히 새로운 것은 아니다. 가령 인권은 인간에게 부여된 천부적·자연법적 권리를 인정하는 과정에서 탄생했지만, 실제로 인간은 자신의 자연법적 권리를 양도하며 살 때가 많다. 국가는 개인의 천부적 권리를 전부 승인하지 않는다. 구성원의 동의를 받는 형식으로 국가

---

**13** 공진성, 『폭력』(책세상, 2009), 21쪽.

는 개인의 천부적 권리를 제한한다. 하지만 국가의 구성원은 자신의 권리가 제한된다는 사실을 알면서도, 그 제한을 기꺼이 감수하거나 적극적으로 의식하지 않는다. 그런 식으로 국가에 의한 권리의 제한을 정당화한다. 국가가 폭력의 근원으로 인식되지 않는 사이에 도리어 권력이라는 이름으로 폭력을 정당화시키는 근거를 제공한다. '법'이 개인의 자기 제한을 전제할 때에만, 그리고 개인의 책임을 물을 수 있을 때에만 개인을 보호하는 것도 마찬가지의 구조를 지니고 있다.

이것은 벤야민이 새로운 질서를 정통적인 법으로 '정립'하는 데서 폭력의 수단적 성격을 보았던 것과도 통한다. 가령 전쟁과 같은 폭력으로 획득한 새로운 지배관계는 '법'으로 정당화하고(법 정립적 폭력), 이렇게 정립된 법에 대해 누군가 도전을 해오면 법을 보존하기 위해 다시 폭력이 행사된다(법 보존적 폭력).[14] 이러한 폭력(Gewalt)이 국가의 폭력, 즉 권력(Macht)이기도 하다. 이런 식으로 폭력은 정치적인 것과 얽힌다. 그런 점에서 "국가는 독점된 폭력의 추상적 형식"이고, "법은 국가라는 기계의 매뉴얼"이라는, 정치학자 공진성의 정의는 적절하다.[15]

이렇게 폭력의 주관성을 중시하며 보면, 신자유주의 시대 자본주의의 폭력도 기존 국가에 의한 폭력과 같은 구조를 지닌다는 사실을 알 수 있다. 신자유주의 긍정 과잉의 시대, 그 힘의 과잉은 구성원에게 피해를 일으킨다는 점에서는 폭력이지만, 폭력의 대상자가 폭력으로 간주하지 않기에 폭력으로 인식되지 않는다. 끝없이 성과를 낳도록 추동하는 사회는 한편에서는 구조적 폭력의 형식을 띠지만, 그 구성원이 그 폭력을 자유롭게

**14** 발터 벤야민, 앞의 책, 108쪽.
**15** 공진성, 앞의 책, 59쪽.

기꺼이 수용하고자 하기에 폭력은 구성원 밖으로 밀려난다. 폭력이 폭력으로 인식되지 않는 한, 폭력은 그저 외부에 있을 뿐이다. 신자유주의 시대 폭력은 개인의 자유를 보장하는 가운데 이루어진다는 점에서 가해와 피해라는 이분법적 도식을 넘어선다. 이 글에서는 이렇게 폭력이 자발적으로 내면화되어 가해자가 실종되어버린 상태 내지는 가해자와 피해자가 동일해 폭력을 당하면서도 폭력의 책임을 물을 수 없는 상태를 '탈폭력적 폭력(de-violent violence)'으로 명명하고자 한다.

### 4) 자기착취와 '피로사회'

신자유주의 시대의 권력은 거대기업, 금융회사, 국가의 형태로 나타난다. 권력의 핵심은 자본력이다. 신자유주의 시대는 개인 안에 내면화한 폭력과 그것을 자본력의 형태로 조율하고 조장하는 권력이 득세하는 시대다. 1970년대에 미셸 푸코가 학교나 공장의 규율장치와 감옥의 처벌장치들이 개인들에게 일종의 규범으로 내면화됨으로써 순종적 주체들을 재생산해낸다고 탁월하게 분석한 바 있는데, 2000년대 이르러서는 사회를 경쟁원리로 가득 채우는 신자유주의적 통치체계가 강력하게 작동한다.[16] 이 통치체계는 '권력'의 다른 이름이며, 갈퉁(Johan Galtung)이 말한 '구조적 폭력'의 속살이라고 할 수 있다. 개인들은 권력에 의해 제한당하고 있으면서도 경쟁에서의 승리를 위해 기꺼이 자발적으로 감내하면서 자신도 모르는 사이에 구조적 폭력을 정당화한다. 이러한 불균형적 힘의 역학이 '탈폭력적 폭력'을 작동시키는 원리이자 기초다.

**16** 사토 요시아키, 『신자유주의와 권력』, 김상운 옮김(후마니타스, 2009), 7-10쪽.

탈폭력적 폭력은 개인들의 자기착취로 나타난다. 가령 새로운 정부가 들어설 때마다, 경제가 위태로울 때마다, 자유로운 기업활동을 위해 각종 규제를 푼다는 소리를 반복적으로 한다. 자유롭게 자기주도적으로 최대한의 생산을 해내라는 사실상의 강제적인 요구가 자유 또는 탈규제의 이름으로 둔갑한다. 자유롭게 자기주도적으로 일한다면서도, 사실상은 보이지 않는 강제에 몸을 맡길 수밖에 없는 것이 '긍정사회', '성과사회'의 현실이다. 성과사회에서는 스스로 자유로운 착취자가 된다. 남에 의한 착취보다 자신에 의한 착취가 효율적이기 때문이다.

　착취자는 동시에 피착취자이기도 하다. 착취는 지배 없이 관철된다. 여기에서 자기착취의 효율성이 생겨난다. 자본주의 시스템은 더욱 가속화된 발전을 위해 타자에 의한 착취에서 자기착취로 전환한다. 이러한 역설적 자유로 인해 성과주체는 가해자이자 희생자이며 주인이자 노예가 된다. 자유와 폭력이 하나가 된다.[17]

신자유주의 시대 폭력은 자유 속에 숨어 자유라는 이름으로 활동한다. 신자유주의 경제구조에서는 모든 것을 자유의 이름으로 내면화하며, 더 많은 성과를 생산하도록 충동하는 체제를 자발적으로 수용한다. 심신이 피곤해져도 피곤의 원인을 자신에게 돌린다. 자본의 힘으로 돌아가는 시장은 생산이라는 이름으로 스스로를 고갈시키는 인간을 찬양한다. 성과사회는 피로를 자랑하는 사회다. 바빠서 피곤할수록 능력자로 평가받는다. 그래서 성과사회는 한병철의 표현을 빌리건대 "피로사회"다. "피로는 폭력

---

**17** 한병철, 앞의 책(2012), 110쪽.

이다. 그것은 모든 공동체, 모든 공동의 삶, 모든 친밀함, 심지어 언어 자체마저 파괴하기 때문이다."[18]

신자유주의 시대 폭력은 '피로'의 형태로 나타난다. 폭력은 파괴를 수반하는 '지나친' 힘이지만, 긍정사회의 구성원은 피로해 하면서도 '멈춤'을 모르고, '지나침'을 모른다. 긍정사회의 폭력은 폭력이라는 언어마저 파괴하는 형태로, 이른바 탈폭력적 폭력의 형태로 교묘하게 나타난다.

이때 자유라는 강제력에 지쳐 자기주도성을 잃으면 그만큼 좌절도 커진다. 그 좌절에 대한 병리학적 표현이 우울증이다. 우울증은 21세기형 질병, 성과사회에서 탈진한 영혼의 표현이다.[19] 자신과 전쟁을 벌이다 지친 인간 상황의 반영이다. 예전의 부정적 규율사회에서는 범죄자가 양산되었다면, 모든 것을 긍정해야 하는 성과사회에서는 우울증 환자, 경쟁에서의 낙오자가 양산된다.

그럴수록 지친 마음을 위로해주고 잘 달래주는 곳을 찾는 경향이 생긴다. 대형 종교 시설이 대표적인 사례다. 이들 시설에서는 탈진한 영혼을 위로해준다. 그리고 위로를 받았으면 좀 더 나은 성과를 올리라며 무언의 압력을 가한다. 더 많은 성과를 올리면 신의 축복으로 인식하게 만든다. 그런 점에서 대형 종교단체일수록 경쟁사회, 성과사회의 보이지 않는 첨병 노릇을 할 가능성이 크다.

---

**18** 같은 책, 67쪽.
**19** 같은 책, 26-27쪽.

## 5) 종교와 폭력, 그리고 '희생제의'

이미 베버(Max Weber)가 분석한 바 있듯이, 종교와 경제구조는 긴밀한 관계에 있다. 베버에 따르면, 영리 추구를 '비열한' 행위로 간주하는 가톨릭 문화권에서는 자본축적이 도덕외적 또는 반도덕적이거나, 상황에 따라 가까스로 인정받을 수 있는 정도의 행위였다.[20] 그에 비해 "오직 신앙으로(sola fide)"를 강조하며 구원의 기준을 개인에게 두던 프로테스탄트(특히 칼뱅주의) 문화권에서는 직업이 '소명'으로 간주되었고 노동을 통한 청빈한 재물의 축적을 구원과 은총의 증거로 해석하였다.[21] 이런 분위기가 자본주의적 정신을 정당화시키는 데 일조했다는 것이다. 자본주의와 '오직 신앙으로'를 내세운 종교적 주관주의가 동전의 양면과 같다는 뜻이다.

이러한 베버의 입장이 다소 현상학적 자세를 견지하고 있다면, 기독교의 역사가 자본주의의 역사가 되었다며 종교와 자본의 관계를 비판하는 벤야민의 분석은 신자유주의 시대의 폭력을 다루는 우리의 주제와 관련하여 좀 더 유용하다. 벤야민에 의하면, 자본주의가 "서구에서 기독교에 기생하여 종국에는 기독교의 역사가 그것의 기생충인 자본주의의 역사가 되는 형태로 발전해왔다."[22] 이것은 달리 말하면 기독교가 벤야민이 구분했던 '법 정립적 폭력'과 '법 보존적 폭력' 사이를 오가고 있다는 뜻이기도 하다. 종교가 사회적 법을 정립시키고 보존시키면서 그로 인해 폭력을 정당화시키는 역할을 한다는 것이다. 벤야민이 '신화적 폭력'으로 명명했던

---

**20** 막스 베버, 『프로테스탄티즘의 윤리와 자본주의의 정신』, 양회수 옮김(을유문화사, 1985), 71-75쪽.
**21** 같은 책, 129-146쪽
**22** 발터 벤야민, 앞의 책, 124쪽.

역할,[23] 즉 정립된 법의 배후에 어떤 권위가 부여되어 있는 듯 신비적 기초를 제공해 법을 보존시키는 역할을 종교가 담당하고 있다는 뜻이다.

다른 시각에서 이것은 지라르(René Girard)가 종교의 '희생제의'를 사실상의 폭력적 행위로 분석한 것과도 비슷한 구조를 띤다. 지라르에 의하면, 종교적 희생제의는 외형상 성스러운 행위로 포장되어 있지만, 실상은 한 사회에서 벌어진 원초적 폭력을 적절한 개인이나 집단으로 돌려 사회적 질서를 유지하려는 사실상의 폭력적 행위다. 원초적 폭력을 모방하며 재현하는 가운데 그 폭력적 행위를 공동체 전체가 인정하는 '성스러운' 행위로 전환시켜 여러 폭력들을 극복하는 행위라는 것이다.

> 희생제의는 공동체 전체를 그들의 폭력으로부터 보호하는 것이며, 폭력의 방향을 공동체 전체로부터 돌려서 외부의 희생물에게로 향하게 한다는 말이다. 희생제의는 도처에 퍼져 있는 분쟁의 씨앗들을 희생물에게 집중시키고, 분쟁의 씨앗에다 부분적인 만족감을 주어서 방향을 딴 데로 돌려버린다.[24]

폭력의 극복을 위해 일인에 대한 만인의 폭력을 정당화함으로써 사회 질서를 유지하는 형태인 것이다. 이것이 폭력의 본질적 국면이다. 희생제의는 폭력을 극복하고 예방하기 위해 희생제물을 내세워 폭력을 인정하고 정당화하는 형식이다. 사회적 안녕을 위해 개인에 가해지는 제한이 종교적 차원에서 정당화되는 셈이다.

---

23 같은 책, 96, 108, 111~112쪽.
24 르네 지라르, 『폭력과 성스러움』, 김진식 외 옮김(민음사, 2000), 19쪽.

이처럼 자유경쟁을 추동하고 부추기는 신자유주의는 사실상 개인들에게 희생제의를 남발하고 그 의미를 구성원에게 은밀하게 주입시키는 가운데 자신의 권력을 유지한다. 지라르에 의하면, 극심한 경쟁에도 폭력을 '수용'하며 '극복'하려는 심리가 반영되어 있다. 경쟁을 통한 승리 속에 '신성'이 발현하며, 그 신성은 폭력의 절대적 효과다.[25] 이런 식으로 제의적 종교는 신성을 드러내는 방식으로 폭력을 찬양하며 공동체를 지배한다. '성스러운 폭력'에는 폭력을 공적으로 정당화하고 사적으로는 제한하는 이중성이 들어 있는 것이다. 이런 점에서 희생제의는 인류의 폭력에의 욕망을 유지하면서 잠재워온 문화적 장치가 된다. 종교가 경쟁을 근간으로 유지되고 있는 신자유주의적 경제 시스템을 정당화하거나 강화시키는 역할을 한다는 것은 결코 새삼스러운 일이 아닌 것이다.

## 3. 머뭇거리기, 그리고 폭력의 폭로

### 1) 활동적 삶과 사색적 삶

일찍이 니체가 비난했듯이, "우리 문명은 평온의 결핍으로 인해 새로운 야만 상태로 치닫고 있다. 활동하는 자, 그러니까 부산한 자가 이렇게 높이 평가받은 시대는 일찍이 없었다."[26] 피로를 지나쳐 탈진할 정도로 부산

---

**25** 같은 책, 228쪽.

**26** Friedrich Nietzsche, *Nietzsche Werke, Kritische Gesamtausgabe, Vol. IV-2: Menschliches Allzumenschliches I*(Berlin: Walter de Gruyter, 1967), p. 236; 한병철, 앞의 책(2012), 35쪽에서 재인용.

하다. 분노하는 법마저 잊을 정도로 가속화와 과잉 활동 속에 휘말린다. 분노는 흐름을 멈추고 저항하는 행위, 어떤 상황을 중단시키고 새로운 상황이 시작되도록 만드는 능력이지만, 성과중심적 활동사회에서는 분노한다 해도 개인적 감정의 영역에 머문다. 속도에 휘말려 멈추기 힘들어진 인간은 창조적 분노보다는 소모적 짜증을 내고 신경질을 부린다. 짜증은 폭력을 내면화시킨 채 사태를 멈추지 못하고 분노할 줄 모르는 데서 오는 신경질환이다. 활동을 과잉시키는 긍정사회가 개인에게 가하는 폭력이기도 하다.

활동적 삶의 절대화는 행위, 활동이 아닌 모든 것을 삶에서 지워버린다. 전반적인 시간의 압박으로 인해 우회적인 것, 간접적인 것도 파괴된다. 그리하여 세계는 형식의 빈곤에 빠진다. 모든 형식, 모든 비유는 우회로다. 직접적인 것은 적나라한 무형식일 뿐이다. 언어에서 간접적인 것을 빼면 고함이나 명령에 가까워진다. 친절과 예의도 우회적인 것, 간접적인 것을 바탕으로 한다. 반면 폭력성은 직접성을 지향한다. 머뭇거림과 멈춤의 계기가 전혀 없는 걸음은 행진으로 경직되고 만다.[27]

돌아가거나 멈춰 설 줄 모르는 사회는 폭력도 외면한다. 폭력은 끝없이 행진을 요구하는 더 큰 힘이 된다. 이 힘을 줄이는 길은 내면화한 폭력을 안에서 끄집어내 대상화하는 데서 출발한다. 머뭇거리고, 멈추어 서서, 내면화한 자발적 강제성을 진지하게 성찰하는 데서 폭력적 상황이 극복되기 시작하는 것이다. '노동으로서의 사유'가 아닌, '멈춤으로서의 사색' 또는 "사색적 삶(비타 콘템플라티바)"이 대안으로 요청된다는 것이다.

---

**27** 한병철, 『시간의 향기』, 김태환 옮김(문학과지성사, 2013), 174-175쪽.

사색적 차원이 빠져버린 활동적 … 삶의 양상은 가속화된 제작과 파괴로 나타난다. 활동적 삶은 시간을 소모한다. 여가 시간 역시 계속 노동의 강제에 예속되어 있는 까닭에, 사람들은 여가 시간에조차 시간과 다른 관계를 맺지 못한다. 사물은 파괴되고 시간은 허비된다 … 사색적 삶을 되살려야 한다. 왜냐하면 이러한 삶만이 숨 쉴 수 있는 공간을 열어줄 것이기 때문이다.[28]

끝없는 경쟁으로 더 많은 성과를 쌓으려는 '활동적' 방식은 자유라는 이름의 강제력을 키우고, 활동에 붙은 가속도는 본래의 목표 지점을 지나쳐 나아간다. 이때 사색은 사색자를 가두어두었던 자발적 폭력의 문을 열어젖혀 다른 공간으로 데려다 놓는다. "사유는 예측된 경로를 따라가지 않고 미확정적인 공간으로 나아간다 … 단 하나의 인식이 기존의 인식 전체를 의심스럽게 만들고 근본적으로 변화시킬 수 있는 것이다."[29] 그렇게 사색은 활동이 과잉된 사회의 구조적 모순을 폭로하는 근본적인 행위가 된다. 사색이 없을수록 위험은 커진다.

가령 한나 아렌트는 600만 유대인 학살이라는 전무후무한 부조리의 주요 원인은 '생각하는 데 무능력함'에 있다고 지적한 바 있다. 유대인 학살의 실질적 책임자였던 아이히만이 자신에게는 잘못이 없다며 반복적으로 진술하는 모습을 보면서, 아이히만이 어마어마한 사태의 의미를 전체적으로 보지 못하는 이유는 '생각하는 데 무능력'했기 때문이라고 결론지었다. 홀로코스트라는 전무후무한 폭력도 "타인의 입장에서 생각하는 데 무능력

---

28  같은 책, 181쪽.
29  한병철, 『투명사회』, 김태환 옮김(문학과지성사, 2014), 65쪽.

함"과 매우 깊이 연관되어 있다는 것이다.[30] 사색하지 않으면 마치 '파블로프의 개'처럼 타자에 의해 정해진 규칙 안에서 반응하면서 자신도 모르는 사이에 운신의 폭을 스스로 좁히고, 밖에서 어떤 일이 벌어지는지 무관심하게 된다. 거대한 폭력도 타자에게 무관심한 개인들의 무사유에 기원을 두고 있는 것이다.

## 2) 경쟁에서 공감적 공생으로

자본의 축적을 위해 경쟁하면 할수록 자본의 지배력을 강화시켜줄 수밖에 없는 상황을 극복하는 길은 경쟁의 시스템에서 빠져나오는 것이다. 기존의 축구 규칙에 제한되지 않으려면 축구를 그만두거나 다른 규칙을 만들어내는 길밖에 없다. 개인들이 서로 밀치며 경쟁하는 "팔꿈치사회"[31]에서 다시 개인들이 연대해 빠져나오는 것이다.

이와 관련하여 경영학자이자 지역운동가인 강수돌은 기업에 대항하는 '노동자 의식'의 확장과 국제적 차원까지의 협력을 이야기하기도 하고, 소통과 연대로 지역화를 촉진해야 한다고 제안하기도 한다. 촘촘한 네트워크로 "지역자치, 지역경제, 분권화된 공동체를 지향"하면서 "삶의 문제를 공동으로 해결"해야 하고, "이러한 자율적인 지역 공동체들을 범지구적으로 확장"시켜야 한다는 것이다.[32] 네그리(Antonio Negri)는 민족국가의 쇠퇴 이후 부각된 탈중심적이고 탈영토화된 자본주의 지배체제, 즉 '제국(Empire)'에 대해 비판하면서[33] 민중의 내면화한 협동과 상호작용 세력,

---

**30** 한나 아렌트, 『예루살렘의 아이히만』, 김선욱 옮김(한길사, 2006), 106쪽.
**31** 강수돌, 『팔꿈치사회』(갈라파고스, 2013).
**32** 강수돌, 『경쟁은 어떻게 내면화되는가』(생각의 나무, 2008), 42, 117-118쪽.

즉 '다중(多衆, Multitude)'만이 제국에 대한 대항세력이라고 제안한다.[34] '가난' 또는 '가난한 자들'의 재생산[35]을 막기 위해서 가난한 이들의 협동과 연대가 요청된다는 것이다. 이에 비해 벡은 '소비자 의식'의 확장과 소비자의 연대를 이야기한다. 기업이 아무리 "전능한 세계 콘체른이라 해도 소비자를 해고할 수는 없다"[36]고 보기 때문이다. 그런 점에서 기업이 세계화한 그만큼 소비자도 세계화될 때 신자유주의의 위험을 극복할 가능성도 커진다.

이상의 제안에 담긴 공통점은 '연대'라고 할 수 있다. 발리바르(Étienne Balibar)가 무력한 국가 구성원 자격증(국적) 수준에 머물고 있는 '시민권'을, 시민들이 충돌하지 않고 연대하면서도 경계를 넘어 상호 이동할 수 있는[37] 사회변혁의 주체세력으로서 지니는 '시민다움(시빌리테)'으로 변혁시키려는 정치학적 시도를 하는 것도[38] 연대와 협력이 없이는 '탈'신자유주의가 불가능하다고 보기 때문이다.

그렇다면 연대를 가능하게 하는 가장 기본적인 동력은 무엇일까. 그것은 구조적 모순에 대한 인식과 타자의 아픔에 대한 공감(empathy)일 것이다. 폭력의 피해자가 폭력을 자발적으로 내면화시키는 바람에 극복해야 할 폭력이 실종되어버린 시대적 모순을 읽고 구조적 폭력이 주는 고통에 공감하면 연대를 추동하는 동력도 생긴다. 리프킨(Jeremy Rifkin)도 여러 학문을 두루 섭렵하고는 공감이 세계를 바꿀 것이라고 결론짓기도 한다.

**33** 안토니오 네그리 외, 『제국』, 윤수종 옮김(이학사, 2001).
**34** 안토니오 네그리 외, 『다중』, 조정환 외 옮김(세종서적, 2008).
**35** 안토니오 네그리 외, 앞의 책(2001), 216쪽.
**36** 울리히 벡, 『세계화 시대의 권력과 대항권력』, 홍찬숙 옮김(길, 2011), 33쪽.
**37** 에티엔 발리바르, 『정치체에 대한 권리』, 진태원 옮김(후마니타스, 2011), 110쪽.
**38** 에티엔 발리바르, 『폭력과 시민다움』, 진태원 옮김(난장, 2012), 134-135쪽.

그가 "인간은 영원히 '보편적 근친성(universal intimacy)'을 찾아다니는 존재", "총체적 소속감을 추구하는"[39] 공감적 존재라고 규정하고, "인간이 근본적으로 공감하는 종(種)이라는 새삼스러운 깨달음이 영향력을 넓혀가는 추세"[40]라고 진단한 것은 그런 점에서 다소 희망적이다.

물론 중요한 것은 공감의 내용이다. 지배의 공감이 커지면 식민주의적 제국주의가 생겨나고, 소비의 공감이 커지면 지구가 위험해진다.[41] 공감마저 자기중심적으로 하다 보면, 그 공감 속에 정작 타인은 사라진다. 그런 점에서 공감은 자신의 입장에서 타인을 판단하기[sympathy]보다는 타인의 관점에서 타인의 아픔을 수용하기[empathy]다. 시대적 모순과 타자의 아픔에 대한 인식이 요청되는 상황인 것이다.

사실 이러한 공감은 새삼스러운 언어가 아니다. 공감은 인간이 오래전에 발견하고 확장시켜온 위대한 능력이다. 야스퍼스(Karl Jaspers)가 인류 정신에 자양분이 될 위대한 전통이 집중적으로 탄생한 시기를 "축의 시대(Axial age)"라고 명명한 바 있는데, 종교학자 암스트롱은 이러한 시대 규정을 이어받으며 인류가 이 시대에 '자아의 가치', '공감의 영성', '자비의 윤리'를 발견함으로써 정신사적 도약을 이룰 수 있었다고 분석한 바 있다.[42] 암스트롱에 의하면, 축의 시대는 한편에서는 극도의 폭력적 상황이 지속되는 때이기도 하지만, 역설적이게도 그 속에서 타자의 아픔에 대한 공감의 영성이 개발된 때이기도 하다. 공감은 인류의 의미심장한 발견이다.

이와 관련하여 일리히(Ivan Illich)는 "공생(conviviality)"에 대해 이야기

---

**39** 제러미 리프킨, 『공감의 시대』, 이경남 옮김(민음사, 2010), 757쪽.
**40** 같은 책, 5쪽.
**41** 같은 책, 6, 756쪽.
**42** 카렌 암스트롱, 『축의 시대』, 정영목 옮김(교양인, 2010).

한다. 공생은 공감을 현실화한 언어, 공감의 사회적 구체화라고 할 수 있다. 일리히는 이렇게 말한다.

공생이라는 단어는 사람들 사이의, 그리고 사람과 환경 사이의 자율적이고 창조적인 상호작용을 뜻한다. 이는 다른 사람들이 만들어낸 수요와 인공적인 환경에 조건화된 반응과는 대비되는 상태다. 공생이란 개인의 자유가 사람들 간의 상호의존성으로 실현된 것이며, 그 자체로서 하나의 윤리적 가치이기도 하다.[43]

공감에 기반을 둔 연대, 나아가 공생을 향한 요청은 신자유주의에 대한 비판적 문제의식을 갖고 있는 이라면 누구도 부정하기 힘들다. 공감을 공생으로 구체화시켜야 할 과제가 남은 셈이다. 공감적 연대를 통한 공생이 폭력을 최소화하는 인간의 원초적인 자세가 되는 것이다.


## 4. '자발적 낙오자'와 '신적 폭력'

문제는 공감적 연대가 구조적 폭력에 공헌해서는 안 된다는 것이다. 탈폭력적 폭력이 구조적 폭력의 산물이라면, 공감적 연대는 폭력의 진원지를 밝히고 폭력의 내면화를 요구하는 구조에서 빠져나오는 방식이어야 한다. 경쟁의 행진에서 멈추어 서서 자발적으로 내면화시킨 폭력의 실상을 성찰하며 공생에의 시도가 이루어져야 한다. 무엇을 위한 활동이었는지 머뭇거

---

**43** 이반 일리히, 『성장을 멈춰라』, 이한 옮김(미토, 2004), 32-33쪽.

리며 돌아볼 때 활동의 '목적'이 드러나고, 그 활동이 강화시킨 폭력의 구조도 느슨해져간다. 이러한 상황에서 벤야민의 '신적 폭력'의 개념은 폭력의 전복을 위해 참고할 만하다.

전술한 바 있듯이, 벤야민은 폭력을 '법 정립적 폭력'과 '법 보존적 폭력', 그리고 이들을 정당화시켜주는 '신화적 폭력'으로 구분한 바 있다. 아렌트가 폭력이 정치적 권력을 위한 '수단'으로 작용한다는 사실을 간파한 데 비해, 벤야민은 폭력도 '목적'의 성격을 지닌다고 보았다. 폭력의 목적성들이 충돌하면서 폭력이 정당화된다는 것이다. 그런 식으로 '신화적 폭력'으로 순환되어가는 까닭에, 벤야민에 의하면, 폭력의 목적성에서부터 자유로워져야 폭력이 정당화되는 순환적 구조가 타파된다. 이렇게 폭력의 목적성에서 자유로워진 폭력을 그는 '신적 폭력'이라고 명명했다.

신화적 폭력이 법 정립적이라면, 신적 폭력은 법 파괴적이고, 신화적 폭력이 경계를 설정한다면 신적 폭력은 경계가 없으며, 신화적 폭력이 죄를 부과하면서 동시에 속죄를 시킨다면 신적 폭력은 죄를 면해주고, 신화적 폭력이 위협적이라면 신적 폭력은 내리치는 폭력이고, 신화적 폭력이 피를 흘리게 한다면 신적 폭력은 피를 흘리지 않은 채 죽음을 가져온다.[44]

'신적 폭력'은 탈경계적·사면적(赦免的)·무혈적(無血的)이고, 모든 법 정립의 부재를 통해 정의되는 '법 파괴적' 폭력이다. 기존의 폭력에 담긴 목적성이 탈각된 이상주의적인 힘이며, 희생을 요구하지 않고 희생을 받아들이는 순수한 폭력이다.[45] 유대교의 메시아주의적 역사철학이 짙게 반영된 개념

---

44 발터 벤야민, 앞의 책, 111쪽.

이자,[46] 기독교 신학에서 강조하는 종말론적 이상의 현재적 선취(先取)와도 상통하는 어떤 상태라고 할 수 있다.

이러한 순수한 폭력, 이상주의적 힘은 현실화될 수 있는 것일까. 그러한 상태는 어디서 어떤 양식으로 확인할 수 있는 것일까. 앞서 보았던 공감적 연대를 통한 공생의 시도가 그 적극적 시도의 일환이라 할 수 있을 것이다. 그럼에도 불구하고 이러한 적극적 시도도 목적성을 지니는 한, 폭력의 목적성과 충돌할 가능성도 있다. 그 충돌이 다른 폭력을 야기할 수도 있는 것이다. 그런 점에서 연대와 협력이 탈폭력적 폭력의 상황을 희석시킬 수는 있어도 폭력의 구조로부터 완전히 자유로울 수는 없다는 주장도 가능하다.

이와 관련하여 벤야민은 법의 테두리 밖에서 완성된 형태의 교육적 폭력에서 신적 폭력을 볼 수 있다며 다소 모호한 설명을 하기도 한다.[47] 법의 테두리 밖에서 완성된 교육적 폭력이라는 것이 무엇인지, 구체적인 사례까지 제시하고 있지는 않다. 이러한 상황에서 일본의 불문학자 우치다(內田樹)의 『하류지향(下流志向)』은 다소 '급진적 상상'의 계기를 제공한다.

이 책의 일차적 저술 의도라고 할 수는 없지만, "하류지향"은 세계가 완전히 새로운 흐름으로 가고 있다는, 부정적으로 말하면 신자유주의 성과 사회가 파국으로 치닫고 있음을 예고하는 내용으로 읽히기도 한다. 이 책의 요지는 한국어판 부제에 잘 요약되어 있다. "공부하지 않아도 일하지 않아도 자신만만한 신인류 출현."[48] 2013년에 재출간된 책의 부제는 좀 더

45 같은 책, 112쪽.
46 우에노 나리토시, 『폭력』, 정기문 옮김(산지니, 2014), 116쪽.
47 발터 벤야민, 앞의 책, 112쪽.
48 우치다 타츠루, 『하류지향』, 박순분 옮김(열음사, 2007).

실감난다. "배움을 흥정하는 아이들, 일에서 도피하는 청년들, 성장 거부 세대."[49]

교육이 '권리'가 아니라 '고역'이 된 학생들은 시험에서 일부러 0점을 받고, 스스로 학력을 저하시킨다. "일정 수의 아이들이 학습을 포기하고 공부로부터 도피하는 일에서 자신감과 성취감을 얻는다."[50] 선택과 책임을 전적으로 개인에게 돌리며 자신도 모르는 사이에 폭력에 시달리게 만드는 파편적 개인화의 시대에 교육받을 권리와 의무에서부터 도피하는 기쁨과 성취감을 맛보는 이들이 등장하게 된 것이다. "노동으로부터의 도피"도 동일한 사회적 추세를 반영하는 현상이라고 우치다는 말한다.[51]

"할 수 있다"는 의지적 인간의 탄생이 근대사회의 특징이라면, 오늘날은 그 의지가 만들어낸 문명이 도리어 인간의 의지를 옥죄어오는 모순 속으로 진입한 지 오래되었다. 자유롭게 강제에 몸을 맡기는 것이 성과사회의 의도하지 않았던 모순이듯이, 인간의 의지를 자극하는 신자유주의 시대의 극단에 의지도 양극화되어 자기주도적 의지를 포기하는 그런 의지가 발동하고 있다는 것이다. '해서 뭐해?', '왜 해야 하지?'를 연발하는 '자발적 낙오자들'이 생겨나고 있는 것이다.

우치다가 이러한 자발적 낙오자들을 긍정적으로 평가하려 했던 것은 아니지만, 한편에서 보면, 스스로 하류를 지향하는 이런 자세는 신자유주의가 자체 안에 내장하고 있었던 자기파괴적 가능성의 극단적 사례라고도 할 수 있다. 만일 한두 걸음 물러선다고 탈폭력적 폭력의 상황이 해결되는 것이 아니라면, 이러한 극단적이면서도 자발적인 하류지향의 자세 및 노동

---

**49** 우치다 타츠루, 『하류지향』, 김경옥 옮김(민들레, 2013).
**50** 우치다 타츠루, 앞의 책(2007), 138쪽.
**51** 같은 책, 서문.

에서부터 도피하고 성장을 거부하는 이들의 등장은 역설적이게도 신자유주의 시대가 극복될 수 있는 실질적 가능성을 보여주는 사례일지 모른다. 폭력적이지 않은 방식으로 폭력적 사회를 벗어나는 극단적인 선택이라는 점에서 벤야민이 말한 종말론적 또는 이상주의적 신적 폭력의 가능성을 역설적으로 보여주는 사례라고 해도 과언만은 아닌 것이다.

물론 앞에서 본 대로 머뭇거림과 멈춤을 통해 탈폭력적 폭력의 상황이 폭로되기 시작하고, 공감적 연대를 통한 공생으로 이어지면서 폭력이 극복되어가리라는 예상은 자연스럽다. 이것은 이 논문의 자연스런 결론 중 하나다. 그러면서도 그러한 폭로와 극복을 실제로 추동하는 중요한 힘이 사회의 구조적 폭력에 아예 무관심한, 이른바 자발적 낙오자들에게서 나온다는 상상도 소박한 과장만은 아니다. 신적 폭력이 법의 테두리 밖에 있는 탈목적적인 것이고 순수한 종교성을 반영하는 것이라면, 교육과 노동이라는 사회적 요청 자체를 벗어버리려는 자세가 폭력의 탈목적성을 역설적으로 보여준다는 점에서 그렇다.

신적 폭력이라는 이상주의적인 폭력은 신자유주의 시대의 자발적 낙오자들에 의해 현실화하고 있는 것일지도 모른다. 나아가 자본의 폭력이 지속되어서는 안 된다는 인식이 확산되고 자발적 낙오자들마저 출현하고 있는 상황은 신자유주의의 위세가 위기에 처해 있다는 하나의 증거가 됨직하다. 연대와 협력을 통한 공감적 공생의 길이 탈폭력적 폭력의 실상을 극복할 수 있는 현실적 대안인 것은 분명하되, 경쟁을 내세운 자기착취의 대열에서 아예 자유로운 이들이 크든 작든 신자유주의의 힘을 약화시키는 데 일조하고 있는 중인 것이다.

# 참고문헌

**국문**

강수돌, 『경쟁은 어떻게 내면화되는가』, 생각의 나무, 2008.

강수돌, 『팔꿈치사회』, 갈라파고스, 2013.

공진성, 『폭력』, 책세상, 2009.

르네 지라르, 『폭력과 성스러움』, 김진식 외 옮김, 민음사, 2000.

막스 베버, 『프로테스탄티즘의 윤리와 자본주의의 정신』, 양회수 옮김, 을유문화사, 1985.

발터 벤야민, 『발터 벤야민 선집 5』, 최성만 옮김, 길, 2008.

사카이 다카시, 『폭력의 철학』, 김은주 옮김, 산눈, 2007.

사토 요시유키, 『신자유주의와 권력』, 김상운 옮김, 후마니타스, 2014.

슬라보예 지젝, 『폭력이란 무엇인가』, 이현우 외 옮김, 난장이, 2011.

신광영, 『한국사회 불평등 연구』, 후마니타스, 2013.

아담 테블, 『프리드리히 하이에크』, 이화여대통역번역연구소 옮김, 아산정책연구원, 2013.

안토니오 네그리 외, 『제국』, 윤수종 옮김, 이학사, 2001.

안토니오 네그리 외, 『다중』, 조정환 외 옮김, 세종서적, 2008.

에릭 홉스봄, 『폭력의 시대』, 이원기 옮김, 민음사, 2008.

에티엔 발리바르, 『정치체에 대한 권리』, 진태원 옮김, 후마니타스, 2011.

에티엔 발리바르, 『폭력과 시민다움』, 진태원 옮김, 난장, 2012.

요한 갈퉁, 『평화적 수단에 의한 평화』, 강종일 외 옮김, 들녘, 2000.

우에노 나리토시, 『폭력』, 정기문 옮김, 산지니, 2014.

우치다 타츠루, 『하류지향』, 박순분 옮김, 열음사, 2007.

우치다 타츠루, 『하류지향』, 김경옥 옮김, 민들레, 2013.

울리히 벡, 『위험사회』, 홍성태 옮김, 새물결, 2006.

울리히 벡, 『세계화 시대의 권력과 대항권력』, 홍찬숙 옮김, 길, 2011.

이반 일리히, 『성장을 멈춰라』, 이한 옮김, 미토, 2004.

장윤재, 『세계화 시대의 기독교 신학』, 이화여대출판부, 2009.

제러미 리프킨, 『공감의 시대』, 이경남 옮김, 민음사, 2010.

카렌 암스트롱, 『축의 시대』, 정영목 옮김, 교양인, 2010.

프리드리히 하이에크, 『치명적 자만』, 신중섭 옮김, 자유기업원, 2004.

프리드리히 니체, 『도덕의 계보·이 사람을 보라』, 김태현 옮김, 청하, 2005.

한나 아렌트, 『예루살렘의 아이히만』, 김선욱 옮김, 한길사, 2006.

한병철, 『권력이란 무엇인가』, 김남시 옮김, 문학과지성사, 2011.

한병철, 『피로사회』, 김태환 옮김, 문학과지성사, 2012.

한병철, 『시간의 향기』, 김태환 옮김, 문학과지성사, 2013.

한병철, 『투명사회』, 김태환 옮김, 문학과지성사, 2014.

## 영문

Daly, Herman E., "Sustainable Growth? No Thank you," *The Case Against the Global Economy and For a Turn Toward the Local*, San Francisco: Sierra Club Books, 1996.

Friedrich Nietzsche, *Nietzsche Werke, Kritische Gesamtausgabe, Vol. IV-2: Menschliches Allzumenschliches I*, Berlin: Walter de Gruyter, 1967.

Hayek, Friedrich A., *The Mirage of Social Justice*, London: Routledge, 1976.

Hayek, Friedrich A., *The Road to Serfdom*, Chicago: The University of Chicago Press, 2007.

Heitmeyer, Wilhelm(ed.), *Control of Violence: Historical and International Perspective on Violence in Modern Societies*, New York: Springer, 2011.

Küng, Hans, *A Global Ethic for Global Politics and Economics*, Oxford: Oxford University Press, 1998.

# 4장

# 종교근본주의의 폭력적 구조

이찬수

## 1. 근본주의의 맥락과 출현

19세기 중반 유럽의 사상계와 예술계에서는 기존의 전통과 권위에 도전하는 근대주의적 경향성이 생겨나고, 현실 너머에 대한 관심이 약해지는 세속화 현상이 진행되었다. 진화론적 세계관에 따른 과학적 이성이 부각되었고, 종교계에서는 진리도 초자연보다는 자연의 변화를 전제하며 재해석하기 시작했다. 그 중심축도 위계적인 제도에서부터 사적인 선택의 영역으로 옮겨가는 경향을 보였다.

이런 흐름을 경계하던 20세기 초 미국 개신교계에서『근본원리들(*The Fundamentals*)』이라는 책자가 간행된 적이 있다. 이른바 근본주의(fundamentalism)라는 표현이 담긴 첫 번째 문헌이었다.[1] 다양한 교파의 신학자들로 구성된 이 책자의 필진은 한편에서는 유대교인과 가톨릭 신자의 유입에 위기감을 느끼면서 당시 유럽 지성인들에게 익숙해져가던 진화론과 자유주의적 성서비평에 대항하는 글들을 집필했다. 이들은 신(神)이 차지하던 영역이 인간의 이성에 근거한 과학적 탐구의 대상이 되고, 종교적 관성과 이성적 경험 사이의 괴리를 경험하면서, 과거의 종교적 관성을 회복하려 시도했다.[2] 진화론을 위시한 과학주의에 반대하고, 과학적 이성에 힘입은 유럽식 자유주의 신학을 거부했다. 여성해방운동에 대해 기존 남성문화 중심적 사고방식을 고수하고자 했다. 기존의 질서를 고수하면서 당시 근대주의적 흐름을 극복할 판단의 기준을 찾으려 했던 것이다. 근본주의라는 일단의 흐름이 언어화되는 장면들이었다.

이 글에서는 근본주의의 성격과 한계에 대해 비판적으로 다루고자 한다. 어떤 현상을 '~주의'라고 규정하는 행위에는 늘 위험성이 따르고, 실제로 '근본주의'라는 사상적 경향성의 농도가 동일하거나 경계가 늘 분명한 것도 아니다. 그렇더라도 논의의 전개를 위한 잠정적 정의는 필요하기에, 여기서는 근본주의를 전통과 권위에 도전적이었던 근대주의 및 세속화의 경향성을 거부하면서 이를 넘어설 자신만의 절대적 기준을 확보하려

---

**1** 보수적 기독교 석유업자인 스튜어트(Lyman Stewart)가 후원하고 딕슨(A. C. Dixon) 목사가 주도해서 설립한 Testimony Publishing Company에서 1910~15년까지 5년에 걸쳐 12권짜리 한 질로 출판했던 『근본원리들: 진리를 향한 증언(*The Fundamentals: A Testimony to the Truth*)』이 그 책이다. 서구의 자유주의적 성경 해석에 반대하고, 그리스도의 신성, 속죄, 내세의 보상 같은 교리들을 중심으로 하는 정통적 성경관을 옹호하면서, 평신도 교육을 위해 만든 책이었다. 이 가운데 침례교 목사인 로스(Curtis Lee Laws)가 근본주의(fundamentalism)라는 용어를 제일 먼저 쓴 것으로 알려지고 있다. 데이빗 비일, 『근본주의의 역사』, 김효성 옮김(기독교문서선교회, 1994), 56-65쪽 참조.

**2** 최대광, 「기독교 근본주의를 넘어서: 미국과 한국의 기독교 근본주의에 대한 비판적 성찰과 교육적 대안」,《종교교육학연구》제29권(한국종교교육학회, 2009), 62-64쪽. Niels C. Nielsen Jr., 『종교근본주의, 무엇이 문제인가』, 한귀란 옮김(글로벌콘텐츠, 2012), 18-25쪽 참조.

던 종교적 흐름이라고 잠정 규정하며 시작하고자 한다. 근본주의는 보편주의적이었던 종교를 상대화시키는 근대주의와 종교적 초월성을 훼손하는 세속화 경향성에 반발하며 자신만의 절대성과 초월성을 확보하려는 일단의 흐름이다.

물론 근대성과 세속화를 거부한다고 해서 전부 근본주의라고 할 수는 없다. 이슬람이 서구식 근대 세속사회를 거부한다고 해서 모두 근본주의가 아닌 것과 같다. 그렇다면 근본주의는 그 거부의 정도가 심해 상대방이 불편하게 느껴질 정도의 자기중심주의라고 좀 더 좁혀 규정할 수 있다. 자신만의 기준을 타자에 적용하고 자기확대해가는 과정이 폭력적으로 느껴질 정도의 자기집단 중심적 자세에 적용할 수 있는 용어인 것이다.

근본주의에 대한 좀 더 세부적 정의는 근본주의의 자기확장 과정에 담긴 폭력적 구조를 비판적으로 드러내는 과정에 좀 더 분명히 정립될 수 있을 것으로 보인다. 이 글에서는 근본주의의 한계와 모순을 직·간접적으로 비판하고, 종교가 세계시민주의에 공헌할 수 있도록 종교에 대한 '형용사적 이해'를 도모하며, 결국 종교근본주의가 폭력적 자기모순을 극복하고 말 그대로 근본적인 진리를 평화롭게 구체화시킬 수 있도록 해줄 만한 최소한의 대안적 가능성을 '근본적 근본주의(fundamental fundamentalism)'라는 개념과 용어를 중심으로 모색해보고자 한다. 먼저, 기존 근본주의 연구서들[3]에 드러나는 근본주의의 성격을 재구성하면서 글을 시작하겠다.

---

**3** 한국에서의 근본주의 연구는 그 중요성에 비해 아직 미미한 수준이다. 기출판된 단행본 중에는 이찬수 외, 『종교근본주의: 비판과 대안』(모시는사람들, 2011)이 여러 종교적 시각에서 본 근본주의 문제를 비판적으로 개관하는 책이다. 그 외 배덕만이 저술한 『한국 개신교 근본주의』(대장간, 2010), 임희숙이 여성주의적 시각에서 기독교교육과 근본주의를 다룬 『기독교 근본주의와 교육』(동연, 2010)이 있다. 이에 비해 영미권에서는 근본주의에 대한 본격적인 연구서들이 상당히 축적되어왔다. 워낙 많지만 다음과 같은 책들이 대

## 2. 근본주의의 성격과 자기확장[4]

### 1) 불변의 추구, 근본주의의 전제

근본주의는 절대성을 확보하기 위해 근대주의적 변화를 타락으로 간주하고 불변하는 것을 찾으려 한다. 불변하는 것이 세상의 기원까지 소급되는 가장 근본적인 것이라는 입장을 견지한다. 세속주의적 신학이 타락한 시류에 물들었다고 보고, 근대주의자들이 세상의 변화에 휘둘려 잃어버렸거나 놓치고 있는 기원적인 것을 중시한다. 그것이 세상의 종말까지 관통할 불변의 진리라고 믿으며, 그 불변성의 확보를 위해 초자연적인 어떤 것과 쉽사리 동일시한다. 변화하는 세상 속에 개입한 신적 진리는 대단히 초자연적이며, 그 진리가 인간에게 전달되는 방식도 초자연적이라고 믿는다. 자연적 변화의 이치를 넘어서 세상을 관통하는 불변적, 그런 의미의 기적적 방식을 불변의 전제로 붙든다.

이러한 전제를 보증하는 다른 전제가 '하늘'의 계시를 담은 영구불변의 기준, 즉 '캐논(canon)'이다. 종교근본주의자는 캐논을 진리의 완벽한 근거이자 잣대로 믿는다. 이 캐논 자체가 역사를 초월하며, 그 안에 초역사적 사건 내지 실재가 고스란히 담겨 있다고 믿는다. 그 전제만큼은 세상의 근

---

표작들로 알려져 있다. Martin Riesebrodt, *Pious Passions: The Emergence of Modern Fundamentalism in the United States and Iran*(Berkeley University of California Press, 1993); Bruce Lawrence, *Defenders of God: The Fundamentalist Revolt against the Modern Age*(Columbia: University of South Carolina Press, 1995); Roxanne Euben, *Enemy in the Mirror: Islamic Fundamentalism and the Limits of Modern Rationalism*(Princeton: Princeton University Press, 1999).

**4** 이찬수, 「근본적 근본주의를 향하여」, 『종교근본주의, 비판과 대안』(모시는사람들, 2011), 15-25쪽의 아이디어와 일부 내용을 원용했다.

본이며, 또 근본이어야 한다고 확신한다. 이 근본만 붙들면 변화하는 세상에서 흔들리지 않는 최고의 무기를 얻은 셈이나 다름없기 때문이다.

가령 기독교 근본주의자들이 믿는 역사 이전의 핵심 진리에는 문자주의적 성서무오설(Biblical Inerrancy)이 있다. 성서의 모든 문자는 한 치의 오류도 없이 그 자체로 완벽한 진리이며, 세상만사를 판단하는 진리의 기준(canon)이자 정전(正典)이라는 것이다.[5] 하늘로부터 계시된 불변의 진리에 복종해야 한다는 경전주의(Scripturalism)의 일환인 것이다. 이른바 이슬람 근본주의자들에게는 쿠란이나 샤리아도 마찬가지 기능을 한다.

## 2) 분리주의와 근본주의의 확장

종교근본주의자는 세상에서부터 일정한 '분리'를 통해 자신의 정당성을 확보하려 한다. 변하는 세계와 거리를 두고 일정 부분 분리하는 삶이 '근본'을 지키는 길이자, 종교적 '거룩'을 구현하는 길이라 믿기 때문이다.[6] 탈성화하고 세속화해가는 사회를 경계하면서 금주나 금연 같은, 어느 정도

---

**5** 미국의 근본주의 신학자 데이빗 비일(David O. Beale)은 근본주의자에 대해 이렇게 정의한다: "기독교 근본주의자는 … 성경 전체를 절대적이고 무오하고 권위 있는 하나님 말씀으로 믿고 옹호하며, 거룩의 교리와 실천에 확고히 선 사람이다 … 근본주의는 기독교의 어떤 철학도 아니고 본질적으로 성경의 어떤 해석도 아니다. 그것은 심지어 성경의 단순한 문자적 해석도 아니다. 근본주의의 본질은 그보다 훨씬 더 깊이 나아가는 것, 즉 무조건적으로 성경을 수용하고 성경에 복종하는 것이다." 이러한 규정의 전제는 성서무오설 내지 성서문자주의다. 데이빗 비일, 앞의 책, 19쪽.

**6** 비일은 이렇게 말한다: "근본주의자들은 성경적인 교제의 교리를, 하나님의 절대 거룩의 교리, 즉 세상으로부터, 거짓 종교로부터, 그리고 성경에 대한 모든 불순종의 행실로부터 '분리함'을 의미하는 거룩의 교리의 근본적이고 본래적인 부분으로 간주한다." 같은 책, 23쪽. '분리'를 통한 '거룩'의 구현에 관한 성서적 해설에 대해서는 이찬수, 『유일신론의 종말, 이제는 범재신론이다』(동연, 2014), 159-163쪽 및 195-199쪽 참조.

금욕적이고 세상과 분리되는 실천을 통해 무언가 분명하고 강력하고 일관된 자세를 견지하고자 한다. 그런 식으로 세속적 일상과 분리되는 윤리를 확보함으로써 나름의 종교성을 보전하고, 근대주의자들이 잃어버린 거룩과 초월의 세계를 복구하려 시도한다. 자연과 분리되는 초자연적 기적과 같은 것을 핵심 교리로 삼는 경향이 이것을 반영해준다.

가령 기독교 근본주의자는 "성경의 무오성, 그리스도의 동정녀 탄생과 신성과 대리 속죄, 성경적 기적들"을 "신성하고 불가침적인 것으로 신봉한다."[7] 근본적인 것들은 애당초 자연원리 안에서는 확인하기 힘든 것이라는 전제를 지니기에, 그 전제에 대한 해석도 그 전제가 지닌 틀 안에서 이루어진다. 성서의 초자연적 기적 이야기들은 자연과 분리되는 일이기에 도리어 불변의 근본 진리처럼 간주한다. "역사의 방향이 정해져 있고, (근본에의 추구가) 우리에게 남겨진 유일한 노선이라고 믿는다."[8] 초자연과 자연의 모순적 관계에 대한 진지한 성찰 없이, 그 모순된 지점을 무조건적 승인 또는 믿음의 영역으로 남겨둔다. 이것은 근본주의가 역사주의나 과학주의와 같은 근대주의적 경향에 반발하고 애당초 검증 불가능한 초월의 영역으로 돌아가려 한 데서 비롯된 일이다.

근본주의자는 이러한 믿음으로 진리의 초자연성이 자기 또는 자기집단 안에 내면화되었다고 믿는다. 진리의 내면화 또는 내면화된 진리를 전제한다는 점에서 근본주의는 초월보다는 내재를 중시하는 근대주의적 성향의 연장선에 있다고 할 수 있다. 그러면서도 근본적 진리의 불변성 또는 초자연성을 전제하며, 아울러 초자연에 가깝다고 여겨지는 종교적 계급

---

**7** 데이빗 비일, 앞의 책, 19쪽.
**8** 장석만, 「신자유주의와 종교의 위치」, 한국종교문화연구소, 『신자유주의 사회의 종교를 묻는다』(청년사, 2011), 32쪽.

(성직자)의 위상을 높인다. 그래서 근본주의 집단은 대체로 위계적이며, 상위 엘리트층의 영향력이 상대적으로 크다. 그렇게 위계적 제도를 만들어나가기도 한다는 점에서 근본주의는 전근대적이기도 하다.

위계적 제도는 근본주의적 진리가 확장되어가는 과정의 산물이자, 동시에 개인 안에 내면화된 초자연적 진리를 정당화시켜 근본주의를 강화시키는 계기로도 작용한다. 외부자를 배척하고 자신만의 경계를 세운다. 이렇게 세속과 분리하려 들고 경계를 지으려 한다는 점에서 근본주의는 일종의 '분파주의'다. 하지만 자신의 신념체계를 확대시키고자 한다는 점에서는 '전체주의'이기도 하다.[9] 주류 사회에서 세워놓은 경계를 타파하지만, 다시 자기식의 경계를 세우면서, 결국은 그 경계선을 확장시키려 시도한다. 자기식 전제에 대한 강한 신념을 중심으로 '세계 변형적' 또는 '정복주의적' 자세를 견지한다.[10]

이때 근본주의의 자기확대 과정은 일면적으로 이루어지지 않는다. 그것은 여러 층위로 이루어진다. 가령 네그리와 하트가 '제국(Empire)'의 개념을 제시하며, 오늘날은 세 가지 고전적인 통치, 즉 군주제, 귀족제, 민주제를 포괄하는 새롭고 통일적인 주권적 형태가 지구적 질서의 기초를 이루고 있다고 보았는데,[11] 종교근본주의의 통치형태에도 이 세 가지 유형이 혼

---

**9** T. N. Madan, "Fundamentalism and the Sikh Religious Tradition," eds. Martin Marty and R. Scott Appleby, *Funda Observed*(Chicago : University of Chicago Press, 1991), p. 619.

**10** 이경재, 「근본주의의 철학적/정신분석학적 성찰」, 《신학과 세계》 제59호(감리교신학대학교, 2007년 여름), 251-252쪽 참조.

**11** 네그리와 하트는 지구 사회가 근대의 제국주의와는 다른 의미의 '제국'으로 이행하고 있다고 말한다. '제국'은 탈중심적이고 탈영토적이면서도 지구 전체를 통합해가는 지배 장치다. 사실상은 기존 국민국가의 형식을 유지하면서도 외형적으로는 단일한 지배논리에 따르는 초국적 기관들로 구성된 새로운 양상의 지구적 주권형태다. 군주제, 귀족제, 민주제의 세

재되어 있다. 즉, 근본주의는 개인의 자유로운 종교 행위에 기반한다는 점에서 어느 정도 민주제적이지만, 이른바 성직자를 신에게 가까운 권위자로 더 인정한다는 점에서 군주제적이고, 근본주의 원리를 해석하고 유통시키는 소수 엘리트에 의해 큰 영향을 받는다는 점에서 귀족제적이다. 종교근본주의는 이런 식으로 '제국'의 형성원리와 과히 다르지 않은 복합적 구조를 유지한다. 자본을 목표이자 기초로 하는 제국적 질서의 자리에 초자연적, 보편적, 불변의 교리를 둔다는 차이가 있을 뿐이라 해도 과언이 아니다. 외형적으로는 종교적 담론을 구사하면서, 내면적으로는 정치적 행위를 하는 셈이기도 하다.

## 3. 근본주의와 폭력

### 1) 분리주의의 폭력과 종교의 정치화

문제는 근본주의적 세계관 자체가 아니라, 근본주의적 자세를 타자에게 적용하는 과정에서 생긴다. 그 과정이 외부자를 불편하게 할 때 근본주의는 경계의 대상이 되고, 폭력적일 때 극복의 대상이 된다. 이것은 근본주

---

가지 고전적 통치형태 또는 수준을 포괄하는 통일적인 주권적 주체라고 규정하기도 한다. 제국은 WTO, IBRD, IMF와 같은 초국적 경제기구가 전 지구적 업무의 군주제적 통치를 실행하고, 국민국가권력에 기초한 제한적 엘리트 그룹(가령 G8의 통치자나 초국적 기업들)이 일종의 귀족제적으로 지구의 경제적이고 문화적인 흐름을 관리하면서도, 개별 국민국가나 UN 총회 또는 각종 NGO들처럼 지구의 민중을 대변한다고 주장하는 민주제적 흐름을 포괄한다. '제국'은 오늘날의 지구화 상황을 잘 나타내준다. 안또니오 네그리, 『다중과 제국』, 정남영·박서현 옮김(갈무리, 2011), 120-123쪽 참조.

의의 분리주의적 성향에 이미 함축되어 있는 가능성들이다. 분리시킨다는 말은 안과 밖, 내집단과 외집단을 성(聖)과 속(俗)으로, 나아가 선(善)과 악(惡)으로 이원화시킨다는 의미이기도 하다. 그렇게 성(聖)과 선(善)으로 규정된 내집단을 결속시키고자 도덕적 규범을 적용해나간다.

내집단의 결속력을 위한 고유의 도덕적 논리 또는 법적 규정은 가령 고대 유대교의 '십계명'에서 잘 드러난다. 십계명의 여섯째는 "살인하지 말라"다. 하지만 이때 살인 금지는 누구에게나 적용되는 보편 계명이 아니다. 그 계명의 적용 대상은 어디까지나 내집단이다. 외부인은 그 대상이 아니다. 다른 신을 믿는 외집단에는 "살인하지 말라"는 도덕법칙이 적용되지 않는다. 히브리 성서에서 외집단에 대한 살인을 정당화시키고 장려하기까지 하는 사례는 많다. 외집단은 잠재적인 위협이자 제거의 대상이며, 이들을 죽이는 것은 계명을 어기는 것이 아니라, 도리어 자기집단의 생존을 위한 필연에 가깝기 때문이다. 티한(John Teehan)은 이것을 도덕이 내부집단의 결속을 증진시키는 진화심리학적 체계로 발달했다는 증거로 삼는다.[12]

이러한 분리주의는 근본주의의 핵심적 태도이기도 하다. 분리주의적 근본주의는 자신(또는 내집단)에 대해서는 도덕적이지만, 타자(또는 외집단)에 대해서는 폭력적이다. 그래서 티한은 "종교적 도덕과 종교적 폭력은 동일한 원천에서 나왔으며, 그 원천은 종교윤리의 배후에 있는 진화된 심리"라고 말한다.[13] 위르겐스마이어(Mark Juergensmeyer)는 "종교적 상상력의 가장 깊은 차원에서 폭력의 성향이 발견된다"고 하고,[14] 지라르(René

---

**12** 존 티한, 『신의 이름으로: 종교 폭력의 진화적 기원』, 박희태 옮김(이음, 2011), 286-293쪽.

**13** 같은 책, 281쪽.

**14** Mark Juergensmeyer, *Terror in the Mind of God : The Global Rise of Religious Violence*(Berkeley · L.A. : University of California Press, 2001) p. 6.

Girard)는 "폭력을 억제하는 방법들은 모두 폭력과 무관하지 않다는 점에서 서로 유사하다. 그것은 모두 종교에 뿌리를 두고 있다"고 한다.[15] 정도의 차이는 있지만, 이런 폭력적 정서가 물리적 폭력을 극복하겠다는 오늘날의 종교에서도 발견되는 경향이 있는데, 이것은 자신을 타자와 분리시키는 분리주의적 자세의 이면이다.

티한은 가령 기독교가 고대 유대교로부터 분리되어 외형적으로는 세계보편종교로 거듭난 것 같지만, 타자와 거리를 두는 분리주의의 구조는 근본적으로 달라지지 않았다고 한다. 기독교가 "적을 이 세상에서 물리적으로 처벌하는 것에서부터 저세상에서 영적으로 처벌하는 것으로 전환"[16]했을 뿐, 안과 밖, 내집단과 외집단을 구분하는 분리주의적 자세 자체는 크게 다르지 않다는 것이다. 기독교가 로마 제국의 종교가 된 이후 이단 심판작업이 빈번했던 것도 내집단성을 유지 및 강화하기 위해서라는 것이다.

물리적 폭력을 축소하고 극복하려 시도해온 기독교적 공헌을 과소평가할 수는 없지만, 기독교와 같은 세계 종교도 분리주의 내지 경계짓기 자체에서는 자유롭지 못한 것이 현실이다. 분리주의 내지 경계짓기가 근본주의적 종교의 자기정체성 유지를 위한 소극적 측면이라면, 배타적 폭력은 근본주의적 세계관을 확대시키는 과정에 나타나는 적극적 측면이라고 할 수 있을 것이다.

이렇게 자신만의 경계 속에서 타자를 있는 그대로 용납하지 못하는 근본주의자들은 사랑이라는 말도 자기중심적으로 이해한다. 근본주의자 비일이 근본주의자들도 "사랑과 연민을 가지고 사람들을 접하기를 갈망

---

**15** 르네 지라르, 『폭력과 성스러움』, 김진식·박무호 옮김(민음사, 2000), 40쪽.
**16** 존 티한, 앞의 책, 309쪽.

한다"[17]고 말하지만, 그 사랑은 '근본'을 소유하지 못한 이들에 대한 자기 우월적 연민에 가깝다. 종교적 도덕과 폭력이 동일한 원천에서 나왔다는 티한의 말처럼, 근본주의자들에게는 종종 사랑조차 일방적이어서 외부인에게 저항감을 불러일으킨다. 종교근본주의자들이 말하는 사랑은 마치 성폭력처럼 일방적인 행위일 때가 많다. 그래서 종교근본주의가 폭력의 원인으로 작용하게 되는 것이다.

좀 더 큰 문제는 이러한 폭력이 개인을 넘어 사회 전반에까지 영향을 미친다는 것이다. 가령 종교근본주의가 정치와 만나면 정복적 제국주의 형태로 나타나는데, 종교근본주의자들이 정의를 구현한다며 정치권력을 수단화해 자신의 신념을 보편화하려는 시도는 종교의 정치화를 잘 보여준다. 한 예로 미국의 기독교 근본주의자들은 레이건 행정부와 부시(아버지와 아들 포함) 정권을 탄생시키고 유지하는 데 영향력이 적지 않았다. 자신들의 종교적 신념과 같이할 만한 상하원 의원과 법관의 선출에도 영향을 미쳤다. 미국의 전형적인 근본주의 목사인 로버트슨(Pat Robertson), 폴웰(Jerry Falwell) 같은 이들은 미국을 기독교국가로 만들어야 한다는 주장을 공공연하게 하면서, '9·11 사건' 직후에는 테러리스트들을 주님의 이름으로 사살해야 한다며 폭력적 언행마저 당연시했다.[18] 이렇게 근본주의는 정의의 이름으로 전쟁과 자연스러운 동맹을 맺곤 한다. '과격한 대화', '과격한 재개종'과 '부흥주의', '군사적 분리주의'의 형태로 이어간다.[19] 이런 입장에 동의하며 뢰어(Davidson Loehr)는 종교근본주의가 일종의 파시즘

---

**17** 데이빗 비일, 앞의 책, 19쪽.
**18** 브루스 링컨, 『거룩한 테러』, 김윤성 옮김(돌베개, 2005), 81-115쪽; Young-suck Moon, "Human Security and Religion: Fundamentalism and Sanctified Violence," *OUGHTOPIA: The Journal of Social Paradigm Studies*, Vol. 25, No. 2(2010), pp. 19-26.
**19** Niels C. Nielsen Jr., 앞의 책, 35쪽 참조.

과 다르지 않으며, 파시즘은 정치적 근본주의라고 규정한다. 그리고 미국을 파시즘으로 몰아가려는 세력 중 하나로 기독교 근본주의를 지목하기도 한다.[20] 이렇게 종교근본주의가 하나의 정치세력으로 등장하면서 폭력을 구조화시키고 정당화시키는 근원으로 작용하는 것이다.

## 2) 서구에 대한 저항, 이슬람 근본주의

물론 이것은 미국 기독교 근본주의자들만의 문제는 아니다. 가령 9·11 사건의 배후에는 근본주의 기독교의 후원을 받은 미국이 이스라엘을 지원하고 이라크를 제재하는 데 대한 이슬람 근본주의자들의 저항이 있기도 하다. 거슬러 올라가면, 이스라엘의 팔레스타인에 대한 '불법적' 행위를 구미 열강이 편들던 역사로 이어진다. 2014년 이후 이슬람 수니파의 극단적 무장단체인 'IS(Islamic State)'의 폭력성으로 세계가 시끄럽고 불안하지만, 이러한 단체가 등장하게 되는 배경도 이스라엘의 건국 과정까지 연결된다. 이스라엘이라는 신생 국가의 권력을 정당화시켜주던 구미 열강에 대한 이슬람권의 저항적 자괴감 같은 것이 기초에 놓여 있는 것이다. 국가는 "정당한 물리적 폭력 행사의 독점을 실효적으로 요구하는 인간공동체"라는 베버(Max Weber)의 국가론에 함축되어 있듯이,[21] 합법화된 압도적 폭력, 즉 기존 국가가 신생폭력을 정당화시켜주는 과정에 소외된 이슬람권의 자괴적 불만이 테러 같은 행위로 이어진다는 말이다.

지젝(Slavoj Zizek)의 표현을 따라 정리하면, 근대국가의 기초를 이루는

---

**20** 데이비슨 뢰어, 『아메리카, 파시즘 그리고 하나님』, 정연복 옮김(샨티, 2007).
**21** 막스 베버, 『직업으로서의 정치』, 전성우 옮김(나남, 2007), 9쪽.

'시초의 범죄'가 영웅담과 같은 '고귀한 거짓말'로 포장되면서 근대국가권력이 정당화되었는데, 이스라엘이 국가형성 과정에 남겨둔 '시초의 범죄'의 폭력적 흔적에 대해 이슬람권 일부가 저항하며 최근과 같은 테러나 국지전으로 이어져왔다는 말이기도 하다.[22] 이슬람권 근본주의자들의 저항에 폭력적 테러라는 딱지를 붙여놓기도 하지만, 그 이전에 국가권력의 이름으로 행했던 서구적 폭력의 역사도 자리 잡고 있다는 사실을 보아야 한다는 것이다.

이렇게 극단적 이슬람 근본주의자들의 폭력적 살상이나 테러의 이면을 들여다보면, 이슬람 근본주의는 가깝게는 미국의 기독교 근본주의에 대한, 거슬러 올라가면 팔레스타인에 국가를 건설한 이스라엘에 대한 저항으로 형성된 대항적 차원의 근본주의라는 사실을 알 수 있게 된다. 좀 더 구체적으로 보면, 서구에 대한 이슬람권의 불편한 심정의 기원은 나폴레옹이 이슬람 문화의 중심지였던 알렉산드리아를 점령한 사건에까지 소급된다.[23] 이슬람 입장에서는 일방적으로 공격받으며 시작되었던 이른바 '십자군전쟁'도 서구적 폭력성의 상징처럼 여겨진다. 이러한 역사적 배경 속에서 이른바 이슬람 근본주의라는 것은 서구에 의해 형성되어온 '대항적

---

22 슬라보예 지젝, 『폭력이란 무엇인가』, 이현우 외 옮김(난장이, 2011), 167-170쪽.
23 '이슬람 근본주의' 또는 '원리주의'라는 말은 서구인들이 붙여놓은 이슬람 담론의 일환일 뿐, 이슬람에는 서구식 근본주의는 없다는 것이 이슬람권 학자들의 공통된 주장이다. 정치와 종교가 분리된 세속사회를 배경으로 등장한 미국식 근본주의와는 달리, 이슬람은 애당초 정치와 종교를 분리시키지 않은, 통합적 순수성을 추구한다. '근본' 또는 '뿌리'에 해당하는 아랍 어는 '우쏠리야'로서, 이슬람은 본래 근본주의적이며, 거기에 부정적인 뉘앙스는 전혀 없다. 이슬람 사상가들에 의하면, 오늘날 부정적인 뉘앙스로 사용되는 '이슬람 근본주의' 또는 '원리주의'라는 말은, 1798년 나폴레옹의 알렉산드리아 점령 이후 서구의 침탈을 지속적으로 받아온 이슬람권의 심정적 반서구담론을 이용해 20세기 서구에서 붙여놓은 이름일 뿐이다. 박현도, 「이슬람 근본주의와 한국 이슬람」, 『종교근본주의: 비판과 대안』(모시는사람들, 2011), 176-182쪽 참조.

근본주의'라는 사실을 알 수 있게 된다.

실제로 미국 기독교 근본주의자들은 자신들에 의해 형성된 이슬람 근본주의자들에 대한 공격을 신학적으로 정당화하는 논리를 제공하기도 하고, 이슬람의 위협을 과장하면서 기독교적 미국과 이슬람적 근본주의를 선악의 이분법으로 여기도록 추동하기도 했다. 이에 대해 이슬람 근본주의도 동일한 선악의 이분법으로 미국에 대응하면서,[24] 근본주의적 성향을 강화시켜나갔다. 그 결과 크고 작은 테러가 이어졌고, 미국으로 하여금 더 미국주의적인(애국주의적인) 법안을 강화시키도록 자극하는 악순환이 지속되기도 했다. 그 과정에 근본주의 기독교 내지는 이슬람 근본주의가 존재하거나 형성된다는 것이다.

일찍이 벤야민(Walter Benjamin)은 종교가 사회적 법을 정립시키고 보존시키면서 그로 인해 폭력을 정당화시키는 역할을 한다고 비판한 적이 있는데, 20세기 이후에는 근본주의적 종교가 그런 경향을 띤다고 할 수 있다. 근본주의적 종교는 벤야민이 '신화적 폭력'으로 명명했던 역할,[25] 즉 정립된 법의 배후에 어떤 권위가 부여되어 있는 듯 신비적 기초를 제공하

---

**24** 이와 관련하여 브루스 링컨(Bruce Lincoln)은 이렇게 말한다: "부시나 빈 라덴은 똑같이 마니교적인 투쟁을 확립했다. 마니교에서는 빛의 아들과 어둠의 아들이 대립하며, 모든 사람이 이쪽 아니면 저쪽에 귀속된다. 거기에는 중립이나 망설임 또는 중간지대의 가능성이 없다. 빈 라덴은 9·11 사건이 적대적인 두 진영을 근본적으로 갈라놓고 무조건적으로 분리시켜놓았다고 말한다 … 부시 역시 복잡하고 다양한 세계를 두 개의 적대적인 진영으로 나누어진 깔끔한 틀 안에 밀어 넣는다. 부시가 제시하는 구조, 즉 (선/악, 영웅/악당, 위협받는 자/위협하는 자 등의) 확연한 이원적 대립들로 이루어진 구조는 빈 라덴이 제시한 구조와 동일하다."(브루스 링컨, 앞의 책, 55-56쪽) 유영근, 「근본주의와 정치: 미국의 경우를 중심으로」, 『종교근본주의: 비판과 대안』, 107-120쪽도 참조. 9·11에 나타난 이슬람의 이분법적 분리주의 사고에 대해서는 존 티한, 앞의 책, 328-332쪽 참조.
**25** 발터 벤야민, 「폭력 비판을 위하여」, 최성만 옮김, 『역사의 개념에 대하여 외(발터 벤야민 선집5)』(길, 2008), 96, 108, 111-112쪽.

면서 사실상 폭력적 구조를 정당화시키는 역할을 수행해오고 있다고 할 수 있다.

### 3) 불안의 은폐, 근본주의 심리학

이러한 폭력의 구조는 종교적 희생제의가 외형상으로는 '성스러운' 행위로 포장되어 있지만, 실상은 한 사회에서 벌어진 원초적 폭력을 적절한 개인이나 집단으로 돌려 사회적 질서를 유지하려는 사실상의 폭력적 행위라는 지라르의 분석과도 비슷하다. 그에 의하면, 종교의 희생제의는 원초적 폭력을 모방하며 재현하는 가운데 그 폭력적 행위를 공동체 전체가 인정하는 '성스러운' 행위로 전환시켜 여러 폭력들을 극복하는 행위다.[26]

폭력을 공적으로 정당화하고 사적으로는 제한하는 '성스러운 폭력'의 이중성은 종교근본주의자들 안에서 신앙과 정의의 이름으로 배타성과 폭력성이 정당화되는 모습과 닮아 있다. 표면에 내세우는 것은 정의이지만, 내면에 감춰져 있는 것은 내세우는 것을 단박에 이루려는 폭력적 욕망이다. 자신의 욕구나 소망이 억압되면서 그와 반대 방향으로 리비도가 집중되듯이 —가령 프로이트의 '반동형성(reaction formation)'에서처럼— 정의를 주장하는 이면에 수단을 정당화하려는 정의롭지 못한 욕망이 자리 잡고 있는 것이다.

이것은 절대적 확실성에 대한 주장이 불확실성에 대한 심리적 두려움과 불안의 표현인 것과도 비슷하다. 두려움과 불안이 사라지지 않고 억압되면서 불변의 근본에 대한 강한 집착으로 이어지는 것이다. 극단적 청결

---

**26**  르네 지라르, 앞의 책(2000), 19쪽.

주의자의 내면이 실제로는 쓰레기나 먼지의 지배를 받듯이, 불변의 근본을 추구하는 근본주의자 안에는 변화에 대한 불안이 자리 잡고 있다. 프롬(Erich Fromm)이 인간은 자유의 짐을 피하기 위해『자유로부터의 도피』한다는 내용의 명저를 남겼듯이, "근본주의는 배후의 불안에서 기인하는 도피운동이며 퇴행"이다.[27] 캄파우스(Kamphaus)는 근본주의를 "아프기 싫어서 도망가는 것"이라고 비유적이고 비판적으로 말하기도 한다.[28]

이러한 내적 불안을 잠재워주는 최고의 기제는 확실성의 가면을 쓰는 것이다. 이런 식으로 불변을 추구하는 것이 변화로 인한 불안을 보호하는 성곽이 되는 것이다: "'근본들'은 외부의 혼합적·반종교적·비종교적 문화 상황에서 신자들을 위협하는 외부의 침략으로부터 보호하는 성곽 구실을 한다."[29] 그렇다고 해서 불안이 전적으로 해소되는 것은 아니지만, 불변에 의한 보호는 근본주의적 종교를 외적으로 확대시키는 추동력이 된다. 이와 관련하여 버거(Peter Berger)는 이렇게 말한다.

모더니티가 과거의 모든 확실성의 토대를 허물어버림으로써, 불확실성은 오늘의 현대인들이 감내하기 힘든 존재론적 조건의 하나가 되었다. 그렇기

---

**27** S. H. Pfuertner, *Fundamentalismus: Die Flucht ins Radikale*(Freiburg : Herder, 1991), S. 99. 임희숙,『기독교 근본주의와 교육』(동연, 2010), 131쪽에서 재인용.

**28** 실제로 사람들은 "사회가 그대로 있는 것보다, 변화되었을 때, 신뢰감은 감소된다. 이동과 이혼이 심화되어 인간관계가 불연속적으로 바뀐다고 느꼈을 때라든가 갑작스런 기술변화가 인간의 적응능력을 넘어설 때, 인간들은 자신들이 길을 잃었다는 느낌을 갖는다. 이러한 시점에서, 근본주의가 성장하는 것이다. 근본주의는 사회적 가치와 삶의 방법들이 변화하는 곳에서 강력한 호소력을 지니게 된다."[Ammerman Tatom Nancy, *Bible Believers : Fundamentalists in the Modern World*(New Jersey : Rutgers University Press, 1987), p. 192.]

**29** Marty E. Martin, Appleby R. Scott, *Fundamentalism and the State*(Chicago : University of Chicago Press, 1993), p. 3.

때문에, 그 어떤 운동(종교적 운동뿐 아니라)이라도 그것이 확실성을 제공하거나 회복한다고 공약하는 경우 그 운동은 아주 손쉽게 시장의 수요를 확보하게 되는 것이다.[30]

### 4) 담론의 실재화와 근본주의의 강화

오늘날 '근본주의'는 사실상 비하적으로 사용되는 용어다. 당사자들이 선호하는 언어가 아니다. 당사자들은 대체로 보수주의, 전통주의, 복음주의 등의 언어를 선호하며 사용해왔다. 그럼에도 불구하고 보수주의 또는 복음주의자들 일부가 경전에 대한 문자주의적인 이해와 초월적 세계에 대한 해석을 그저 임의로 하는 데 머물지 않고, 타자에 대한 자기확장을 '최대주의적(maximalist)'으로 시도하는 데 대한 불편함이 '근본주의 담론'을 형성하기 시작한다.[31]

이러한 담론화 과정 속에서, 자신의 입장을 타자에게 일방적으로 적용하려는 적극적 행동주의자들이 '근본주의자'로 지목되기도 한다. 적극적 행동주의자들로 인해 부각된 특정 집단의 근본주의적 성향이 언론이나 소문을 통해 유통되고 확산되면서 점차 그 집단 전체가 근본주의적이라는 이미지가 형성된다. 무슬림 일부가 행한 테러가 유통되고 확산되는 과정에 이슬람 전체가 테러와 관계가 있는 집단처럼 여겨지는 경우가 그것이다.

---

**30** 피터 버거, 「세상의 탈세속화: 개관」, 김덕영·송재룡 옮김, 『세속화냐 탈세속화냐—종교의 부흥과 세계 정치』(대한기독교서회, 2002), 21쪽, 27쪽 참조.

**31** '최대주의(maximalism)'가 세속에 대한 종교의 개입을 극대화하려는 시도라면, '최소주의(minimalism)'는 종교를 특정한 형이상학적 관심들에 국한하려는 시도를 의미한다. 종교학자 브루스 링컨은 '근본주의'라는 용어 대신에 '최대주의'라는 용어를 주로 사용한다. 브루스 링컨, 앞의 책, 28-29쪽, 132-133쪽 참조.

'예수 천당 불신 지옥'을 외치는 일부 개신교인의 지나친 선교 행위로 인해 개신교 전체에 비이성적 이미지가 형성되는 것도 마찬가지다. 이러한 과정을 거치면서 근본주의 담론도 형성되어가는 것이다. 근본주의 담론은 어떤 사건이 벌어지게 된 복잡다단한 원인을 한두 가지 정도로 단순화시키고 범주화시키는 유통 과정과 연결되어 있다.

이러한 단순화는 근본주의자들을 사회와 분리하여 이해하는 틀로 작용한다. 나아가 이때 범주화된 담론화 과정 속에서 일부 보수주의자들이 근본주의라는 용어와 자세를 도리어 적극 수용하면서, 의도적으로 더 근본주의적 행동을 하거나, 자신을 근본주의자로 자임하는 경우도 등장하게 된다. 위에서 말한 IS의 등장도 그 일환이다. 그러면 그럴수록 이슬람이 폭력적이라는 이미지가 강화되고, 이슬람 근본주의 또는 원리주의라는 말도 범주적으로 당연해진다. 근본주의에 관한 담론 속에서 근본주의가 하나의 생생한 실재가 되어갈뿐더러 강화되기도 하는 것이다.[32]

물론 근본주의는 근대 이후 생활세계 전반을 위협하는 주류가 아니다. 그렇지만 근본주의 담론이 유통되고 정치적 행위와 만나는 과정에 근본주의적 자세가 '폭(暴)력(力)'적 행위로 실재화하면서 근본주의는 사회적 경

---

**32** 스스로 근본주의자로 자임하면서 강경한 근본주의적 행동을 하는 이유는 근본주의적 행동의 과시를 통해 상대방으로 하여금 더 근본주의적 프레임 속으로 들어오도록 하는 것이기도 하다. 실제로 최근(2015. 1. 7.) 프랑스의 풍자 주간지인 《샤를리 에브도》가 무함마드를 모욕하는 그림을 그린 것에 격분한 이슬람권 근본주의자들의 테러로 12명이 사망하고 20명이 부상당하는 사건이 벌어졌다. 그러자 프랑스 전역에서 370여만 명의 사람들이 모여 "나도 샤를리"를 외치며 이슬람의 폭력을 반대하고 관용을 외치는 거대한 시위가 일어났다.(2015. 1. 11.) 전 세계 언론이 이 사건을 앞 다투어 보도하고, 더 많은 이가 근본주의의 폭력성에 대해 이야기하면서 뜨거운 담론이 형성되었다. 하지만 시위가 담론화될수록 근본주의는 더 힘을 얻고 살아 있는 실재가 된다. 실제로 영국에서는 "나는 샤를리가 아니다"를 외치며 《샤를리 에브도》를 비판하는 무슬림들의 시위가 잇달았다.

계의 대상이 된다. 그러는 과정에 근본주의에 대한 이해가 일반화하고 보통의 종교인들(가령 일반 무슬림)에게도 근본주의자라는 혐의를 덧씌우곤 한다. 일부 근본주의자들이 자기를 확장해나가는 과정에 드러나는 자기중심성과 폭력성이 세간의 담론화 과정을 거치면서 근본주의는 더 강력한 실재가 되어가는 것이다.


## 4. 지구화와 근본주의

### 1) 지구성과 지구주의

이렇게 근본주의의 폭력성은 근본주의의 자기확장 과정에서 드러난다. 이때 좀 더 구체적으로 보아야 할 것은, 기독교 근본주의가 근대주의에 대한 저항에서 생겨나고, 이슬람 근본주의가 구미 세속국가의 팽창주의적 흐름에 대한 저항에서 비롯되었듯이, 근본주의의 자기확장은 근대 이후 다양해진 사회 시스템들의 자기확장 과정과 맞물려 강화된다는 사실이다.

근본주의만이 아니라 다양한 사회체계들도 스스로를 확장해나간다. 루만(Niklas Luhmann)에 의하면 경제, 정치, 법, 학문, 대중매체, 예술, 종교 등 다양한 영역들은 서로가 서로에게 일종의 환경으로 작용하며 자신의 정체성을 유지하면서 스스로를 확장시켜간다. 다양한 영역 또는 체계들은 한편에서는 독립적인 기능들을 하지만, 그렇다고 해서 완전히 수평적이거나 평등한 관계에 있지는 않다. 기능적으로는 구분되면서도 이전의 통합적 사회의 연장선 속에서 불평등한 관계 속에 놓인다. 그러한 불평등성을 극복하는 과정에 이 체계들은 나름대로의 프로그램들을 만들어 스스

로의 기능을 지속적으로 확장해나간다.[33]

루만에 의하면 '지구화(globalization)' 현상도 기능적으로 분화된 사회체계들이 지역적으로 한정되지 않고 '구조적 연계(structural coupling)'를 통해 가능한 영역과 관계 맺고 확대되는 과정의 산물이다. 매스 미디어가 급속도로 발전하면서 서구식 자본주의 체제를 중심으로 긴밀히 재편되며, 학문, 종교, 예술 등은 물론 특히 경제가 기존 국가라는 형식의 장벽과 경계를 넘어 세계적 보편성, 즉 '지구성(globality)'을 획득해가는 현상이 지구화다. 지구화는 여러 사회체계들이 '구조적 연계'를 통해 자기생산을 지속 및 확대하면서 더욱 구조적 복합성을 증진시켜가는 과정이다.

이때 지구화 현상이 정치적 제국주의와 만나면 '지구주의(globalism)'로 변모할 가능성이 크다. 실제로 전체주의적 획일성이 다양성을 상위에서 포섭하며 세계를 획일적으로 지배할 가능성은 상존한다. 신자유주의 내지 네그리가 '제국'이라고 말한 자본주의적 흐름은 '지구성'을 넘어 '지구주의'의 위험성을 단적으로 보여주는 사례다. 지구주의는 상대에 대한 자신의 영향력을 마치 거대한 우산 아래 포섭하듯 확대시키려는 경향이다.[34]

---

**33** 루만에 의하면, 가령 '법'은 합법/불법의 이원적 코드(binary code)에 근거해 작동하면서, 헌법, 실정법, 규칙 등 다양한 프로그램들을 만들고, 스스로 지구적 보편성을 획득하려고 한다. '학문'은 진리/허위의 코드에 기초해 이론, 방법론, 실험 등의 프로그램을 통해 지구적 보편성을 확보하려고 한다. 이들 체계의 '자기생산적' 또는 '자기확대적' 상호작용은 더 큰 범주의 '소통(communication)'을 통해 상위적 질서를 생산해내는데, 그것이 '사회'라는 것이 루만의 입장이다. 그에 의하면, 사회는 소통을 통해 구성되며, 인간은 소통의 환경을 구성한다. 인간이 소통의 주체라기보다는 소통이 스스로의 원리에 따라 하나의 체계를 이루어간다는 것이다. 사회학자로서의 면모가 물씬 풍기는 분석이다. 사회가 관찰의 대상이 되는 것을 넘어 사실상 관찰의 주체로서의 기능을 하고 있는 셈이다.

**34** 물론 하위 사회체계 내지 그 구성원들을 강제로 동원해 지구주의를 확대하는 것은 아니다. 지구주의는 구성원들의 자발성이라는 이름으로 형성되기에 일반적인 의미의 폭력으로 느껴지지는 않는다. 지구주의의 폭력성은 '탈폭력적 폭력(de-violent violence)'의 구조를 띤다.

이러한 경향성을 우리의 주제와 연결 지으면, '지구성'은 결여하고 있으면서도, '지구주의'의 자세를 견지하는 전형적인 흐름이 근본주의라고 할 수 있다. 여러 체계들이 상호 중첩적으로 자기를 확대해가는 지구화 과정 속에서 근본주의도 복잡한 양상으로 확대되어가는 중이다. 하지만 이미 보았듯이, 근본주의는 자기 팽창의 길에 담긴 폭력성을 근본에 대한 신념으로 쉽게 가려버린다. 사회는 지구화 과정 속에서 다양한 영역을 경험하도록 복잡하게 프로그램화 되어가고 있지만, 근본주의는 타자로의 영향력을 외면한 채, 사적이고 제한적인 영역을 공적이고 보편적인 영역으로 확장시킨다. 타자의 영향력을 외면하는 과정에 폭력이 발생하는 것이다.

## 2) 보편주의와 세계시민주의

벡(Ulrich Beck)도 지구화 현상 속에 담긴 '지구성'과 '지구주의'를 구분하며, 지구주의의 위험성을 경계한다. 그는 지구화 과정 속에서 등장하는 보편적 확장주의, 즉 지구주의의 한 사례로 종교근본주의를 거론한다. 종교근본주의는 기존의 위계에 매이지 않는다는 점에서 탈경계적이면서 동시에 자기식 경계의 일방적 확장을 시도하는 보편주의다. 벡에게 종교적 보편주의와 종교적 근본주의는 같은 개념이 된다.

종교적 보편주의는 기존에 존재하는 위계를 극복하겠다고 약속하기 때

---

폭력은 현존하지만 그 폭력을 당하는 이가 자유 내지 자발성의 이름으로 감내하기에 폭력의 가해자가 실종되고 극복해야 할 폭력이 베일에 가려지는 사태가 '탈폭력적 폭력'이다. 지구주의는 '탈폭력적 폭력'을 추동하고 강화한다. '탈폭력적 폭력'의 개념에 대해서는 이 책의 제3장 참조.

문에 구조적 관용의 특성을 보이지만, 동시에 불신자는 악마로 만들기 때문에 종교와 종교 사이에 새로운 무덤을 판다. 그리고 무한정 잠재된 폭력으로 그 무덤 주위에 포진한다. 이런 점에서 종교적 보편주의 역시 여타 보편주의와 마찬가지로 구조적 불관용성의 특성 또한 갖는다.[35]

보편주의자는 자기중심적 확장을 시도한다는 점에서 비관용적이다. 종교근본주의자들이 자신의 입장을 세계화시키려 시도할 때도 비슷한 양상을 띤다. 근본주의자들은 자기만의 근본을 견지하며 자신과의 차이를 외면하거나 다름을 견디지 못한다. 차이를 견디는 데서 오는 아픔을 참지 못한다. 타자의 생명보다 자기주장을 우선할 만큼 비타협적 신념이 강력하다. 한 아이를 두고 서로 자기의 아이라 여기는 두 여자 가운데 아이의 희생을 감수하고서라도 자기주장을 관철하려는 여자가 아닌, 아이의 희생을 막고자 자기주장을 포기하는 여자를 솔로몬이 아이의 진짜 엄마로 인정했다는 이야기(『열왕기상』 3,16-28)에서처럼, 폭력적 근본주의는 자기주장을 위해 타자의 희생을 정당화한다면, 진짜 엄마는 아이에 대한 사랑 때문에 아이를 포기한다. 지라르는 여기서 두 종류의 희생, 즉 폭력으로서의 희생과 사랑으로서의 희생은 서로 거울을 비추듯 같은 구조를 하고 있다면서도 사실상 구분한다.[36] 첫 번째 희생에서 두 번째 희생으로 넘어가는 과정에서 그리스도의 희생을 보기도 한다.

우리의 주제와 연결 짓자면, 차이를 거부하는 근본주의에서 차이를 견디는 데서 오는 아픔을 인내할 수 있어야 한다는 것이다. "아프기 싫어서

---

**35** 울리히 벡, 『자기만의 신』, 홍찬숙 옮김(길, 2013), 103쪽.
**36** 르네 지라르, 『그를 통해 스캔들이 왔다』, 김진식 옮김(문학과지성사, 2007), 76-79쪽.

도망"가지 말고, 아픔을 인내하는 데서 근본주의는 극복되기 시작한다. 아픔을 참아낼 수 있는 '근본'을 재정립해야 하는 것이다. 그러면서 벡은 "오늘날 우리에게 놓인 과제는 타자와 낯섦을 참고 견디는 인내를 정치적 덕목으로 삼아 실행하는 것"이라는 캄파우스의 말로 이어간다. "인내 없이는 종교의 평화도, 법의 평화도 존재하지 않는다"[37]고 보기 때문이다.

이때의 인내는 무작정 참음이 아니라, 타자의 인정과 수용을 의미한다. 이런 맥락에서 벡은 세계정복적 '보편주의'를 극복의 대상으로 삼으며 '세계시민주의'를 대안으로 제시한다. 세계시민주의는 사고방식과 공존, 행위를 통해 '다름'을 인정하는 자세다. 종교적 다름의 인정이 종교적 세계시민주의의 핵심인 것이다. "종교적 세계시민주의는 사고방식과 공존, 행위를 통해서 종교적 다름을 인정하는 것이다. 거기서는 종교적 다름을 인정하는 것이 원칙이다. 이 점에서 종교적 세계시민주의는 보편주의와 구별된다." 종교적 세계시민주의에서는 "종교적 타자를 특수한 동시에 보편적이고, 다른 동시에 동일한 권리를 갖는 존재로 인식한다."[38] 세계 종교가 갖는 유일성의 가치를 간과하고 훼손하는 보편주의와는 달리, 세계시민주의는 차이의 가치와 부담까지도 모두 강조한다.[39]

### 3) 종교적 공통분모의 두 차원

이렇게 종교는 자기중심적 보편주의로 작용할 수도 있고, 타자수용적 세계시민주의로 나아갈 수도 있다. 근본주의는 종교 안에 필연적으로 내

---

**37** 같은 책, 106쪽에서 인용.
**38** 같은 책, 103쪽.
**39** 같은 책, 215-216쪽.

장되어 있는 성향이기도 하지만, 종교적 세계시민주의 역시 종교가 지향하는 바이기도 하다. 실제로 종교는 세계시민주의에 공헌하기도 한다. 종교는 본성상 근대 국민국가의 틀을 넘어서 있으며, 세계시민 정치화가 지구화의 내용이 되도록 추동하는 데 종교가 일정한 역할을 담당할 가능성도 적지 않다.

그렇다면 희생의 양상을 구분했듯이, 종교에 대한 이해도 두 차원에서 구분해야 한다. 똑같이 '종교'라는 말을 쓰더라도, 경계적으로 사물화되고 제도적으로 제한된 종교와 초월적 또는 탈경계적 신앙에 의해 지지되고 개방된 종교를 구분해야 한다는 말이다. 똑같이 '초월'이라는 말을 쓰더라도, 자신이 독점하고 있는 듯한 공간적 초월성이라는 것과, 인식의 겸손함과 타자에 대한 개방성을 담보한 초월성을 구분해야 한다는 뜻이기도 하다. 전자의 입장을 지니면, 근본주의적 보편주의에 함몰될 가능성이 커지지만, 후자의 입장을 지니면 벡이 말하는 세계시민적 종교성이 확보된다. 이런 맥락에서 벡은 내장되어 있는 폭력성을 또 다른 내장적 초월성으로 극복해낼 때 종교적 다원성도 살아나고 세계시민성도 보장된다고 본다.[40]

벡에 의하면, 종교적 보편주의와 세계시민주의의 경계에 자신과 타자 사이에 '공통분모'를 설정해 자신 안으로 흡수하느냐 아니냐가 놓여 있다. 보편주의가 자기중심적 공통분모를 내세워 타자를 흡수하고 자기 세력을 키우려는 데 비해, 세계시민주의는 공통분모를 전제하지 않고 타자를 있는 그대로 수용하려 한다는 것이다. 실제로 공통분모가 전체주의 내지 보편주의의 근거로 작용할 현실적 가능성은 적지 않다. 그런 점에서 타자를 자기중심적으로 흡수하려는 근거로서의 공통분모는 분명히 극복의 대상이다.

---

**40** 같은 책, 143-146쪽 참조.

그렇다고 해서, 즉 공통분모를 제거한다고 해서 바로 타자를 수용할수 있게 되는 것은 아니다. 반면 공통분모를 전제한다고 해서 바로 '다름'을 '부정'하게 되는 것도 아니다. 공통분모에도 다름을 '부정'하는 공통분모와 '긍정'하는 공통분모가 있기 때문이다. 실제로 세계의 오랜 종교적 지혜에서는 다름을 '긍정'하기 위한 공통분모를 전제해왔다. 주요 종교 전통들은 다름을 인정하는 형이상학적 장치를 지니고 있다. 가령 만물은 하느님의 귀한 피조물이기에 차별을 두어서는 안 된다는 기독교의 지혜(『요한복음』1, 3; 『마태복음』 5, 45), "살아 있는 것들에는 모두 불성이 있다(一切衆生悉有佛性, 『열반경』)"는 불교의 지혜, 사람은 남녀노소 가릴 것 없이 모두 "하늘을 모시고 있는(侍天主, 『동경대전』)" "하늘과 같은[人乃天]" 존재라는 동학의 지혜는, 일방적 보편주의의 증거가 아니다. 유대-기독교의 신과 자신들의 신을 동일성 내지 연속성 차원에서 파악하던 초기 이슬람의 입장도 마찬가지다. 알라는 한 분이기에 다른 종교의 이름으로 숭배되는 그곳에서도 알라는 존재할 수밖에 없다고 파악했던 것이 본래 이슬람의 '우쑬리야(근본)'다. 이런 것들은 '다름'을 인정하도록 설정된 공통분모, 즉 형이상학적 전제들이다. 공통분모에도 타자수용을 위한 공통분모가 있을 수 있으며, 이런 공통분모는 논리적으로도 필요하다는 말이다.

이러한 공통분모는 종교적 세계시민주의의 출발점도 될 수 있다. 그리고 이런 공통분모를 적극 소화하면, 에리히 프롬이 말한 '인간주의적 종교'로 귀결된다. '권위주의적 종교'와는 달리 '인간주의적 종교'는 자신의 한계와 가능성에 대한 진리를 인식하고, 자신뿐만 아니라 이웃을 향한 사랑의 힘을 발전시키려 한다.[41] 이러한 인간주의적 종교라는 것이 현실적이기보다는 이상적 기대치에 가깝기는 하지만, 다양성을 끌어안으려는 종교의 형이상학적 장치(공통분모)를 단순히 불관용이나 폭력으로 비판할 수는 없다는 사실을 잘 보여준다. 다름을 다름 그대로 감내하는 세계시민주의가 논리적 정당성을 확보할 수 있기 위해서라도 폐쇄적이지 않은 공통분모가 요청된다.

## 5. 형용사적 종교관과 근본적 근본주의

### 1) 명사적 보편주의와 형용사적 세계시민주의

이와 함께 종교사학자 스미스(Wilfred Cantwell Smith)가 강조한 바 있듯이, 종교를 하나의 폐쇄적 조직이나 집단으로 보기보다는 인간의 내면적 자질에 초점을 두고 대할 필요도 있다. 스미스는 종교들을 '명사'로서가 아닌, '형용사적'으로 보자는 제안을 한다. '불교', '기독교', '이슬람교'와 같은 명사적 표현보다는 '불교적', '기독교적', '이슬람적' 등의 형용사적 표현을 중시하자는 것이다. '종교'라는 것이 그 어원에서부터 타자에 대해 폐쇄적인 '명사적' 집단이 아니라, 타자와 관계 맺고 그에 개방적인 '형용사적' 실재이며, 이 형용사성이 종교의 핵심이라 보기 때문이다. 명사 경계가 분명한 데 비해, 형용사는 경계가 느슨해서 외부와 소통 가능성이 넓듯이, '불교적인' 것은 불교 안에 있으면서도 불교 안에만 갇히지 않고, '기독교적인' 것 역시 기독교 안에 있으면서 기독교 안에만 제한되지 않으리라 보기 때

---

**41** 프롬이 말하는 '권위주의적 종교'에서는 "인간은 자신이 가지고 있는 최상을 신에게 투사하고 이로써 자신은 가난케 한다. 이제 신은 모든 사랑, 모든 지혜, 모든 정의를 갖게 되고 인간은 이러한 것들을 박탈당해서 공허하고 가난하게 된다." 에리히 프롬, 『종교와 정신분석』, 이재기 옮김(두영, 1993), 50쪽.

문이다.[42] 그에 의하면, 이 형용사성이 종교의 핵심이다.

이것은 종교현상의 역사를 살펴보면, 비교적 자연스럽게 내릴 수 있는 결론이기도 하다. 가령 종교는 정치 시스템과도 연결되며 자본주의와 같은 경제적 흐름과도 연결된다. 종교는 민주주의를 공유하고, 오랜 역사와 전통도 공유한다. 한국인은 기독교인조차도 사회적 차원에서는 유교적이기도 하고, 문화적 또는 철학적 차원에서는 불교적이기도 하며, 종교성에서는 무속적이기도 하다.[43] 종교인은 한 사회의 시민이기도 하고, 자본주의 체제의 구성원이기도 하며, 엄마·아빠·딸·아들 등 가족의 구성원이기도 하다. 종교인의 삶은 '종교'라는 수식어와 관계없이 특정 경계를 지닌 제도 안에 갇히지 않는다. 종교는 복합적인 현상인 것이다.

이것은 종교를 특정 시점에 눈으로 관찰할 수 있는 교리체계 같은 것만으로는 설명할 수 없다는 뜻이기도 하다. '종교'라고 불릴 만한, 사회와 분리된 현상은 없으며, 그 안에만 갇혀 사는 인간도 없다. 종교는, 근대주의자들이 흔히 상상하는 것처럼, 특정 제도나 주어진 교리 안에 갇힌 정적인 실체가 아니다. 사회현상이 그렇듯이, 종교현상도 대단히 복잡하다. 아울러 비종교인도 자신도 모르는 사이에 종교적 가치를 공유하며 살아간다. 적어도 인간이 현재에 대한 문제의식을 가지고 현재적 지평을 넘어서려 시도하는 한, 인간은 피치 못하게 '종교적'이다. 한 종교 전통 안에 있으면서도 다른 종교적 가치도 동시에 살아가고 있다는 현실, 비종교인도 종교적 가치를 공유한다는 사실에 눈 뜨고 그것을 인정할 때, 세계시민주의적 자

---

**42** 윌프레드 캔트웰 스미스, 『종교의 의미와 목적』, 길희성 옮김(분도출판사, 1991)에서 '종교' 개념에 대한 이해의 변천사를 정리하며 종교의 형용사적 이해를 도모한다.

**43** 이찬수, 「문(文)-화(化), 그리고 '적(的)의 논리': 한국에서 문화적 다양성을 수용하는 그리스도교적 논리」, 《종교연구》 제59집(한국종교학회, 2010년 여름), 17-40쪽 참조.

세를 좀 더 치밀하게 확보할 수 있게 되는 것이다. 그리고 종교를 세계시민주의에 공헌할 가능성을 지닌 지구적인 행위자로도 볼 수 있게 된다.

세계시민정치화 개념의 핵심은 지구/동네, 국내/국제라는 이중성을 해체하고 그런 이중적 실체를 서로 융합해서 경험적으로 분석 가능한 새로운 형태들로 제시한다는 데에 있다. 달리 말하면 세계시민정치화는 어떤 특수한 경계의 혼합, 경계의 소멸, 경계의 설정을 의미하는데, 이러한 현상은 애초부터 (세계)종교에 고유하게 내재된 것이었다.[44]

물론 이미 본 대로 하나의 제도로서의 종교는 세례를 받거나 특정 교리를 요구한다는 점에서 자기중심적 경계를 일방적으로 재설정하는 폭력성도 동시에 지닌다. 종교근본주의도 이러한 입장을 부각시키면서 성립되는 현상이다. 그러면서도 세계시민정치화를 촉진하는 기능을 하기도 한다. 종교는 기존의 경계를 극복하면서 다시 경계를 세우는, 그런 의미의 관용과 폭력 사이를 오가는 양면성이 있는 것이다. 이것은 '세계시민주의적 종교'로 '보편주의적 종교'를 극복해야 한다는 요청으로 이어진다. 이를 위해 벡은 "인간 및 문화 사이의 경계를 해소하고 동시에 새롭게 구성하는 일이 어떻게 개인과 사회에 가능한가를 찾아내는 것이 종교사회학의 핵심"이라며, 형용사적 종교성과 관련된 상상을 진지하게 요청한다.[45]

---

**44** 올리히 벡, 앞의 책, 101쪽.
**45** 같은 책, 81쪽 및 76-78쪽 참조.

## 2) 강자의 언어, 관용을 넘어

"인간 및 문화 사이의 경계를 해소하고 동시에 새롭게 구성하는 일이 어떻게 개인과 사회에 가능한가" 하는 문제의식에 대해서는 여러 각도에서 고찰해볼 수 있을 것이다. 이와 관련하여 세계시민주의의 관용, 타자 존중의 자세가 요청된다는 점은 앞에서도 말한 바 있다. 이러한 자세는 한편에서는 지당하다. 하지만 이때 지젝이 경계하며 비판한 대로 "그 존중 속에 선심을 쓰는 척할 뿐, 실제로는 더 인종주의적인 것이 담겨 있다는 사실이 은폐되어 있음"[46]은 아닌지에 대한 비판적 의식도 지녀야 한다. 그런 관용은 사실상 폭력의 다른 이름일 수 있기 때문이다.

관용마저 강자의 언어일 수 있다. 가령 이슬람 근본주의자들의 '테러'에 대해 미국의 부시가 "이슬람은 평화를 사랑하는 위대한 종교이며 단지 근본주의자들에 의해 악용당하고 있을 뿐"이라고 연설한 적이 있는데, 지젝은 그 연설이 "잠재되어 있는 인종주의와 유럽중심적 문화제국주의를 은폐해버린다"고 판단한다.[47] 관용적 제스처마저 근본주의자를 열등시하는 인종주의적 우월감의 표현일 가능성이 있다는 것이다. 지젝의 이런 비판은 한편에서 옳다. 근본주의가 발생하게 되는 근본적 상황을 감추거나 은폐시키는 위선적 관용은 근본주의만큼이나 자기우월적 구조에서 나온 폭력의 다른 얼굴일 수 있기 때문이다.

그렇다고 해서 근본주의를 내세운 물리적 폭력이 정당화된다는 뜻은 더욱 아니다. 그 폭력에 담긴 배타, 증오, 두려움, 자기애(나르시시즘)를 극복

---

**46** 슬라보예 지젝, 앞의 책, 165쪽.
**47** 같은 책, 166쪽.

할 수 있는 길을 열어놓는 작업은 필수적이다. 이러한 작업은 좁게는 근본주의자 개인이, 넓게는 종교인 개인의 판단이 올바르게 자리매김할 수 있도록, 진지한 문제의식을 지닌 이들이 성찰의 기회와 건강한 판단의 자료를 제공하면서 진행될 도리밖에 없다. 종교와 관련된 문제는 외부에서 제도를 바꾼다고 해결할 수 있을 성질의 것이 아니기 때문이다. 그렇다면 도대체 근본주의자가 재해석해내야 할 그 '근본'이라는 것은 무엇인지 다시물어야 한다. 근본주의자들이 전제했던 불변의 초자연적 실재나 문자화된 도그마 같은 것의 개념을 그 속에서 뒤집어내어 근본이라 불리던 것들(the fundamentals)의 근본을 다시 드러내면서 형용사적 세계시민주의의 가능성을 구체화시켜야 하는 것이다.

### 3) 인식의 근본에 대한 탐색, 근본적 근본주의

사태의 시원, 현상의 원천, 인식의 근본에 도달하려는 현상학자 후설(Edmund Husserl)은 인식의 명증성을 확보하기 위한 방법론의 하나로 '판단중지(epoche)'를 요청한 바 있다. 이때의 '판단중지'는 단순히 인식의 멈춤도 아니고 불변의 전제에 대한 비타협적 고집도 아니다. 후설은 말한다.

만일 인식비판이 어떠한 것도 미리 주어진 것으로서 전제해서는 안 된다고 한다면, 그것은 다른 곳에서 아무런 검증도 없이 받아들인 것이 아니라, 오히려 그 스스로 제기하고 최초의 것으로 정립한 인식, 그것이 어떤 종교의 것이든 그런 인식으로부터 출발해야 한다.[48]

진지한 검증 없이 쉽게 차용한 전제가 아니라, 그 스스로 정말 최초의 것으로 정립한 인식이야말로 근본이라는 것이다. 현상학이 "근본적인 것에 관한 학문(Wissenschaft vom Radikalen)"인 이유도 여기에 있다. 그렇다면 남들에게서 들었던 어떤 가정과 자기식의 선입견이 아닌, "스스로 반성적으로 성찰한 그 최초의 인식에서 출발"할 때 근본주의도 정말 근본주의가 될 수 있다는 것이다.[49] 이른바 근본주의의 출발점에 대한 철저한 반성적 인식만이 근본주의를 정말 근본주의답게 해준다는 것이다.

프롬도 인간의 지적 능력이 감정에 비해 훨씬 발달하면서 인간이 기술적으로는 조숙(早熟)했지만 감정적으로는 상대적으로 퇴보하게 되었다고 분석한다. 그러면서 이들 사이의 괴리를 극복하는 길은 "우리 사회생활에서 가장 본질적인 사실들에 대한 인식을 강화하는 것"이라고 제안한다. "그 인식이 우리가 돌이킬 수 없는 어리석은 짓을 저지르는 것을 막아주고 객관성과 이성을 유지할 수 있는 능력을 조금이나마 높여준다"고 보기 때문이다.[50]

이슬람의 일부 세력이 미국적 제국주의에 대항하며 이분법적 근본주의를 강화해가는 세태가 정말 이슬람 '근본적인' 것인지, 기독교가 초자연성을 전제한 도그마를 일체 판단의 근거로 삼는 행위가 정말 기독교 '근본적인' 것인지 다시 물어야 한다는 말이다. 자신의 인식이 절대적이라는 인식을 재인식해야 한다는 성찰적 담론을 형성해가야 한다는 뜻이기도 하다. 진리라는 것은 '대화적'이고 '관계적'인 것일 수밖에 없다는 인식, 저마다

**48** 에드문트 후설, 『현상학의 이념—엄밀한 학으로서의 철학』, 이종훈 옮김(서광사, 1988), 82–83쪽.
**49** 김대식, 「현상학을 통한 '근본주의'에 대한 보다 더 '근본'적인 사유」, 이찬수 외, 앞의 책 (2011), 151쪽.
**50** 에리히 프롬, 『자유로부터의 도피』, 김석희 옮김(휴머니스트, 2012), 12–13쪽.

의 신념은 타자에 대한 긍정, 개성의 존중, 자유의 인정이라는 그물 안에서만 타당해진다는 사실을 '최상의[宗]' '가르침[教]', 즉 종교의 '근본(the fundamentals)'으로 삼아야 하는 것이다.

이 근본을 기독교적 언어로 번역하면, '신이 하나'라는 사실을 단순한 숫자적 '하나'가 아닌, '신은 모든 곳에 계시는 분'이라는 차원에서 이해할 줄 아는 자세라고 할 수 있다. "우리의 하느님은 야훼시다. 야훼 한 분뿐이시다"(『신명기』 6, 4)라는 성서의 택일신론적(henotheism) 신관을 "모든 것은 그분에게서 나오고 그분으로 말미암고 그분을 위하여 있다"(『로마서』 11, 36)는 범재신론적(panentheism) 차원에서 조화시키며 알아듣는 자세로 전환하는 것이다.[51] 다른 종교나 세속적 무신론자에게서도 신을 볼 줄 알아야 하고, 유대-기독교인을 '책의 백성들'이라며 존중할 줄 알았던 초기 이슬람의 '세계시민적' 자세를 회복해내는 일이기도 하다.

이럴 때 자기중심적, 타자부정적 근본주의가 근본적으로 뒤집어지고, '근본적 근본주의(fundamental fundamentalism)'가 자리 잡는다. 근본으로 여겨지던 것에 대한 360° 뒤집기를 통해 기존의 폐쇄된 불변의 전제가 해소되고, 다양성을 포섭하는 새로운 전제가 성립된다. 대승불교적 언어를 쓰자면, 자신이 뒤집어진 곳에서 기존의 자신이 사라지고[無我] 새로운 자신이 형성[眞我]되는 것과도 같다. 자기중심적 공통분모가 사라지는 곳에서 타자수용적 공통분모가 구체화되는 것이기도 하다. 그곳에서는 모두가 중심이 된다. 모든 것에서 중심을 보고, 모두가 유일성을 지닌 주인임을 긍정하게 된다. 자기중심적 근본주의가 뒤집어지는 곳에서 이른바 '근본적 근본주의'가 성립되는 것이다. 자기우월적 주체의 해체를 통해 자기 자

---

**51** 이찬수, 앞의 책(2014), 282-294쪽 참조.

신의 고유성과 타자 수용성을 확보해야만 '근본'을 살려내고 살아낼 수 있는 것이다. 여기가 문자적 근본주의를 벗어나 '근본적 근본주의'가 도달해야 할 지점이다. 폭력을 정당화시키는 일방적 보편주의가 아니라, 평화적 세계시민주의를 가능하게 해주는 근원적인 지점이다. 근본주의의 근본을 360° 전복시킨 근본적 근본주의 담론을 형성해나가야 할 때다.

# 참고문헌

**국문**

공진성, 『폭력』, 책세상, 2009.

데이빗 비일, 『근본주의의 역사』, 김효성 옮김, 기독교문서선교회, 1994.

데이비슨 뢰어, 『아메리카, 파시즘 그리고 하나님』, 정연복 옮김, 산티, 2007.

르네 지라르, 『폭력과 성스러움』, 김진식 외 옮김, 민음사, 2000.

르네 지라르, 『그를 통해 스캔들이 왔다』, 김진식 옮김, 문학과지성사, 2007.

막스 베버, 『직업으로서의 정치』, 전성우 옮김, 나남, 2007.

말콤 워터스, 『세계화란 무엇인가』, 이기철 옮김, 현대미학사, 1998.

발터 벤야민, 「폭력 비판을 위하여」, 최성만 옮김, 『역사의 개념에 대하여 외(발터 벤야민 선집5)』, 길, 2008.

배덕만, 『한국 개신교 근본주의』, 대장간, 2010.

브루스 링컨, 『거룩한 테러』, 김윤성 옮김, 돌베개, 2005.

슬라보예 지젝, 『폭력이란 무엇인가』, 이현우 외 옮김, 난장이, 2011.

안또니오 네그리, 『다중과 제국』, 정남영 외 옮김, 갈무리, 2011.

에드문트 후설, 『현상학의 이념: 엄밀한 학으로서의 철학』, 이종훈 옮김, 서광사, 1988.

에리히 프롬, 『종교와 정신분석』, 이재기 옮김, 두영, 1993.

에리히 프롬, 『자유로부터의 도피』, 김석희 옮김, 휴머니스트, 2012.

울리히 벡, 『자기만의 신』, 홍찬숙 옮김, 길, 2013.

윌프레드 캔트웰 스미스, 『종교의 의미와 목적』, 길희성 옮김, 분도출판사, 1991.

이경재, 「근본주의의 철학적/정신분석학적 성찰」, 《신학과 세계》 제59호, 감리교신학대학교, 2007년 여름.

이찬수 외, 『종교근본주의: 비판과 대안』, 모시는사람들, 2011.

이찬수, 『유일신론의 종말, 이제는 범재신론이다』, 동연, 2014.

이찬수, 「문(文)-화(化), 그리고 '적(的)의 논리': 한국에서 문화적 다양성을 수용하는 그리스도교적 논리」, 《종교연구》 제59집, 한국종교학회, 2010년 여름.

임희숙, 『기독교 근본주의와 교육』, 동연, 2010.

장석만, 「신자유주의와 종교의 위치」, 한국종교문화연구소, 『신자유주의 사회의 종교를 묻는다』, 청년사, 2011.

존 티한, 『신의 이름으로: 종교 폭력의 진화적 기원』, 박희태 옮김, 이음, 2011.

최대광, 「기독교 근본주의를 넘어서: 미국과 한국의 기독교 근본주의에 대한 비판적 성찰과 교육적 대안」, 《종교교육학연구》 제29권, 한국종교교육학회, 2009.

피터 버거 엮음, 『세속화냐 탈세속화냐―종교의 부흥과 세계 정치』, 김덕영 외 옮김, 대한기독교서회, 2002.

Niels C. Nielsen Jr., 『종교근본주의, 무엇이 문제인가』, 한귀란 옮김, 글로벌콘텐츠, 2012.

## 영문

Ammerman, Nancy Tatom, *Bible Believers: Fundamentalists in the Modern World*, New Jersey: Rutgers University Press, 1987.

Aubert, Roger, "Modernism," eds. Karl Rahner et al., *Sacramentum Mundi: An Encyclopedia of Theology*, Vol. 2, London: Burns and Oates, 1968~1970.

Euben, Roxanne, *Enemy in the Mirror: Islamic Fundamentalism and the Limits of Modern Rationalism*, Princeton: Princeton University Press, 1999.

Juergensmeyer, Mark, *Terror in the Mind of God: The Global Rise of Religious Violence*, Berkeley·L.A.: University of California Press, 2001.

Lawrence, Bruce, *Defenders of God: The Fundamentalist Revolt against the Modern Age*, Columbia: University of South Carolina Press, 1995.

Madan, T. N., "Fundamentalism and the Sikh Religious Tradition," eds. Martin E. Marty·R. Scott Appleby, *Funda Observed*, Chicago: University of Chicago Press, 1991.

Marty, Martin E.·Appleby R. Scott, *Fundamentalism and the State*, Chicago: University of Chicago Press, 1993.

Pfuertner, S. H., *Fundamentalismus: Die Flucht ins Radikale*, Freiburg: Herder, 1991.

Riesebrodt, Martin, *Pious Passions: The Emergence of Modern Fundamentalism in the United States and Iran*, Berkeley: University of California Press, 1993.

Young-suck Moon, "Human Security and Religion: Fundamentalism and Sanctified Violence," *OUGHTOPIA: The Journal of Social Paradigm Studies*, Vol. 25, No. 2, 2010.

2

폭력의 현상들

# 5장

# 테러(리즘):
# 폭력의 경제와 타락

공진성

## 1. 머리말

2015년 1월 7일, 프랑스 파리에서 충격 사건이 발생했다. 두 명의 남성이 풍자 잡지 《주간 샤를리》의 본사에 침입하여 총기를 난사한 것이다. 이 사건으로 인해 열두 명이 목숨을 잃었다. 얼마 후에 경찰은 이 사건의 배후에 2001년 미국에서 '9·11 테러'를 일으킨 알카에다와 최근에 언론의 집중적인 조명을 받고 있는 이라크와 시리아의 무장세력 '이슬람국가(IS)'가 있었다고 밝혔다. 언론을 통해 보도된 바에 의하면 이 충격 사건의 직접적인 원인은 그동안 이 잡지가 만평을 통해 이슬람과 그 예언자 무함마드를 조롱해온 데 있었다. 이 잡지사에 대한 공격을 프랑스와 유럽의 언론에 대한 '테러' 공격으로 인식한 서유럽 인들은 "내가 샤를리이다"라고 적힌 팻말과 함께 언론의 자유를 상징하는 펜을 들어 올리며 폭력을 이용한 '위협'

에 굴복할 수 없음을 선언했다. 《주간 샤를리》는 이 사건 후에 발간한 첫 번째 잡지의 표지에 호기롭게 또 한번 무함마드를 등장시킴으로써 '테러'가 성공하지 못했음을 알렸다.

그런데 이 '테러' 공격이 성공하지 못한 이유는 무엇일까? 공격이 어설 프고 약했기 때문일까? 공격의 대상이 된 《주간 샤를리》가 상징성이나 대 표성을 지니지 않았기 때문일까? 아니면, 프랑스 인들의 풍자와 표현의 자 유에 대한 의지가 그 정도의 위협은 쉽게 무시할 수 있을 정도로 강력하기 때문일까? 또는 프랑스의 경찰력이 막강해 추가적인 공격을 사전에 감지 해 적발할 것이라고 사람들이 확신하기 때문일까?

얼마 후, 2월 14일에 이번에는 덴마크에서 유사한 총격 사건이 벌어 졌다. 이번에도 공격 대상은 무함마드를 개로 묘사한 만평가였던 것으로 알려졌다. 만평가는 다행히 목숨을 건졌지만, 이 사건으로 인해 오히려 무 고한 시민 한 명과 경찰관 세 명이 숨졌다.

이슬람에 대한 풍자와 그에 대한 보복 예고 및 시도들은 서유럽에서 지 난 몇십 년 동안 반복되어왔다. 여러 차례의 테러가 이루어졌지만, 여전히 그 테러의 원인으로 지목되는 일종의 도발 행위들이 통제되지 않고 반복 되는 이유는 무엇일까? 테러가 성공하지 못하는 이유는 무엇일까? '표현 의 자유'가 사람에게 목숨보다도 소중한 것이기 때문일까? 아니면, 앞에서 언급한 것처럼, 테러 공격이 충분히 강력하지 않았기 때문일까? 여러 가지 이유들이 있겠지만, 나는 이 글에서 테러 자체의 고유한 논리가 지닌 한계 를 제시하고자 한다. 그리고 이때 '테러'를 비국가행위자에 의한 것으로 국 한하여 이해하지 않고, 그 행위 주체와 무관하게, 폭력 사용의 특수한 방 식으로 이해하고자 한다. 그럴 때에 사회과학적으로 훨씬 더 의미 있는 결

론을 도출할 수 있다고 생각한다.[1]

이를 위해 이어지는 장에서 나는 먼저 폭력 사용의 특수한 양태로서의 '테러'에 대해 간략히 설명할 것이다. 그리고 그것이 일종의 폭력의 경제적 사용임을 주장할 것이다. 이로써 국가 역시, '국가 테러리즘'이라는 부정적 판단이 섞인 표현과 무관하게, 테러의 주체가 될 수 있음이 암시될 것이다. 다음으로, 권력과 폭력의 관계에 대해 살펴볼 것이다. 그럼으로써 한편으로는 국가권력 역시 일종의 수사적 의미에서 '테러'의 주체가 될 수 있지만, 그 테러는 권력에 의해 흔히 범죄로 규정되는 테러와 달리 '사용되어서는 안 되는' 방식으로만 사용되며, 사용되는 순간에 이미 권력은 타락하기 시작함을 주장할 것이다. 그리고 이어서, 정치적 폭력으로서의 테러가 가지는 이런 고유한 딜레마에 대해 설명할 것이다. 마지막으로, 그 딜레마 때문에 정치적 수단으로서의 폭력이, 지배를 위한 것이건 저항을 위한 것이건 간에, 절제 없는 폭력, 벌거벗은 폭력, 곧 파괴와 고통을 확산하고 증가시키는 테러리즘으로 치닫게 될 위험을 내포하고 있음을 주장할 것이다.

---

1  현대의 테러리즘 연구는 대개 그것을 비국가행위자에 의한 것으로 규정한다. 이는 '테러'라는 용어를 낳은 프랑스 대혁명 이후의 이른바 '테러 레짐'을 포괄하지 못하고, 20세기의 권위주의 및 전체주의 국가에서 나타난 정부에 의한 테러를 설명하지 않는다. 이 글은 역사적 포괄성과 폭력현상에 대한 객관적 이해를 위해 그 행위자의 법적 지위와 무관하게 이 개념을 사용하고자 한다.

## 2. 테러: 폭력의 경제학

'테러' 또는 '테러리즘'이라는 개념을 학문적으로 다루기 어려운 이유는 그것의 의미가 이미 권력에 의해 부정적으로 규정되어 있기 때문이다. '테러'는 우리의 생활 속에서 이미 "배제 개념"으로서 작용하고 있어서 '테러'라는 딱지가 붙은 행위나 행위자는 그 자체로 이미 정당성을 박탈당하게 된다.[2] 그래서 때로는 어떤 행위가 '테러'라고 규정되기 전에 먼저 행위자가 '테러리스트'라고 규정됨으로써 그 행위자가 하는 이후의 모든 일들의 정당성이 사전에 박탈되는 일도 벌어진다.

이처럼 '테러' 또는 '테러리즘'이 기존 권력에 의해 이미 부정적 의미를 가지게 되었다는 사실은 그 사실을 인식한 후에도 여전히 이 개념들을 학문적으로 사용하는 것을 어렵게 만든다. 왜냐하면 테러행위자들이 그 사실, 즉 '테러' 또는 '테러리즘'이 권력의 언어라는 사실을 자신들의 행위를 정당화하는 데에 역으로 이용하기 때문이다. 권력이 정당한 저항행위를 때때로 부당하게 '테러'라고 낙인찍는다는 사실을 근거로 하여 자신들의 테러행위를 정당화하려는 것이다. 이렇게 고의로 의미론적 혼란을 일으키면서 테러행위자들은 '테러' 개념을 권력정치적 투쟁의 장으로 만든다.

'테러'를 학문적으로 다루기 위해서는 먼저 이 개념에 작용하고 있는 이런 권력정치적 효과를 의식하지 않으면 안 된다. 한편으로는 이 개념을 사용 주체의 법적 지위와 관련해서만 이해하려는 시도를 멈춰야 한다. 법적지위 자체가 국내적으로 또는 국제적으로 권력이 인정된 결과이기 때문이다. 그러나 다른 한편으로는 행위 주체의 법적 지위와 무관하더라도, 민

---

**2** 헤어프리트 뮌클러, 『새로운 전쟁』, 공진성 옮김(책세상, 2012), 207쪽.

간인에 대한 무차별적 폭력을 모두 '테러'나 '테러리즘'으로 뭉뚱그려 비난하려는 시도 또한 멈춰야 한다. 소설가이자 군사학자(軍史學者) 카(Caleb Carr)의 책에 대한 이그나티에프(Michael Ignatieff)의 서평은 이와 관련해 시사하는 바가 많다.[3]

카의 핵심 주장은 국가에 의한 것이건 비국가행위자에 의한 것이건 간에 민간인을 공격하는 것은 모두 '테러리즘'이고, 그것은 끊임없는 피의 복수를 부르기 때문에 결국 성공할 수 없다는 것이다. 먼저, 민간인에 대해 국가가 벌이는 응징 전쟁을 테러리즘과 동일시하는 것을 이그나티에프는 비판한다. 정당한 사유를 가지고 전쟁을 하다가 불가피하게 민간인을 죽이는 것과 고의로 민간인에게 테러를 행하는 것을 분명히 구분해야 한다는 것이다. 그렇지 않으면, 미국이 과거에 무차별적인 살상을 저질렀으므로 오늘날 미국인들이 (예컨대 9·11 테러에서) 자신들에게 무차별적으로 가해진 공격에 충격을 받는 것이 위선적이라고 주장하는 사람들의 손을 들어주는 셈이 된다는 것이다. 또한 이그나티에프는 테러리즘이 성공할 수 없다고 하는 카의 생각을 비판한다. 힘의 차이가 현저한 상황에서 테러가 분명히 약자에게 힘을 증폭시키는 유용한 수단이라는 것이다. 그러므로 테러를 하는 것보다 폭력 사용을 자제하는 편이 약자에게 더 유용하다는 주장이 틀렸다고 이그나티에프는 주장한다.[4]

카가 전쟁사 속에서 도출한 '테러의 교훈'과, 그에 대한 이그나티에프의 비판에서 이 장의 서두에서 언급한 두 가지 편향을 우리는 발견할 수

---

**3** Caleb Carr, *The Lessons of Terror*(New York: Random House, 2002); Michael Ignatieff, "'The Lessons of Terror': All War Against Civilians Is Equal," *The New York Times* (Feb. 17, 2002).
**4** Michael Ignatieff, 같은 글 참조.

있다. '테러리즘'이라는 용어를 비국가행위자의 테러행위에 대해서만 사용하려는 권력의 입장을 비판하며 민간인에 대한 전쟁도 '테러리즘'이라고 부르려는 것과, 다시 그것이 의미론적 혼란을 꾀하는 테러리스트들을 돕는 것이라고 비판하며 정당한 의도에서 시작된 국가의 전쟁 행위와 부당한 의도를 가지고 행해진 저항집단의 테러를, 행여 그 과정에서 동일하게 부당한 민간인 살해가 이루어졌더라도, 구분하려는 것이다. 그러나 의도나 사유의 정당함과 부당함 자체가 권력과 무관하게 판단될 수 없고, 의미론적 혼란을 부추기며 9·11 테러에 대한 미국인의 '위선적' 반응을 비판하고 테러를 정당화하려는 사람들이 있다고 해서 미국이 전쟁 과정에서 사용한 테러가 '테러'가 아닌 다른 것이 되지는 않는다. 이에 덧붙여, 군사적 힘의 차이가 클 때 테러가 약자의 힘(force)을 증폭시켜주는 효과적인 공격수단이 될 수 있다고 하는 이그나티에프의 주장은 군사적인 차원에서 적을 몰아내거나 아예 제거하려는 경우에는 타당할지 몰라도, 정치적인 차원에서 권력(power)을 증대시켜 주민들을 지배하고 복종시키려는 경우에는 전혀 타당하지 않다.

이런 오류가 반복되는 이유는 '테러' 또는 '테러리즘'이라는 개념을 행위자와 무관하게 폭력의 어떤 특수한 형태와 관련해 사용하지 않고, 기존의 권력관계나 대안적 권력관계의 맥락 안에서 사용하는 데에 있다. 다시 말하면, 테러의 물리적·군사적 측면과 법적·정치적 측면, 그리고 윤리적·도덕적 측면을 구분하지 않고 어느 한 측면에서 테러라는 폭력현상을 뭉뚱그려 이해하는 것이다. 이런 습관 때문에 '테러리즘'이 무엇인지를 모든 사람이 만족할 수 있는 방식으로 정의하는 것이 거의 불가능해 보이기도 한다.[6] 이 글에서 나는 테러의 이 세 가지 측면을 가능한 대로 구분하면서 권력의 수단으로서의 폭력과 테러, 테러리즘의 논리를 탐색해보려고 한다.[7]

테러는 폭력을 사용하는 한 가지 특수한 방식이다. 테러의 특징은 그 간접성에 있다. 테러는 물리적으로 누군가를 죽이고 무엇인가를 파괴하려는 것이 아니라, 폭력의 효과, 즉 '공포(terror)'를 다른 사람들에게 퍼뜨리려는 것이다. 그래서 '테러'라는 이름을 가지고 있다. 그러므로 동일하게 공포를 퍼뜨리려는 의도를 가지고 사용되는 폭력을 그 행위 주체의 법적 지위에 따라 다른 이름으로 부르는 것은 부당하다.

테러는 공포를 퍼뜨리는 것이다. "테러는 다른 많은 사람들에게 심리적 영향을 끼치는 것을 목표로 하기 때문에 많은 사람들이 그것을 보고 듣고 느낄 수 있게 하는 극장과 같은 장소를 필요로 한다."[7] 이 점에서 테러는 일반적으로 범행 사실을 감추려고 하는 단순한 범죄와 구별된다. 테러는, 연극에 비유하면, "특이하게도 관객들을 놀라게 하는 연극이다. 관객 없이 이 연극은 성립하지 않는다. 주인공과 그의 적, 그리고 관객의 삼자 연대를 통해 테러라는 연극은 비로소 성립한다."[8] 테러의 메시지는 궁극적으로 제삼자인 관객을 향한다.

테러는, 비록 그것이 '테러'라는 이름을 달고 행해지지는 않지만, 우리의 일상생활 속에서 각종 처벌의 형태로 결코 드물지 않게 사용되고 있다. 왜

---

**5** '테러리즘' 개념에 대한 다양한 정의를 검토한 뒤 기존의 정의들이 상충하고 모두 불충분함을 확인한 다제(Christopher Daase)는 결국 '테러리즘'이라고 불리는 정치적 폭력의 다양한 사례들에서 우리가 공통분모를 발견할 수는 없고 일종의 "가족유사성"을 발견할 수 있을 뿐이라고 말한다. Christopher Daase, "Terrorismus—Begriffe, Theorien und Gegenstrategien. Ergebnisse und Probleme sozialwissenschaftlicher Forschung," *Die Friedens-Warte*, 76/1(2001), p. 57, 66 참조.

**6** 나는 이미 다른 곳에서 테러의 이 세 측면을 구분하여, 그러나 그것들이 서로 어떻게 연결되어 있는지를 밝히며 설명한 바 있다. 공진성, 『테러』(책세상, 2010) 참조.

**7** 공진성, 같은 책, 24쪽.

**8** 같은 곳.

냐하면 그것이 경제적이고 효과적이기 때문이다. 테러는 소수의 대상에게 폭력을 사용하여 다수의 대상에게 간접적으로 그 효과를 퍼뜨리고 원하는 결과를 얻으려는 폭력 사용의 한 가지 방식이다. 이렇게 의도한 바대로 테러가 작동하려면 그 소수의 대상과 다수의 대상 사이에 모종의 유사성이 있어야 한다. 대상들 사이에 유사성이 있어야, 더 정확히 말하면, 서로 유사하다고 대상들이 스스로 느껴야 정서적 모방, 즉 공포의 전이가 이루어질 수 있다. 이때 폭력의 직접적인 대상이 되는 소수를 어떻게 선택하느냐에 따라 그 효과가 결정된다. 무작위로 대상을 고르는 방법도 있고, 대표성이나 상징성을 가진 대상을 선별하는 방법도 있다.

폭력을 테러의 방식으로 사용하건 다른 방식으로 사용하건 간에, 사용하는 것 자체가 나쁘고, 그러므로 폭력 사용의 방식에 더 좋은 방식이 있고 더 나쁜 방식이 있다는 식의 논의 자체가 잘못이라고 생각하는 사람은 폭력과 테러, 그리고 테러리즘을 정확히 구별하여 이해하지도 못하지만, 세상을 조금이나마 덜 폭력적으로 만드는 데에도 기여하지 못한다. 테러는, 일차적으로는, 공포가 사람들 사이에서 전이되고 확산되는 메커니즘을 이용하는 폭력 사용의 특수한 형태이지만, 이차적으로는 그럼으로써 폭력의 궁극적인 피해자의 수를 줄이려는 기술이다. 그런 의미에서 테러를 또한 '폭력의 경제학'이라고 부를 수 있다.

'폭력의 경제학'은 마키아벨리가 추구한 '새로운 학문'에 대해 미국의 정치철학자 월린이 붙인 표현이다. 월린은, 마키아벨리가 이전의 학자들과 다르게 "권력의 본질적인 핵심이 폭력이며 권력의 행사가 종종 누군가의 신체나 재산에 폭력을 가하는 것이라는 원초적인 사실"을 직시했고, 이 사실을 완곡하게 표현하지 않고 직설적으로 표현했다고 평가한다.[10] 폭력이 권력의 사용에서 불가피하다면, 이제 문제는 폭력이냐 비폭력이냐가 아니라 폭력을 필요한 만큼만 정확하게 사용하는 것이 될 것이다. 물론 폭력은, 마키아벨리의 생각에, 질서의 파괴를 위해 사용해서는 안 되고, 다만 질서의 복원을 위해 사용해야 한다.[10] 월린에 의하면 마키아벨리는 "폭력의 경제학, 곧 강제력의 통제된 사용에 관한 학문의 창조"에 자신이 기여할 수 있다고 확신했다. 그리고 자신이 개척하는 이 '새로운 학문'이 "특정한 상황에 적합한 폭력의 양을 처방할 수 있는지" 여부에 폭력의 통제가 달려 있다고 생각했다.[11]

어쩌면 마키아벨리는 이미 오래전부터 많은 사람들이 몸으로 실천해온 '폭력의 경제학'을 다만 언어로써 다시 표현한 것인지도 모른다. 그런데 오늘날 세상에서 폭력이 줄어들기는커녕 오히려 늘어나는 것을 보면, 마키아벨리가 제시한 이 '폭력의 경제학'이 사람들에게 제대로 교육되지 않고 이해되지 않은 듯하다. 이 글이 문제 삼고자 하는 '테러리즘'이 바로 학습 실패의 대표적인 예이다. '폭력의 경제학'은 단순히 최소의 폭력을 사용해 최대의 효과를 내는 것만을 추구하지 않는다. 그것은 또한 폭력과 고통, 불안과 증오의 감소를 추구한다. 그 반면에 '테러리즘'은 폭력과 고통, 불안과 증오의 광범위한 확산을 가져온다.[12] 그러나 ('폭력의 경제학'으로서의) 테러와 테러리즘에 대한 오해가 그저 학습 실패에서만 비롯하는 것은 아니다. 이 글이 핵심적으로 주장하고자 하는 바는 테러 자체가 타락의 위험

**9** 셸든 월린, 『정치와 비전 2』, 강정인·이지윤 옮김(후마니타스, 2009), 53쪽.

**10** "복원하기 위해서 폭력을 행사한 자가 아니라 파괴하기 위해 폭력을 행사한 자가 비난받아 마땅하기 때문이다." 니콜로 마키아벨리, 『로마사 논고』, 강정인·안선재 옮김(한길사, 2003), 108쪽(1권 9장).

**11** 셸든 월린, 앞의 책, 55쪽. 인용문 안의 강조는 인용자의 것이다.

**12** 이 두 가지 다른 방향의 운동을 나는 다른 글에서 이미 '테러'와 '테러리즘'의 개념을 구분하면서 설명하려고 시도한 적이 있다. 이에 관해서는 공진성, 앞의 책(2010), 30-31, 36-55, 67-68, 130쪽 참조. 이 글에서는 다시 한 번 그 시도를 다른 방식으로 반복할 것이다.

을 내포하고 있다는 것이다. 이를 논증하기 위해 다음 장에서는 권력과 폭력의 관계에 대해 살펴보고자 한다.


## 3. 권력과 폭력

권력의 본질적 핵심이 폭력이라는 사실을 마키아벨리가 노골적으로 주장한 이후로, 권력과 폭력이 서로 무관하다고 생각하는 사람은 줄었을지 모르지만, 권력과 폭력을 동일시하는 사람은 오히려 늘어난 듯하다. 마키아벨리에 대한 대표적인 오해도 그가 군주에게 무자비한 폭력의 사용을 권장했다는 것이고, 테러리즘을 도덕적으로 비난하는 것에 대해 '결국 모든 정치가 테러리즘'이라고 주장하며 응수하는 것도 권력과 폭력을 동일시하는 오해에서 비롯한다. 그래서 오늘날의 많은 학자들은 권력과 폭력을 구분하려고 노력한다. 권력과 폭력이 무관한 것은 아니지만, 그것들이 결코 같은 것은 아니며, 더 나아가 폭력이 그 자체로서 권력이 될 수는 없음을 주장한다.

카야노는 푸코를 인용하면서 폭력을 대상에 직접적으로 미치는 힘, 그럼으로써 대상으로 하여금 그 무엇을 할 수 없게 하는 힘으로 정의하고, 권력을 그와 달리 행위를 유발하는 힘, 다시 말해 대상으로 하여금 일정한 행동을 하게 하는 힘으로 정의한다.[13] 이를 다르게 표현하면 폭력은 어떤 대상을 파괴함으로써 그로부터 행위의 능력을 빼앗는 것이고, 권력은 어떤 대상이 지니고 있는 행위의 능력을 보존한 채로 이용하는 것이다. 그런

---

**13** 카야노 도시히토, 『국가란 무엇인가』, 김은주 옮김(산눈, 2010), 43-44쪽.

데 엄밀히 생각해보면, '행위의 능력'이란 '할 수 있음'을 의미하기도 하지만 '하지 않을 수 있음'을 또한 의미한다. "할 수 있는 모든 능력은 또한 항상 이미 하지 않을 수 있는 능력"이다.[14] 이것은 단순히 '함'이나 '하지 않음'과 다르다. '할 수 있음'과 '하지 않을 수 있음'이 모두 잠재적 능력을 표현한다면, 단순한 '함'과 '하지 않음'은 그런 능력이 박탈된 상태를 표현한다. 잠재적 능력이 박탈된 상태가 바로 폭력에 노출된 상태, 폭력에 의해 파괴된 상태이다.

카야노와 푸코가 권력과 폭력을 행위능력의 허용과 박탈로써 구분한 것과 유사하게 한병철은 자아와 타자 사이의 매개의 증감과, 그에 따른 타자의 자유(감정)의 증감으로써 권력과 폭력을 구분한다. 한병철에 의하면,

> 권력은 에고가 타자 속에 자신을 연속시키고, 타자 속에서 자기 자신일 수 있게 한다. 매개가 영점으로 축소되면 권력은 폭력으로 뒤바뀐다. 순수한 폭력은 타자를 극단적 수동성과 부자유의 상태로 몰아간다. 여기서 에고와 타자 사이에는 어떤 내적 연속성도 성립하지 않는다. 수동적인 사물에 대해서는 본래적 의미에서의 권력행사가 불가능하다. 이런 점에서 폭력과 자유는 권력단계의 양극점이다. 매개 정도가 증가할수록 더 많은 자유 또는 자유의 감정이 생성된다.[15]

공통적으로 폭력은 타자의 행위능력 상실과 극단적 수동성을 가져오는 것으로서 이해되고, 권력은 그와 다르게 타자의 행위능력을 보존하고 능

---

**14** 아감벤의 '잠재성(potenza)'과 '비잠재성(impotenza)'에 관한 논의를 차용한 것인데, 이에 관해서는 조르조 아감벤, 『벌거벗음』, 김영훈 옮김(인간사랑, 2014), 73–78쪽을 참조.
**15** 한병철, 『권력이란 무엇인가』, 김남시 옮김(문학과지성사, 2011), 22쪽.

동성을, 심지어 자유의 감정마저 가지게 하는 것으로서 이해된다. 폭력과 권력이 이처럼 개념적으로 구분된다고 해서 그 둘이 서로 무관한 것은 아니다. 폭력과 권력은 밀접한 관계를 맺고 있다.

폭력은 권력을 낳지 못하지만, 권력은 폭력에 의해 언제나 뒷받침되어야 한다. '폭력에 의해 뒷받침되어야 한다'는 말이, 폭력이 직접적으로 사용되어야 함을 뜻하지는 않는다. 오히려 그 반대로 폭력은 사용되어서는 안 된다. 권력의 이런 속성을 두고 루만(Niklas Luhmann)은 "권력이 폭력을 가정법으로 사용한다"고 말한다.[16] 권력은 자기가 요구하는 행위가 발생하지 않았을 때, 또는 금지하는 행위가 발생했을 때, 일정한 폭력을 처벌로서 가할 수 있어야 한다. 그러나 더 정확히 말하자면, 권력은 폭력을 처벌로서 가하지 않을 수 있어야 한다. 위반이 발생하지 않아야 권력일 수 있기 때문이다. 권력은, 그것이 진정 권력이라면, 폭력을 어디까지나 가정법으로 사용해야 한다. 권력은 폭력에 의해 '가상적으로' 뒷받침되어야 하며, 폭력은 '부정적 가능성'으로서 남아 있어야 한다. 처벌과 같은 "부정적 제재가 활용되지 않기 때문에, 그리고 바로 그것이 활용되고 있지 않은 한에서 부정적 제재의 선포 가능성이 권력을 낳는다."[17] 루만에 의하면, 권력이 도발되고 그 도발에 대해 실제로 처벌이 가해져야 한다면, 그 권력은 이미 파산한 것이며 종말에 가까운 것이다.[18]

권력이 폭력과 근본적으로 다르고 폭력의 사용이 권력의 파산을 표현

---

**16** Niklas Luhmann, "Macht und System. Ansätze zur Analyse von Macht in der Politikwissenschaft," *Universitas. Zeitschrift für Wissenschaft, Kunst und Literatur* 5(1977), p. 477(한병철, 앞의 책, 33쪽에서 재인용).

**17** Niklas Luhmann, *Soziologische Aufklärung 4. Beiträge zur funktionalen Differenzierung der Gesellschaft*(Opladen, 1987), p. 119(한병철, 앞의 책, 28-29쪽에서 재인용).

**18** 같은 곳.

한다는 것을 인정하더라도, 개념적으로 순수한 권력과 폭력 사이에 아직 그 운명이 결정되지 않은 많은 행위의 가능성이 있음을 부정할 필요는 없을 것이다. 특히, 권력관계를 단일한 자아와 단일한 타자, 양자 사이에서만 파악하면, 폭력적 처벌이 필요한 상황이 이미 권력이 약해진 상황이며 돌이킬 수 없는 상황일 수 있지만, 타자를 여러 개인들로 이루어진 하나의 집단으로서 간주하면, 그리고 타자가 개인인 경우에도 그 타자를 여러 신체적 부분들로 구성된 하나의 조직으로서 간주하면, 부분에 대한 폭력적 처벌을 전체에 대한 (또는 나머지 부분에 대한) 권력이 더 약해지는 것을 막기 위한 응급조치로서, 권력의 유지와 재생을 위한 기술로서 이해할 수 있다. 이런 이해에 근거하여 앞에서 내린 잠정적 결론을 다음과 같이 수정할 수 있다. 폭력은 권력을 낳지 않지만 권력은 폭력에 의해 뒷받침되어야 하며, 권력은 폭력을 사용하지 않아야 한다는 전제 아래 가상적으로 사용해야 하지만, 부득이하게 사용해야 할 때 어디까지나 부분에 대해 사용해야 하고, 그럼으로써 타자의 다른 부분에 대해서는 여전히 처벌의 부정적 가능성을 보존할 수 있고 폭력을 가상적으로 사용해야 한다는 원칙도 지킬 수 있다.

권력은, 폭력이 파괴적인 것과 다르게, 생산적이다. 권력은 복종을 요구하므로 타자의 자유를 허용한다. 타자로 하여금 스스로 복종하게 한다. 타자가 제거되는 경우는 말할 것도 없고 타자의 자유가 사라지는 경우에 복종은 이루어질 수 없고, 그러면 권력 또한 성립할 수 없기 때문이다. 권력은 어디까지나 타자와의 관계 속에서만 성립한다. 타자를 살리지 못하면 복종도 없고 권력도 없다. 이 점에서 폭력과 권력은 서로 대립한다. 그러나 권력은 복종이 이루어지지 않는 경우를 가정하여 부정적 제재의 가능성을 선포해야 한다. 폭력을 처벌로서 사용할 수 있음을 예고해야 한다. 그런데 이때 처벌로서 사용될 폭력은 사전에 예고되어야 하기 때문에도 '위협'의 성격을 가지고, 실제로 사용되는 경우에도 그 사람 자신에 대해, 또는 다른 사람들에 대해 '위협'의 성격을 가진다. 특정 개인에 대한 폭력은 그 목적이 궁극적으로 복종을 얻는 것이라면 부분적이어야 하고, 특정 집단에 대한 폭력은 마찬가지로 그 궁극적 목적이 복종을 얻는 것이라면 대표성을 지닌 일부 구성원에게만 가해져야 한다. 폭력이 일개인이나 집단의 부분이 아니라 전체에 대해 가해진다면 복종 자체가 이루어질 수 없기 때문이다. 권력은 타자의 복종을 요구하므로, 폭력은 적어도 그것이 권력의 수단이라면 타자를 완전히 제거하는 방향으로 사용될 수 없다. 권력의 보존을 위해 그 수단으로서 사용되는 폭력은 복종의 생산을 위해 때로는 불가피하게 파괴하지만, 결코 파괴를 위해 파괴하지는 않는다. '복원을 위해 폭력을 행사한 자가 아니라 파괴를 위해 폭력을 행사한 자가 비난받아 마땅하다'는 마키아벨리의 말은 이런 맥락 속에서 옳게 이해될 수 있다.

권력의 수단으로서 사용되는 폭력은 그것이 실제로 사용되기 전에는 가상적이어야 하기 때문에 위협의 성격을 가지며, 그것이 실제로 사용될 때에도, 그것이 권력을 위한 것인 한, 부분에 적용되어야 하기 때문에 또한 위협의 성격을 가진다. 폭력은 대상에 직접 가해지는 힘이다. 그래서 폭력은, 한병철의 표현을 빌리면, 권력과 달리 매개 수준이 낮다.[19] 그러나 폭력의 대상을 신중하게 잘 선택하면 그 효과는 공간적으로 멀리, 그리고 시간적으로 오래 퍼져나갈 수 있다.[20] 이때 폭력의 직접적 대상이 반드시 사람

---

**19** 한병철, 앞의 책, 40쪽.
**20** 한병철은, 카네티를 따라, 권력이 폭력보다 더 넓은 공간을 가지며, 폭력이 더 많은 시간을 가지게 되면 권력이 된다는 것에 동의한다. 그러나 그런 권력의 시공간을 죽음을 향한 부정적인 것으로 보는 카네티를 비판하며 한병철은 권력이 "가상의 형태로라도" 할 수 있음 또는 자유의 시공간"을 필요로 한다고 주장한다(같은 책, 46-47쪽). 카네티가 고양이와 쥐의 관계에 빗대어 묘사한 권력관계의 부정적 모습은 오히려, 이 글이 주장하고자 하는 바에 의

일 필요는 없다. 폭력의 효과가 미쳐야 할 궁극적 대상이 자신과 동일시하는 것이면 그것이 건축물이든지 비가시적 상징이든지 간에 상관이 없다.[21] 어떤 것이 파괴되는 것을 보고, 듣고, 느낌으로써 자신이 복종하지 않았을 때에 그와 마찬가지로 파괴될 것임을 상상할 수 있으면 된다. 다만 중요한 것은 폭력이 전체적이어서는 안 된다는 것이다. 그 말은 폭력의 대상을 제거함으로써 그로부터 궁극적으로 자유를, 즉 복종할 능력은 물론이고 (원칙적으로는) 불복종할 능력도 완전히 빼앗아서는 안 된다는 뜻이다.

'(불)복종의 능력'을 빼앗는다는 것은 한편으로는 신체의 완전한 제거를 의미하기도 하고, 다른 한편으로는 정신적 능력, 곧 사유능력의 제거를 의미하기도 한다. 신체 자체가 물리적으로 제거되지 않았더라도, 사유능력을 잃은 허수아비와 같은 인간들만 있는 곳에서, 권력은 복종을 누릴 수 없고 지배가 본질적으로 추구하는 지속적인 수취 역시 불가능하기 때문이다. 이런 의미에서 스피노자는 국가에 대한 신민의 복종 의무를 강조하면서도, 신민에게 여전히 '원하는 대로 생각하고, 생각하는 것을 표현할 자유'가 허용되어야 한다고 주장했다. 그럴 때에 비로소 국가가 학문적으로나 경제적으로 번영할 수 있기 때문이다.[23] 조금 다른 맥락 속에서, 루만 역시 구체

하면, 수단으로서의 정치적 폭력이 지닌 테러적 속성과 관련된다. 주목해야 할 것은 테러가 단순한 폭력보다는, 아직 그 성격이 부정적일지라도, 분명히 더 넓은 시간과 공간을 요구한다는 사실이다.

**21** 20세기 초에 발생한 일련의 전쟁들에서 사용된 '인종청소'의 전략은 폭력의 궁극적 대상이 자신과 동일시하는 것을 파괴함으로써 폭력의 대상을 (복종시키는 것이 아니라) 완전히 제거하려고 시도한 것이었다. 이에 대해 뮌클러는 다음과 같이 적고 있다. "공포를 생산하는 이런 전략의 중요한 세 단계는 다음과 같다. 정치적·문화적으로 지도적인 역할을 수행하는 인물이나 잠재적으로 무장 저항을 이끌 수 있는 사람들을 처형한다, 신성한 건축물과 문화적 기념물을 불태우고 폭파시킨다, 그리고 마지막으로 추방해야 할 집단의 여성들을 체계적으로 강간하고 임신시킨다."(헤어프리트 뮌클러, 앞의 책, 175-177쪽)

적으로 정확히 규정된 어떤 것을 하도록 강제하는 것과 권력을 구분한다. 루만에 의하면, 어떤 행위가 강제되었을 때 "강제된 자의 선택 가능성은 영(0)으로 축소된다. 한계 상황에서 강제는 물리적 폭력의 사용으로, 그리고 그럼으로써 이룰 수 없는 타인의 행위를 자기의 행위로 대체하는 것으로 나아가게 된다."[23] 아렌트도 마찬가지로 권력을 단순한 행위와 구분하는데, 그에 의하면 "권력은 단순한 행위가 아니라 공동의 행위를 할 수 있는 인간의 능력에 상응한다. 권력은 결코 한 개인의 속성이 아니다. 그것은 집단에 속하며 그 집단이 함께 있는 한에서만 존재한다."[24] 그러므로 복종하는 자에게 명령하는 자와 '함께' 행위할 능력이 남아 있지 않다면, 권력 또한 있을 수 없다.[25]

권력의 수단으로서의 폭력은 어디까지나 그 대상에 대해 부분적으로 사용되어야 하며, 그 대상으로부터 신체적으로나 정신적으로 (불)복종할 수 있는 능력을 완전히 제거해서는 안 된다. 폭력이 왜 부분적으로 사용되

---

**22** 베네딕트 데 스피노자, 「신학정치론」, 『신학정치론·정치학논고』, 최형익 옮김(비르투, 2011), 제20장 참조.

**23** Niklas Luhmann, *Macht*, 제4판(UTB, 2012), 16쪽.

**24** 한나 아렌트, 「폭력론」, 『공화국의 위기』, 김선욱 옮김(한길사, 2011), 193쪽.

**25** 루만과 아렌트가 권력과 폭력을 (또는 강제를) 구분하면서 권력을 긍정하는 것과 다르게, 아감벤은 인간으로부터 행위의 능력(잠재성)은 물론이고 비행위의 능력(비잠재성)마저 빼앗는 것이 권력의 기능이라며 비판한다. 그에 의하면 "권력은 인간이 할 수 있는 것으로부터 인간을 분리하지만, 대부분의 경우에 주로 인간이 하지 않을 수 있는 것으로부터 인간을 분리한다." 그는 또한 다음과 같이 말한다. "비잠재성으로부터의 소외만큼 우리를 빈곤하게 하고 우리의 자유를 박탈하는 것은 없다. 할 수 있는 것으로부터 분리된 사람들은 여전히 저항할 수 있다. 그들은 여전히 하지 않을 수 있기 때문이다. 그 반면에 자신의 비잠재성으로부터 분리된 사람들은 무엇보다 이 저항 능력을 상실한다."(아감벤, 앞의 책, 75–77쪽) 그러나 나는 그것이 권력 일반의 특징이 아니라, 오늘날 폭력적으로 작용하는 신자유주의적 권력의 특징이라고 생각한다. 이에 관해서는 추가적인 논의가 필요하겠지만, 여기에서는 개념 사용의 차이만을 언급해두고 넘어가자.

어야 하는지는 앞에서 이미 설명했다. 여기에서 '부분적으로' 사용되어야 한다는 말은 공간에 대해서만 아니라 시간에 대해서도 유효하다. 한 개인의 신체 일부에 대해 폭력이 가해지거나 한 집단의 일부 구성원에 대해 폭력이 가해지는 경우에 폭력은 '공간적으로' 부분에 대해 가해지는 것이다. 그러나 이 폭력은, 그것이 권력의 몰락을 막거나 권력을 유지하고 재생하기 위한 수단일 때, 또한 '시간적으로' 부분에 대해, 즉 미래를 위해 현재에 대해 가해지는 것이다. 그리고 이렇게 부분적으로 사용되는 폭력은 그 대상으로부터 신체적으로나 정신적으로 (불)복종할 수 있는 능력을 '일시적으로' 제거한다. 그 불가피한 시간이 지나고 나면 한때 폭력과 강제의 대상이었던 타자는 행위의 능력을 회복하고 다시 '자유롭게' (불)복종할 수 있게 된다.

권력은 복종하는 자에게 자유의 감정을 부여한다. 이 자유의 감정이 권력에 복종하는 자가 가지는 행위 가능성의 수에 의존하지는 않지만,[26] 권력은 복종하는 자에게 불복종이라는 다른 행위의 가능성을 분명히 허용한다. 다만 권력은 복종하는 자의 다른 행위 가능성 대신에 "권력자와 권력에 복종하는 자 사이에 존재하는 행위 선택의 편차"를 제거한다.[27] 그럼으로써 권력은 "인간의 행위 가능성의 불확정적 복잡성을 감소"시킨다.[28]

---

**26** 한병철은 행위 가능성의 수적 증가에 비례해 권력이 커진다고 보는 루만을 비판한다. 행위 가능성의 증가가 오히려 권력을 불안정하게 만들 수도 있기 때문이다. 대안의 수보다 중요한 것은 복종하는 자가 가지는 "자유의 감정"이며 그런 "자유의 감정을 생겨나게 하는 '네'의 전폭성"이다(한병철, 앞의 책, 30–31쪽).
**27** 같은 책, 23쪽.
**28** Niklas Luhmann, 앞의 책(1977), p. 476(한병철, 같은 책, 23–24쪽에서 재인용).

## 4. 테러의 딜레마

권력의 수단으로서의 폭력은, 그것이 복종을 목적으로 삼는 한 반드시 부분적으로 사용되어야 하며, 그렇기 때문에 또한 필연적으로 전체의 다른 부분에 대해 '위협'의 성격을 가진다. 폭력이 사용되기 전에는 그 사용이 예고되기 때문에 그렇고, 실제로 사용될 때에도 그것이 대상의 완전한 제거를 목표로 하지 않고 어디까지나 개인이나 집단의 부분을 향해 일시적으로 사용되기 때문에 또한 그렇다. 이 점에서 권력의 수단으로서 사용되는 폭력은 테러와 유사하다.[29] 부분에 대해 폭력을 사용함으로써 그 부분과 정서적으로 연결되어 있는 다른 부분들의 복종을 유도하는 것이다. 일정한 지배 안에서는 이것이 '형벌'이라는 이름으로써 사용되는데, 형벌의 한 가지 목적인 예방 또는 억제가 바로 권력이 사용하는 폭력의 테러적 측면과 연관된다.[30]

행위 또는 비행위를 요구하는 국가의 명령에 복종하지 않는 사람을 폭력으로써 처벌하는 국가의 권리는 어디까지나 국가가 지닌 실제적인 처벌의 능력에 의존하지만, 이 처벌의 능력은 한편으로는 폭력을 사용할 수 있음을, 다른 한편으로는 사용하지 않을 수 있음을 의미한다. 할 수 있지만

---

**29** 그것을 '테러'라고 부르지 않는 것은 그 폭력의 물리적·군사적 속성과 관련된 것이 아니라, 국가가 폭력의 정당한 사용의 독점을 추구하는 데에서 비롯하는, 폭력의 정치적·법적 속성과 관련된다.

**30** 형벌의 목적은 크게 두 가지로 구분된다. 하나는 응보이고 다른 하나는 예방이다. 예방은 다시 특별 예방과 일반 예방으로 구분되는데, 범죄인을 교정하는 것이 특별 예방이고, 다른 잠재적 범죄를 억제하는 것이 일반 예방이다. 중세와 근대의 각종 형벌들은 공포(terror)를 이용한 억제(deterritio)의 메커니즘을 따르고 있다. 이에 관해서는 공진성, 앞의 책(2010), 32-33쪽과 Sebastian Scheerer, "Terror," Ulrich Bröckling et al.(eds.), *Glossar der Gegenwart*(Frankfurt am Main: Suhrkamp, 2004), p. 259 참조.

하지 않을 수 있을 때에 권력이 성립한다. 그러므로 처벌의 능력은 언제나 사면의 능력을 동반한다. 폭력을 사용해버리고 나면, 자발적 복종(공동의 행위)은 사라지고 강제(기계적 복종)만 남는다. 그래서 아렌트는 폭력이 권력과 반대되며 오히려 권력을 파괴한다고 주장한다. "총구로부터 가장 효과적인 명령이 나와서 가장 즉각적이고 완전한 복종으로 귀결될 수" 있을지 모르지만, 그것은 결코 권력이 아니다. "폭력은 권력을 창조하는 데에 전적으로 무능력"하다. 권력은 "총구로부터 결코 나올 수 없는 것"이다.[31]

이 점에서 또한 권력이 가하는 처벌은 테러와 유사하다. 테러는 본질적으로 행위자의 할 수 있는 능력에, 그리고 동시에 하지 않을 수 있는 능력에 근거하여 작동한다. 테러행위자는 할 수 있음을 보여주기 위해 무작위로, 또는 대표성이나 상징성을 가지는 대상을 선택해 폭력을 가하지만, 그 대상과 일체감을 느끼는 더 많은 사람들의 복종을 궁극적으로 유발하기 위해, 그들에게도 폭력을 사용할 수 있음과 함께 그들에게 폭력을 사용하지 않을 수 있음을 또한 보여주어야 한다. 명령을 이행하는 경우에 폭력을 사용하지 않겠지만, 이행하지 않는 경우에 폭력을 사용하겠다고 약속해야 한다. 그리고 그 약속을 지킬 능력을 가지고 있음을 확신시켜야 한다. 폭력이 할 수 없는 것이 바로 이것, 즉 지배와 복종 사이의 신뢰 창조이다.[32]

마키아벨리가 주창한 '폭력의 경제학'은 단순히 폭력을 아껴 쓰는 것을 넘어 이런 정치적 신뢰의 구축을 지향한다. 그래야 궁극적으로 폭력의 사용을 줄일 수 있기 때문이다.[33] 신민을 무장시키고 요새를 오히려 허물라는

---

31 이상 한나 아렌트, 앞의 글, 204, 207쪽.
32 물론 신뢰가 있다고 해서 반드시 권력이 있는 것은 아니다. 신뢰는 권력과 다르다. 그러나 신뢰 없는 권력이 작동할 수 없고, 권력이 있는 곳에는 언제나 신뢰가 있다.
33 이에 관해 월린은 다음과 같이 적고 있다. "마키아벨리는 대내적인 정치가 극단적인 억압 조치에 대한 필요를 최소화하는 것을 목표로 하는 다양한 방법에 의해 구조화될 수 있다고

마키아벨리의 조언은 바로 이런 맥락에서 제대로 이해될 수 있다.[34] 군주와 그의 신민 사이에 신뢰가 없다면 신민으로부터 무기를 빼앗고 요새로써 군주 자신을 방어하더라도 결코 안전할 수 없지만, 군주가 신민을 신뢰하고 그 표시로서 신민에게 무기를 쥐어주고 자신을 지키기 위해 쌓았던 요새를 허물면 오히려 신민의 신뢰를 얻을 수 있고 그제야 비로소 형벌의 위협도 제대로 작동할 수 있다는 것이다. 정치적 신뢰와 신민의 무장이나 요새의 철폐는 결코 인과적 선후 관계로서 설명될 수 없다. 마키아벨리는 군주와 신민 사이의 신뢰와, 군주가 사용하는 테러적 처벌이 서로 연결되어 있음을 분명히 인식하고 있었다. 그래서 그는 다음과 같이 말한다.

현명한 군주는 자신의 신민들의 결속과 충성을 유지할 수 있다면, 잔인하다는 비난을 받는 것을 걱정해서는 안 됩니다. 왜냐하면 너무 자비롭기 때문에 무질서를 방치해서 그 결과 많은 사람을 죽거나 약탈당하게 하는 군주보다 소수의 **몇몇을 시범적으로** 처벌함으로써 기강을 바로잡는 군주가 실제로는 훨씬 더 자비로운 셈이 될 것이기 때문입니다. 전자는 **공동체 전체에** 해를 끼치는 데에 반해 군주가 명령한 처형은 단지 **특정한 개인들**만을 해치는 데에 불과할 뿐입니다.[35]

---

믿었다. 법률, 정치적 제도, 시민적 습속은 인간의 행태를 규제함에 있어 강제력과 공포가 적용되어야 하는 사례의 빈도를 감축하는 데에 기여하기 때문에 중요했다. (…) 그는 인민의 동의가 일종의 사회적인 권력을 표상하며, 적절히 이용하면 전체적으로 사회에 행사되는 폭력의 양을 감소시킬 수 있다는 사실을 숙지했다. 공화정 체제가 우월한 이유 가운데 하나는 [그것이] 인민들에 '대한' 강제력의 행사가 아니라 인민들의 강제력에 '의해' 유지된다는 것이었다." 셸든 월린, 앞의 책, 56-57쪽.

**34** 니콜로 마키아벨리, 『군주론』, 강정인·김경희 옮김(까치, 2008), 139-145쪽(제20장) 참조.
**35** 같은 책, 112-113쪽(제17장). 인용문 안의 강조는 인용자의 것이다.

'소수의 몇몇'에 대한 처벌이 질서를 유지시켜 실제로 '훨씬 더 자비로운' 결과를 낳으려면, 그들에게 시범적으로 가해지는 폭력이 비슷한 잘못을 저지른 다른 사람들에게 이중적인 방식으로 작용해야 한다. 한편으로는 그 폭력이 자신들에게도 가해질 수 있음이 예상되어야 하지만, 다른 한편으로는 그 폭력이 자신들에게 실제로 가해지지는 않을 것임이 확신되어야 한다. 사면을 확신할 수 없으면 복종할 수 없고, 처벌을 예상할 수 없으면 복종하지 않을 수 있다. 군주가 나머지 신민들도 처벌할 수 있으면서 동시에 처벌하지 않을 수 있다는 것을 신민들이 믿지 못한다면 '테러' 또는 '폭력의 경제학'은 작동하지 않는다. 그러므로 마키아벨리가 마치 간단한 일인 것처럼 얘기한 잔인한 시범적 처벌의 실제적 자비로움은 군주와 신민 사이에 일정한 신뢰관계가 이미 성립되어 있을 때에만 실현될 수 있다. 신뢰는 '테러의 딜레마'를 낳는 군주와 신민 사이의 행위 가능성의 불확정적 복잡성을 분명히 감소시켜준다. 그렇다면 그런 신뢰관계가 없는 곳에서는 처벌의 위협조차 작동할 수 없는 것일까? 어쩌면 마키아벨리는 그런 무질서한 상황에서 잔인한 폭력의 절제된 사용이 정치적 신뢰의 공간을 창출하는 구성적 역할을 수행할 수 있음을 주장하려고 했는지도 모른다.

'폭력의 경제학' 또는 정치적 수단으로서의 '테러'는 단순한 지식이 아니라, 그 적용 과정에서 매우 큰 신중함이 요구되는 고도의 정교한 기술이다. 그래서 정치적 수단으로서의 테러는 자칫 잘못 사용하는 경우에 오히려 무질서를 조장하며 벌거벗은 폭력으로 타락할 수 있다. 이와 관련해 마키아벨리는 '테러(공포)'의 유지를, 군주가 신민의 사랑을 받는 일과 미움을 받는 일 사이에 놓고 조심스럽게 이야기한다. 우리는 쉽게 도덕주의적으로 군주가 신민의 사랑을 받아야 한다고 얘기할 수 있다. 그러나 마키아벨리는 사랑의 감정이 쉽게 실망과 질투로 변할 수 있음을 직시하면서, 군주가 신민 쪽의 사정에 따라 바뀔 수 있는 사랑에 의존해서는 곤란하며, 군주 쪽에서 '통제(절제)할 수 있는' 일, 즉 처벌에 대한 두려움을 신민들 사이에서 유지하는 것에 의존해야 한다고 주장한다. 그렇지만 어떠한 경우에도 신민의 미움을 받는 일만은 피하려고 노력해야 한다고 결론을 내린다.[36] 두려움을 유지하기 위해 사용한 폭력이 자칫하면 타락하여 복종은커녕 오히려 저항과 음모를 유발할 수 있기 때문이다.

## 5. 테러리즘: 폭력의 타락

권력의 수단으로서 이용되는 폭력은 테러적 속성을 가지고 있다. 아직 본격적으로 사용되지 않았지만 사용될 것이 예고되며, 사용되는 경우에도 부분에 대해 시범적으로 사용됨으로써 나머지 부분의 복종을 유도하기 때문이다. 그래서 이 폭력은 테러와 마찬가지로 더 적은 폭력을 이용해 더 큰 억제의 효과를 거둘 수 있다는 점에서 경제적일 수 있고 효과적일 수 있지만, 또한 테러와 마찬가지로 자칫하면 무작위한 사용을 통해 무고한 피해자의 수를 늘림으로써 타락할 수 있다. 권력의 수단으로서의 폭력, '테러'는 타락할 위험(risk)을 언제나 가지고 있다. 그것이 '타락'인 이유는 그 폭력이 인간을 살리지 못하고 죽이기 때문이다. 행여 신체적으로 인간이 살아 있더라도 테러에 의해 '하지 않을 수 있는' 능력마저 빼앗기고 그저 시키는 대로 하거나 하지 않기만 한다면, 그것은 인간을 죽인 것과 다름이 없다. 그런 상태를 20세기에는 '전체주의'라고도 불렀고, '파시즘'이라고도

---

**36** 같은 책, 117쪽(제17장).

불렀으며, '국가 테러리즘'이라고도 불렀다.[37] 폭력을 독점하는 국가가 테러에만 의존하는 체제로 쉽게 타락할 수 있음을 우리는 목격하였다. 그러나 국가의 폭력만 타락할 수 있는 것은 아니다. 정치적으로 약한 권력, 권력이 되지 못한 폭력은 언제나 타락할 수 있다.

'테러'는 지배의 공간에 본질적으로 내재해 있다. 권력의 작용에 의해 그것은 '형벌'이라는 이름으로 나타나며, 불복종의 가능성, 즉 '범죄'의 가능성을 억제한다. 복종은 그 반대로 '준법'으로 이해된다. 법의 제정과 집행에 인민이 스스로 동의했다고 하는 이데올로기는 권력으로 하여금 복종을 훨씬 더 쉽게 확보할 수 있게 해준다. 저항으로서의 테러는, 그것은 권력에 의해 정당성을 박탈당하며 '테러리즘'이라고 불리는데, 이 동의의 이데올로기가 제대로 작동하지 않는 곳에서 등장한다. 권력의 공간이 일시적으로 중첩된 곳에서, 즉 제국의 (특히 주변부) 공간이나 전쟁의 공간에서, 또는 혁명적 상황에서, 그러나 대립하는 두 세력이 가진 물리적 힘의 크기가 비대칭적일 때, 테러는 먼저 군사적인 수단으로서 '적'을 향해 사용된다.[38]

이데올로기는 이 과정에서 중요한 역할을 한다. 그것은 테러가 작동하기 위한 인간학적 전제조건인 감정의 전이를 촉진할 수도 있고 차단할 수도 있다. '인민의 동의'라는 이데올로기가 하나의 공동체를 상상하게 만

---

**37** 폭력으로써 국민들에게서 사유능력을 빼앗고 사회를 전체화하여 스스로 제동 장치 없는 폭력독점체가 되어버린 20세기의 전체주의 국가에 대한 묘사는 공진성, 『폭력』(책세상, 2009), 98-104쪽 참조.

**38** "테러리즘은 어떠한 행위의 의미를 고정시키는 정치적 맥락이 혼란스러운 틈을 타고", 즉 권력이 약해진 틈을 타고, "그 의미론적 혼란을 이용하여 또는 의미론적 혼란을 일으키며 작동한다." 이에 대한 좀 더 자세한 설명은 공진성, 앞의 책(2010), 67-68쪽 참조(인용은 67쪽).

든다면, '민족의 적', '계급의 적', '종교의 적' 등은 분리된 공동체를 상상하게 만든다. 마키아벨리가 제시하는 '폭력의 경제학'은 정서적으로 연결된 공동체를 전제하는데, 그 이유는 폭력이 테러적으로 사용되기 위해서도 폭력의 사용자와 그 대상이 정서적으로 서로 연결되어 있어야 하기 때문이다. 그래야 두려워할 만큼 폭력을 사용할 수 있지만, 동시에 필요한 만큼만 폭력을 사용할 수 있다. 그러나 '적'에게 사용되는 테러는 정서적 연결을 필요로 하지 않는다. 오히려 정서적 연결이 차단되어 있어야 더욱 효과적으로 폭력을 사용할 수 있다. 폭력의 대상이 느낄 고통을 그 사용자가 함께 느낀다면 적을 제거할 수 없기 때문이다. 마키아벨리는 군주에게 신민을 적으로 삼지 말라고, 즉 정서적 연결을 차단하지 말라고 조언했다. '요새'를 허물고 세우는 것은 군주와 신민 사이의 정서적 연결과 차단을 상징한다. 그러나 마키아벨리의 '폭력의 경제학'을 잘못 이해한 군주들은 신민을 적으로 삼음으로써, 신민과의 정서적 연결을 차단함으로써 결국 타락했다.

타락한 지배 아래에서 흔히 저항으로서의 테러가 나타난다. 그래서 종종 사람들은 '테러리즘'을 국가의 폭력적 지배에 대한 맞대응으로 묘사하고, 오히려 국가의 폭력이 '근원적 테러리즘'이라고 비판하기도 한다.[39] 저항으로서의 테러와 단순한 범죄의 차이는 권력(지배)의 정당성을 '실효적으로' 의문시하는지 여부에 있다. 범죄는 기존의 권력의 정당성을 근본적으로 문제시하지 않는다. 오히려 범죄는 국가권력의 필요성을 보여주는 증거가 되며, 권력은 그에 대한 전시적 처벌을 통해 더욱 공고해진다. 이와 달

---

**39** Edward S. Herman & Gerry O'Sullivan, *The "Terrorism" Industry: The Experts and Institutions That Shape Our View of Terror*(New York: Pantheon Books, 1989), pp. 13-51 참조.

리, 저항으로서의 테러는 기존의 권력의 정당성을 근본적으로 의문시한다. 그래서 범죄가 대개 은밀히 이루어지는 반면에 저항으로서의 테러는 기존 권력에 도전하며 공개적으로 이루어진다. 테러는 지배자와 피지배자 사이의 이미 깨어진 신뢰 상태의 표현이기도 하고, 관념적으로만 이미 깨어져 있는 신뢰를 앞당겨 깨뜨리기 위한 도발이기도 하다. 그렇기 때문에 저항으로서의 테러는 범죄와 전쟁 사이에 있다. 기존의 권력에 의해서는 '테러리즘'이라고 불리며 범죄 취급을 당하지만, 저항세력 자신들은 그것을 현재의 타락한 국가와 미래의 국가 간의 다만 '선포되지 않은 전쟁'이라고 여긴다.[40] 저항으로서의 테러는 공포를 유포함으로써 제삼자인 주민들로 하여금 권력의 약속을 의심케 하고, 권력이 저항적 테러행위자를 색출하고 처벌하는 과정에서 권력이 지닌 폭력적 본성을 드러내게끔 전략적으로 유도한다.[41]

20세기까지의, 테러에 대한 기존 권력의 반응과 관련해 에릭 홉스봄은 거기에 "제1세계와 제3세계 사이의 흥미로운 차이점"이 있다고 말한다.

전체적으로 볼 때, 적어도 유럽의 경우에는 (…) 새로운 정치적 폭력을 다스리는 데 있어서 공권력이 제한적으로 사용됐고 헌정이 중단되지도 않았다. 물론 가끔은 히스테리로 반응을 하고 경찰뿐 아니라 공식·비공식적 군대를 동원하는 과잉 대응을 하기도 했지만, 대개는 적절한 대응으로 일관

---

**40** 이 표현은 브루스 호프먼(Bruce Hoffman)의 책, *Inside Terrorism*(New York: Columbia University Press, 2006)의 독일어판 제목(*Terrorismus. Der unerklärte Krieg*)에서 빌린 것이다.

**41** 테러행위자가 관심을 끌고자 하는 제삼자와, 공격당한 쪽의 잔혹한 대응에 따라 테러행위자가 주장한 공격당한 쪽의 혐의가 사후적으로 입증되는 논리에 대해서는 헤어프리트 뮌클러, 앞의 책, 213~214쪽 참조.

했다. (…) 유럽에서는 라틴아메리카에서의 조직적인 고문과 대규모 테러와 같은 '추악한 전쟁'이 없었다는 사실이 중요하다. 라틴아메리카에서는 정부 군의 테러 퇴치 작전이 반군의 폭력을 훨씬 능가했다.[42]

제1세계와 제3세계에서 발견되는 이런 차이는 각각의 세계에 속하는 국가들이 가진 권력의 정도와 관련될 것이다. 주민들에 대한 권력이 약한 국가에서는 정권이 그와 같은 저항을 훨씬 더 심각한 위협으로 여기게 되고, 그렇기 때문에 테러에 더욱 폭력적으로 반응하게 된다. 그러나 그러면 그럴수록 정권의 억압성은 더 잘 드러나고, 그 사실을 주장해온 저항세력은 반사적으로 주민들의 지지를 얻게 된다. 그 반면에 주민들에 대한 권력이 강한 국가에서는 테러가 대중의 지지를 얻지 못하기 때문에 또한 정권에 중대한 위협이 되지 못하고, 그러므로 정권이 비교적 덜 억압적으로 테러에 대응할 수 있게 된다.

한때 저항으로서의 테러는 적어도 동일한 공간에서 동일한 인구집단에 대한 지배를 추구했기 때문에 지배의 대상을 직접적인 폭력의 대상으로 삼지 않았다. 기존의 지배세력만을 적으로 간주하고 그 일부를 폭력의 대상으로 삼았을 뿐이다. 제국의 지배에서 벗어나려고 시도한 식민지 해방운동의 테러가 그러했고, 자본가들의 지배에서 벗어나려고 시도한 사회주의적 혁명세력의 테러가 그러했다. 그러므로 공간에 대한 지배, 특히 그 공간에서 살고 있고 생산에 종사하는 사람들에 대한 지배를 목적으로 하는 저항으로서의 테러는 그 공간과 그곳에서 살아가는 사람들의 파괴를 목적으로 삼지 않았다. 파괴하는 경우에도 그 대상을 신중하게 선택했고, 파괴

**42** 에릭 홉스봄, 『폭력의 시대』, 이원기 옮김(민음사, 2008), 140-141쪽.

의 효과가 정서적 연결과 차단의 이중적 메커니즘을 따라 의도한 대로 퍼져나가도록 하여 기존의 지배집단에 속한 자들의 항복과 그들의 지배를 받던 사람들의 복종을 얻어내고자 했다. "1960년대에 UN 총회에서 자리를 차지하게 된 수많은 정치인들이 바로 얼마 전까지만 해도 테러리스트로 낙인찍혀 탄압받던 사람들이었다"는 표현은 바로 저항으로서의 테러가 한때 지녔던 '권력'지향적인 성격, 즉 정치적이고 세속적인 성격을 나타낸다.[43] 그러므로 폭력은 정치적 목적에 의해 통제되었고 절제되었다. 지배세력에 대해서는 폭력을 사용할 수 있음을 보이되, 주민들에 대해서는 사용하지 않을 수 있음을 또한 보임으로써 적의 항복과 주민들의 복종을 얻으려고 했다. 저항으로서의 테러는 비대칭적 전술을 이용해 군사적으로 훨씬 더 강한 적과 진정으로 누가 더 강한지를 겨루면서 궁극적으로 공통의 인구집단을 두고 그들의 복종을 얻으려고 노력했다.

그러나 그들이 성공한 경우에도, 그들로 하여금 궁극적으로 주민들의 복종을 얻을 수 있게 한 것은 권력이었지 결코 폭력이 아니었다. 권력을 획득하고 유지하기 위해 적을 향해 테러의 방식으로 폭력을 사용했지만, 그것이 주민들에 대한 권력을 만들어준 것은 아니었다. 주민들의 복종, 곧 권력을 획득하지 못했을 때, 저항세력은 테러를 그저 하지 않을 수 없었다. 그저 하지 않을 수 없을 때에 테러는, 그것이 저항을 위한 것이건 지배의 유지를 위한 것이건 간에, 반드시 실패했다. 왜냐하면 그것이 '무고한' 피해자를 끊임없이 양산했기 때문이다.[44] 이 점과 관련해 테러리즘이 도덕적으로 정당할 수 있는지를 따지는 왈저(Michael Walzer)는, 테러리즘이 약자

---

**43** 헤어프리트 뮌클러, 앞의 책, 215쪽.
**44** 피해자의 '무고함'과 '유고함'에 대한 판단의 정치적 성격에 관해서는 공진성, 앞의 책(2010), 67-68, 그리고 116쪽 이하 참조.

의 최후의 수단이라고 흔히 얘기되지만, 이때의 약함은 그 어떤 군사적 약함이 아니라, 사실 테러행위자들이 주민들에 대해 가지는 정치적 약함이며, 관념적으로만 최후의 수단이지, 실제로는 최우선으로 선택하는 수단이라고 비판한다.[45] 이제 테러는 그 어떤 목적을 위한 제한적 합리성을 지닌 수단이 아니라, 그 자체로서 목적이 되어버렸다. 자립한 폭력, 타락한 폭력, 곧 테러리즘으로 변한 것이다.[46] 이것은 단순히 권력이 정당성을 박탈하기 위해 낙인찍는 이름이 아니다. 이름의 유사성 뒤에 숨어 자신의 벌거벗은 폭력을 정당화하려는 시도가 종종 이루어지고, 그런 시도에 많은 사람들이, 특히 사태와 무관한 제삼자들이 속기도 하지만, 이 두 가지 폭력은 분명히 다른 것이다.

주민들로부터 정당성을 얻기 위해 노력하며 '적'에게 제한된 폭력을 행사하는 테러, 그럼으로써 '유고한' 피해자의 수마저 줄이려고 하는 테러와, 그런 정당성을 선험적으로 확보하고서 '적'은 물론이고 '무고한' 피해자의 수마저 늘리려고 하는 테러리즘은, 그것이 기존 권력에 의해 행사되는 것인지, 저항세력에 의해 행사되는 것인지와 무관하게, 분명히 구분되어야 한다. 신뢰를 추구하며 폭력 감소의 법칙을 따르는 테러와 불신을 조장하며 폭력 증가의 법칙을 따르는 테러리즘은 적어도 개념적으로 구분되어야 한다. 응급조치로서의 테러는 타락의 위험을 지닌 채로 권력에 의해 또는 권력을 추구하며 아슬아슬하게 사용된다. 그 폭력을 사용하는 자신들과 그 폭력의 대상이 되는 사람들의 '(비)잠재력'을 보존하는 한, 테러는 권력으로

---

**45** 마이클 왈저, 『전쟁과 정의』, 유홍림 옮김(인간사랑, 2009), 87-88쪽 참조.
**46** 흔히 테러리즘을 정치적 목적을 위해 테러를 전술적으로 이용하는 것이라고 정의하는 것과 다르게 이 글에서 나는 정치적 목적의 유무와 무관하게 그것이 무절제하게, 즉 경제적이지 않게 사용될 때 실패할 운명임을 강조하며 (테러와 구분하여) '테러리즘'이라고 부른다.

다시 재생될 수 있지만, 스스로 그 '(비)잠재력'을 잃어버리는 순간, 자신들과 함께 타인들도 파괴하는 벌거벗은 폭력, 테러리즘으로 변하게 된다.

현실 속에서 테러와 테러리즘을 구분하는 것이 여전히 어려운 것은 '적'의 의미도, '무고함'의 의미도 모두 권력과 연관되기 때문이다. 그러나 권력이 궁극적으로 인간의 복종과 자유의 감정과 관련되는 한, 테러의 성공 여부를 결정하는 것은 결국 인간이다. 국가의 권력이 근본적으로 민주적일 수밖에 없으며, 생각하는 존재인 인간을 동물이나 기계로 만드는 국가의 지배가 결코 지속될 수 없다고 하는 스피노자의 주장은 이런 의미에서 여전히 유의미해 보인다.[47]


## 6. 맺음말

아렌트의 지적대로 "폭력은 본성상 도구적이므로 그것을 통해 정당화해야 하는 목적에 도달하는 데 효과적인 만큼 합리성을 가진다. 그리고 우리가 행위를 할 때 우리가 하는 일의 최종 결과를 결코 확실하게 알 수 없기 때문에, 폭력은 오직 단기적 목표를 추구할 때에만 여전히 합리적이다."[48] 그러므로 충분한 시간 주권을 누릴 수 없는 정치적 폭력과 테러는 조바심을 낼 수밖에 없다. '인이불발(引而不發)'의 미덕을 보일 수 없는 것이다. 부분에 폭력을 가하고서 명령을 따르지 않으면 나머지 부분들에도 마찬가지의 폭력이 가해질 것이라고 위협했는데, 상대가 그 명령을 따르지 않으면

---

47 베네딕트 데 스피노자, 앞의 글, 16장과 20장 참조.
48 한나 아렌트, 앞의 글, 232~233쪽.

수단으로서의 폭력은 딜레마에 빠진다. 약속한 폭력을 나머지 부분들에 가하는 순간, 지배와 권력은 불가능해지며, 폭력은 단순한 파괴에 불과한 것이 된다. 그러나 폭력을 가하지 않는 순간 그것은 공갈협박이 되어버리므로, 또한 지배와 권력은 불가능해진다. 이처럼 폭력은, 권력이 결핍되어 있는 경우에, 타락할 운명을 가지고 있다. 권력은 잠재적 폭력(테러)의 뒷받침 없이 유지되기 어렵지만, 현재적 폭력(테러리즘)을 통해서는 결코 달성될 수 없다.

오늘날 우리가 목격하는 테러리즘의 비참함은, 그것이 국가에 의한 것이건 저항세력에 의한 것이건 간에, 그것이 대부분 '하지 않을 수 있음'의 표현이 아니라는 데에 있다. 자립하여 스스로 목적이 되고 유희가 되어버린 이 테러리즘이 어찌 보면 특이한 경우가 아니라 이 시대가 낳은 평범한 모습인지도 모른다. 테러리즘에 반대하며 위압적으로 표현의 자유를 외치는 대규모 군중의 시위에서도 그런 평범한 모습을 우리는 발견하게 된다. 어쩌면 오늘날 사람들은 아감벤의 주장대로 (비)잠재성을 잃어버렸는지도 모른다.

비잠재성에서 분리되어 무엇인가 하지 않을 수 있다는 경험을 박탈당한 오늘날의 인간은 스스로 모든 일을 할 수 있다고 믿는다. (…) 그러나 이때야말로 정확히 인간은 그가 더 이상 제어할 수 없는, 전례 없는 힘과 흐름에 휘말려 있음을 자각해야 한다. 오늘날 인간이 외면하는 것은 능력이 아니다. 인간이 외면하는 것은 (…) 하지 않을 수 있는 능력이다.[49]

---

**49** 조르조 아감벤, 앞의 책, 76쪽.

# 참고문헌

## 국문

공진성, 『폭력』, 책세상, 2009.

공진성, 『테러』, 책세상, 2010.

카야노 도시히토, 『국가란 무엇인가』, 김은주 옮김, 산눈, 2010.

한병철, 『권력이란 무엇인가』, 김남시 옮김, 문학과지성사, 2011.

니콜로 마키아벨리, 『로마사 논고』, 강정인·안선재 옮김, 한길사, 2003.

니콜로 마키아벨리, 『군주론』, 강정인·김경희 옮김, 까치, 2008.

마이클 왈저, 『전쟁과 정의』, 유흥림 옮김, 인간사랑, 2009.

베네딕트 데 스피노자, 『신학정치론·정치학논고』, 최형익 옮김, 비르투, 2011.

셸든 월린, 『정치와 비전 2』, 강정인·이지윤 옮김, 후마니타스, 2009.

에릭 홉스봄, 『폭력의 시대』, 이원기 옮김, 민음사, 2008.

조르조 아감벤, 『벌거벗음』, 김영훈 옮김, 인간사랑, 2014.

한나 아렌트, 『공화국의 위기』, 김선욱 옮김, 한길사, 2011.

헤어프리트 뮌클러, 『새로운 전쟁』, 공진성 옮김, 책세상, 2012.

## 외국어

Daase, Christopher, "Terrorismus—Begriffe, Theorien und Gegenstrategien. Ergebnisse und Probleme sozialwissenschaftlicher Forschung," *Die Friedens-Warte*, 76/1, 2001.

Herman, Edward S. & O'Sullivan, Gerry, *The "Terrorism" Industry: The Experts and Institutions That Shape Our View of Terror*, New York : Pantheon Books, 1989.

Ignatieff, Michael, "'The Lessons of Terror': All War Against Civilians Is Equal," *The New York Times*, Feb. 17, 2002.

Luhmann, Niklas, *Macht*, 4. Auflage, München : UTB, 2012.

Scheerer, Sebastian, "Terror," Ulrich Bröckling et al.(eds.), *Glossar der Gegenwart*, Frankfurt am Main : Suhrkamp, 2004.

# 6장

# 비국민과 국가폭력:
## 제노사이드의 단계적 메커니즘과 국민보도연맹사건
## 1945~50

김태우

## 1. 머리말

1951년 11월 19일 제2대 국회 본회의 제11회 임시회의에서 최성웅 의원 외 15인은 '전 보도연맹원 등 포섭에 관한 건의안'을 국회에 제출했다. 안건의 취지는 보도연맹원들을 적극적으로 포섭함으로써 "국민으로서의 건전한 활동"을 할 수 있도록 조치하는 것이었다. 해당 문건은 시군읍면별로 조직한 심사위원회에서 이에 대해 엄밀히 심사한 후, "심사에 합격된 자에 대하여는 도·시민증을 수여"하여 "차별대우를 철폐할 것"을 건의했다.[1]

---

[1] 국회사무처, 「전 보도연맹원 포섭에 관한 건의안 수정안」, 《국회임시회의속기록》 제11회 97호(1951), 3쪽.

1949년 10월부터 경상북도와 전라남도에서는 '도민증'과 '국민증'이라는 이름의 주민증이 발급되기 시작했다. 그리고 정확히 1년 뒤인 1950년 10월부터는 서울 시민을 대상으로 한 '시민증'과 여타 지역민들에 대한 '도민증'이 전국적으로 발행되기 시작하였다. 당대 사람들에게 시·도민증은 지금의 주민등록증처럼 대한민국 국민임을 증명할 수 있는 가장 대표적인 신분증명서였다. 그런데 위의 국회 건의안을 통해 추정할 수 있듯이, 국민보도연맹이라는 단체의 구성원들에게는 도민증이나 시민증이 발급되지 않고 있었다. 국민보도연맹원들은 사실상 대한민국 내의 공식적인 '비국민' 취급을 받고 있었던 것이다.

여기서 언급된 국민보도연맹(國民保導聯盟)이라는 단체는 1949년 4월 20일 서울시경 내에서 소규모로 창립된 뒤, 같은 해 6월 5일 공산주의 사상에 물든 사람들을 전향시켜 '보호하고 인도한다[保導]'는 취지하에 조직된 이승만 정부의 반공 관변단체를 일컫는다. 한국전쟁 이전 시기 이 조직의 구성원 규모는 약 30만 명에 달했던 것으로 추정되며, 이들에게는 시·도민증 대신 국민보도연맹원증이 발급되었고, 자유로운 이동조차 허락되지 않았다. 다시 말해 과거 공산주의 활동과 연계되었던 것으로 '간주된' 국민보도연맹원들은 1949~50년 당시 대한민국 내에 존재했던 공식적인 '비국민'이었던 것이다.[2] 그리고 대한민국은 전쟁이라는 국가적 위기상황 속에서 이 비국민들을 집단학살의 방식으로 철저히 절멸시켜버렸다. 한국전쟁기 이른바 '국민보도연맹사건'이라는 집단학살 사건이 발생했던 것이다.

---

**2** 필자가 '간주된'이라는 표현을 강조한 이유는 실제 국민보도연맹원 중에는 과거 공산주의 활동 경력과 무관한 사람들이 다수 포함되어 있었기 때문이다. 그러나 기존의 공산주의 활동 여부와 무관하게 일단 국민보도연맹에 가입된 이들은 감시와 통제의 대상으로 분류되었고, 전쟁기에 무차별적으로 학살되었다.

국민보도연맹사건이란, 한국전쟁 기간 중에 대한민국 정부와 군이 과거 공산주의 활동과 연계된 것으로 간주된 국민보도연맹원이나 감옥의 양심수 등을 무차별적으로 살해한 대학살 사건을 지칭한다. 그 피해자의 수는 적게는 10만에서 많게는 30만에 달하는 것으로 추정된다. 그리고 이 대학살의 과정에서 공산주의 활동과 무관했던 평범한 민간인들이 남로당원과 같은 실제 공산주의자들보다 더 많이 무차별적으로 학살된 것으로 알려져 있다.

그러나 한국전쟁기의 대학살을 거치며 남한 지역의 공산주의자들이 철저하게 박멸되었다는 것은 역사적 사실로 간주할 수 있다. 전쟁기 부역자 처벌 과정에서 볼 수 있는 것처럼, 아주 경미하게나마 공산주의 활동과 연계되어 있었던 인물들은 대한민국의 철저한 응징의 대상이 되었다. 그나마 대학살에서 간신히 목숨을 부지한 공산주의자가 존재한다 할지라도, 그들의 절대다수는 생존을 위해 월북을 선택하곤 했다. 그리고 설령 목숨을 부지한 극소수의 공산주의자들이 남한 지역에 존재했다 할지라도, 그들은 북진통일정책이 압도한 1950년대와 반공주의가 국시(國是)가 된 1960년대에 자신의 정체성을 자발적으로 거세한 채 살아가야만 했을 것이다. 따라서 전쟁기 학살의 결과로 사실상 남한 지역 공산주의자들은 인적으로 절멸되었다고 평가해도 과하지 않을 것이다.

이 글은 위와 같은 한국전쟁발발 전후의 대한민국 공산주의자들의 절멸 과정에 대한 분석을 통해 국가폭력 발현의 단계적 메커니즘을 살펴보고자 한다. 특히 제노사이드(genocide)라는 폭력 '가해자'의 행위에 대한 면밀한 고찰을 통해 해방5년사의 주요 사건들을 새롭게 재해석하고, 폭력 자체의 발현 양상에 대한 현상적 연구를 시도해보고자 한다. 제노사이드는 폭력의 기원적인 성격을 보여줄 뿐만 아니라, 폭력이 극대화된 형태로 표출된 일종의 국가폭력이다. 따라서 이에 대한 면밀한 고찰은 국가폭력 촉발의 원인과 과정을 밝히는 데 적잖은 시사점을 줄 수 있다.[3] 이 글은 이 같은 제노사이드라는 국가폭력과 일반적 의미의 폭력의 상관관계에 주목하며, 한국 현대사에서 등장한 제노사이드의 단계적 메커니즘 분석을 통해 한국 국가폭력의 세계사적 보편성과 특수성에 대해 살펴보고자 한다.

잘 알려져 있듯이, '제노사이드'라는 용어는 폴란드 출신의 유대인 법학자 렘킨(Raphael Lemkin)에 의해 만들어진 단어로서, 인종이나 종족을 뜻하는 고대 그리스 어 'genos'에 살인을 의미하는 라틴 어 'cide'를 결합하여 만든 합성어다. 제2차 세계대전 종전을 전후한 시기에 렘킨은 제노사이드를 국제법상의 범죄로 규정하기 위한 노력을 지속했다. 그 결과 UN 총회는 1948년 12월 9일 총 19개 조항으로 이루어진 '제노사이드 범죄의 방지와 처벌에 관한 협약(Convention on the Prevention and Punishment of the Crime of Genocide)'을 체결하는 데 성공했다. 제노사이드 협약 제2조는 제노사이드를 "국민·인종·민족·종교집단 전체 또는 부분을 파괴할 의도를 가지고 실행된 행위"로 규정하고 있다.[4]

본 연구자는 위와 같은 제노사이드 협약의 개념 규정에 따라 한국전쟁기 국민보도연맹사건으로 대표되는 한국 공산주의자 집단학살 사건을 응

---

**3** 예컨대 한국 현대사의 국가폭력 문제를 오랫동안 연구해온 김동춘은 해외 학계의 연구사례를 인용하면서, "국가에 의한 강제력과 억압의 사용에 주의를 기울이지 않고서는 개인이나 집단이 행사하는 폭력의 기원을 알 수가 없다"고 주장한다. 김동춘, 「20세기 국가폭력과 과거 청산」, 『국가폭력, 민주주의 투쟁, 그리고 희생』(함께읽는책, 2002), 433쪽.

**4** 렘킨의 제노사이드 개념의 창출 과정과 내용에 대해서는 다음의 책을 참조하시오. Raphael Lemkin, *Axis Rule in Occupied Europe: Laws of Occupation, Analysis of Government, Proposals for Redress*(Washington D.C.: Carnegie Endowment for International Peace, 1944); Raphael Lemkin, "Genocide," *American Scholar*, 15(2), 1946; 최호근, 『제노사이드』(책세상, 2005), 21–38쪽.

당 제노사이드의 범주에 포함시킬 수 있다고 본다. 대한민국은 '국민'의 일부를 국민보도연맹이라는 조직 내에 고립시켰고, 그들에게 국민으로서의 신분증(시·도민증)을 발급하지 않은 채 노골적으로 차별했으며, 전쟁이라는 위기상황 속에서 집단희생시켜버렸다. 이 같은 사실은 '국민'의 특정 부분을 "파괴할 의도를 가지고 실행된 행위"라는 측면에서, 국민보도연맹사건을 국제법상의 제노사이드 범주 내에 포함시키는 것을 가능하게 해준다.

국민보도연맹사건을 국제법상 제노사이드의 관점에서 볼 경우, 우리는 서구 학계를 중심으로 오랫동안 축적되어온 제노사이드 일반론의 관점에서 국민보도연맹사건을 재해석해낼 수 있다. 아마도 이 글은 그 같은 학술적 시도의 일환이라고 볼 수 있을 것이다. 특히 이 글은 제노사이드를 동기화·추진·정당화하는 전반적인 '단계적 메커니즘'에 관한 서구학계의 연구방법론을 참조하여, 한국의 사례에 대해 구체적으로 분석해보고자 한다.

레닌과 스탈린 치하의 소련, 히틀러의 나치 독일, 크메르 루주 하의 캄보디아, 세르비아와 보스니아 내전 등의 제노사이드 사례를 분석한 와이츠(Eric D. Weitz)는 모든 제노사이드들이 어느 날 "갑자기 발생하지 않았다"는 사실을 강조하며 제노사이드의 보편적 특징으로서의 '단계적 메커니즘'을 강조한다.[5] 이 같은 단계적 메커니즘을 중시한 연구로는 와이츠 외에도 스탠턴(Gregory H. Stanton), 울프(Linda M. Wolf)와 헐시저(Michael R. Hulsizer) 등의 논저를 들 수 있다.[6] 한국에서는 김상기가 제주4·3사건

---

**5** Eric D. Weitz, *A Century of Genocide: Utopias of Race and Nation*(Princeton and Oxford: Princeton University Press, 2003), p. 14.

**6** Stanton, Gregory H., "The Eight Stages of Genocide," 1998, available online at

의 단계적 메커니즘을 제시한 사례가 있다.[7] 이들은 제노사이드라는 압도적 폭력으로 나아가기까지의 구체적 단계를 분석적으로 제시함으로써, 특정 집단에 대한 타자화나 비인간화가 제노사이드의 강력한 전조(前兆) 현상이 될 수 있다는 사실에 대해 강력하게 경고한다. 요컨대 제노사이드의 단계적 메커니즘을 중시하는 연구들은 현시대와 미래의 제노사이드를 사전에 경고하고 예방하기 위한 '실천적 평화학'의 성격을 강하게 지니고 있는 것이다. 그리고 이 연구 또한 그 같은 평화학의 실천성을 기본 문제의식으로 간주하고 있다.

이 글의 주요 목적은 한국의 제노사이드에 관한 구체적 사례연구나 역사적 진실규명이 아니라, 국민보도연맹사건이라는 절멸적인 국가폭력으로 가기까지의 폭력의 총체적이고 단계적인 메커니즘을 고찰하는 데 있다. 이같은 연구는 한국 제노사이드의 진행 과정을 세계사적 맥락에서 비교·고찰하도록 도와줌으로써, 한국적 사례의 세계사적 보편성과 특수성을 보다 분명하게 드러내줄 수 있다. 더불어 제노사이드 메커니즘의 일반론적 관점에서 한국적 사례들을 재해석하며, 그동안 국내 학계의 연구대상에서 배제되거나 소외된 개별적 사실들의 중요성을 환기시키고, 몇몇 주요 사건의 역사적 위상을 재정립하는 데 도움을 줄 것이다.

---

http://www.genocidewatch.org; Gregory H. Stanton, "Could the Rwandan genocide have been prevented?," *Journal of Genocide Research*, 6(2), 2004; Linda M. Wolf & Michael R. Hulsizer, "Psychosocial roots of genocide : risk, prevention, and intervention," *Journal of Genocide Research*, 7(1), 2005.

**7** 김상기, 『제노사이드 속 폭력의 법칙』(선인, 2008).

## 2. 제노사이드의 '단계적 메커니즘'에 관한 기존 논의들

제노사이드의 메커니즘에 관한 기존 논의는 크게 사회심리적 메커니즘을 중시하는 연구와 단계적 메커니즘을 중시하는 연구로 양분될 수 있다. 제노사이드의 사회심리적 메커니즘에 대한 대표적 연구들은 대중적으로도 널리 알려져 있는 밀그램(Stanley Milgram)의 심리학 실험에서 영향을 받은 스타우브(Ervin Staub), 켈먼(Herbert Kelman), 해밀턴(Lee Hamilton), 허시(Herbert Hirsch) 등의 논저다. 이들은 자신의 연구를 통해 학살 과정에서 작동한 배제, 일상화, 비인간화, 권위적 문화 등의 구체적 내용을 드러내며, 제노사이드의 사회심리적 메커니즘을 강조했다.[8] 한국에서는 권귀숙이 제주4·3사건의 전 과정에서 '경계짓기'의 중요성을 드러낸 사회심리적 연구를 발표하기도 했다.[9]

이상과 같은 제노사이드의 사회심리적 메커니즘을 중시한 연구들은 제노사이드 수행의 전반적 과정에 영향을 미친 '특정한 사회심리적 기제'의 발현을 강조한다. 반면에 단계적 메커니즘을 중시한 연구들은 주요 사례연구를 통해 대량학살이라는 압도적 폭력 상황으로 나아가기까지 폭력의 상승 과정을 '경로 중심적'으로 분석한다는 점에서 뚜렷하게 구분된다.

와이츠의 저서는 아마도 사례연구를 통해 제노사이드의 단계적 메커니즘을 고찰한 대표적 연구성과로 꼽을 수 있을 것이다. 와이츠는 레닌

---

**8** Stanley Milgram, *Obedience to Authority*(New York: Harper & Row, 1974); Ervin Staub, *The Roots of Evil*(Cambridge: Cambridge University Press, 1989); Herbert Kelman & Lee Hamilton, *Crimes of Obedience*(New Haven and London: Yale University Press, 1989); Herbert Hirsch, *Genocide and the Politics of Memory*(Chapel Hill: The University of North Carolina Press, 1995).
**9** 권귀숙, 『기억의 정치』(문학과 지성사, 2006).

과 스탈린 치하의 소련, 나치 독일, 크메르 루주 하의 캄보디아, 세르비아와 보스니아의 전쟁 등의 네 가지 사례에서 발생한 제노사이드를 분석한다. 그는 이 상이한 네 가지 역사적 사례들을 각각 저서의 네 가지 개별 장(chapter)의 제목과 분석 대상으로 설정한 후, 이 개별 장들을 동일한 절(sub chapter) 제목으로 구성하는 독창적인 글쓰기 전략을 보여준다. 여기서 말하는 동일한 절 제목이란, 권력과 이상향(Power and Utopia), 주민의 범주화(Categorizing the Population), 주민 숙청(Purging the Population), 최종 숙청(The Ultimate Purge), 주민 숙청의 의례화(Rituals of Population Purges)를 뜻하며, 이 같은 구성은 제노사이드의 5단계 메커니즘을 뜻하기도 한다.

와이츠의 제노사이드 5단계 메커니즘의 첫 번째 단계인 '권력과 이상향'은 제노사이드 수행 주체인 정치 지도자의 이데올로기적 지향(ideological orientation)을 뜻한다. 두 번째 단계인 '주민의 범주화'는 지배세력의 집요한 주민 계층화 과정을 의미한다. 세 번째 단계인 '주민 숙청'은 정치적·경제적 반대자들이 억압받고 죽음을 당하기 시작하며, 보다 광범한 주민학살을 위한 준비 작업이 시작되는 단계다. 네 번째 단계인 '최종 숙청'은 차별이나 부분적 학살의 범주를 넘어 조직적이고 치명적인 제노사이드 정책들을 수행하는 단계를 말한다. 그리고 마지막 다섯 번째 단계인 '주민 숙청의 의례화'는 평범한 다수의 사람들까지 잔혹한 제노사이드에 참여하게 만드는 계기와 맥락들, 학살 후의 기억말살과 학살흔적 파괴 과정 등을 보여준다.[10]

스탠턴의 「제노사이드 8단계」 또한 제노사이드의 단계적 메커니즘론에

---

**10** Eric D. Weitz, op. cit., pp. 14-15.

관한 대표적 연구성과로 알려져 있다. 스탠턴은 르완다 사례에 대한 구체적 분석을 통해 자신의 8단계론을 더욱 정교화했다. 특히 그는 제노사이드 방지를 위한 국제기구인 제노사이드 워치(Genocide Watch)의 설립자이자 위원장으로서, 현실 세계에서 제노사이드를 예방하고 경고하기 위한 실천적 활동의 일환으로 제노사이드 8단계론을 강조해왔다. 스탠턴은 앞의 단계들이 뒤의 단계들보다 선행하긴 하지만, 선행단계들이 제노사이드의 전반적 진행 과정에서 사라지지 않고 지속적으로 영향을 미친다고 주장한다.

스탠턴의 8단계는 분류, 상징화, 비인간화, 조직화, 양극화, 준비, 절멸, 부정으로 나뉜다. 우선 '분류(classification)'는 제노사이드의 첫 번째 단계로서, 사회집단을 "우리와 그들(us versus them)"로 구분하는 과정을 일컫는다. 즉, 우리와 상이한 존재로서의 '타자'를 설정하는 것이 제노사이드의 첫 단계라는 것이다. 두 번째 단계인 '상징화(symbolization)'는 분류된 개별 집단들이 상징화되는 과정을 뜻한다. 각각의 집단들은 노란별과 같은 차별적 표상이나 신분증, 특정한 이름 등을 전통과 법률에 따라 강요당한다. 세 번째 단계는 제노사이드라는 죽음의 소용돌이가 시작되는 '비인간화(dehumanization)' 단계다. 이 단계에서 희생자들은 동물의 명칭으로 불리거나, 질병에 비유된다. 네 번째 단계인 '조직화(organization)'는 학살자 집단의 조직화를 뜻하고, 다섯 번째 단계인 '양극화(polarization)'는 온건주의자들이 표적으로 설정되어 학살되는 과정을 의미한다. 여섯 번째 단계인 '준비(preparation)'는 제노사이드의 구체적 계획이 수립되고, 시험적 학살이 진행되는 단계다. 일곱 번째 단계인 '절멸(extermination)'은 법적으로 제노사이드로 규정되는 집단학살 과정을 뜻하며, 마지막 단계인 '부정(denial)'은 학살 이후에 가해자들이 자신의 범죄를 부인하거나 정당화하는

행위를 의미한다.[11]

스탠턴과 마찬가지로, 울프와 헐시저 또한 제노사이드에 관한 기존 연구들을 종합적으로 검토하며 자신들만의 독자적인 단계적 메커니즘을 제시했다. 이들은 제노사이드의 과정을 7단계로 구분해 말한다. 그런데 이들은 자신의 이론이 모든 집단폭력이나 제노사이드에 적용될 수 있는 불변의 법칙이라기보다는, 상승하는 제노사이드의 위험 정도를 보여주는 준거로 보아야 한다고 주장한다. 그리고 각각의 단계들은 사건의 진행 경과에 따라 중첩될 수 있다는 사실을 강조한다. 울프와 헐시저의 7단계는 ① 외부집단(out-group)의 설정과 우월주의의 발흥, ② 특권의 박탈과 낙인, ③ 시민권의 상실과 비인간화, ④ 고립화, ⑤ 인권의 박탈, ⑥ 존재의 상실, ⑦ 부정 등으로 구성된다.[12]

이상에서 살펴본 와이츠, 스탠턴, 울프와 헐시저의 연구는 제노사이드라는 압도적 폭력 상황으로 나아가기까지의 폭력의 상승 과정을 경로 중심적으로 살피고 있다. 이들은 공히 자신들의 단계론이 세계사 속의 모든 제노사이드 사건들에 천편일률적으로 적용되지는 않는다고 주장한다. 그러나 이들은 자신들의 단계론이 상당 정도의 세계사적 보편성을 띤다는 사실에 대해 명백하게 강조한다. 이 같은 보편성에 대한 강조는 자신들의 이론이 미래의 또 다른 제노사이드에 대한 예방적 기능을 수행할 수 있을 것이라는 실천적 문제의식의 발현이라고 볼 수 있을 것이다.

이상의 단계론적 접근법에서 발견할 수 있는 몇 가지 공통점을 짚어보면 다음과 같다. 첫째, 이들은 르완다, 나치, 소련, 유고 등의 지역에서 발

**11** Gregory Stanton, op. cit., 1998; Gregory H. Stanton, op. cit., 2004.
**12** Linda M. Wolf & Michael R. Hulsizer, op. cit., pp. 114-119.

생한 제노사이드 사례분석을 통해, 그 초기 단계로서 한 사회 내의 특정 집단을 외부집단으로 설정하고, 부정적 낙인을 찍는 일종의 '타자화' 과정이 발생한다는 사실을 공통적으로 지적한다. 둘째, 위의 연구자들은 법적 개념으로서의 제노사이드, 즉 타자로 규정된 집단에 대한 총체적 절멸화 과정으로 나아가기 전에, 외부집단에 대한 비인간화와 시험적이고 부분적인 학살 —와이츠의 '주민 숙청', 스탠턴의 '준비', 울프와 헐시저의 '인권박탈' 단계— 이 진행된다는 사실을 지적한다. 셋째, 위의 연구자들은 제노사이드 사건 발생 이후 가해자에 의한 학살행위 부정과 정당화 단계가 어김없이 이어진다고 주장한다. 이상의 공통점들은 미래에 발생 가능한 제노사이드 사건을 사전에 차단하는 데 적잖은 도움을 줄 수 있을 뿐만 아니라, 연구대상에서 제외된 세계 여타 지역의 제노사이드 사례분석에서도 중요하게 활용될 수 있을 것이다.

## 3. 단계적 메커니즘의 관점에서 본 남한 지역 공산주의자들의 절멸 과정

와이츠, 스탠턴, 울프와 헐시저는 각자 나름의 사례연구를 통해 제노사이드의 보편적이고 세계사적인 특성으로서의 단계적 메커니즘을 구명하고자 했다. 이들이 구명한 제노사이드의 단계적 현상은 세계의 모든 제노사이드 사건에 일률적으로 적용되는 불변의 진리는 아니지만, 주요 제노사이드 사건들에서 공통적으로 발견되는 보편적 현상이라는 것이 이들의 주장이다. 따라서 위와 같은 단계적 메커니즘은 응당 한국에서 발생한 제노사이드에도 중요하게 적용될 수 있을 것이다.

앞서 머리말에 제시했듯이, 실제 한국 현대사에도 제노사이드가 존재했다. 과거에 공산주의 활동과 연계되었던 것으로 '간주된' 약 30만 명에 달하는 특정 집단의 사람들을 비국민으로 설정하고, 국가적 위기상황에 이들을 총체적으로 절멸시키고자 한 국민보도연맹사건과 같은 집단학살 사건은 그 대표적 예가 될 수 있을 것이다. 그런데 필자는 단순히 1949년 국민보도연맹이라는 조직의 탄생 과정부터 단절적으로 이 사건을 살필 경우, 위에서 언급한 제노사이드의 단계적 메커니즘을 제대로 구명할 수 없다는 문제의식을 갖고 있다. 한국에서 공산주의자들에 대한 적대감의 고조와 물리적 공격 및 살해는 이미 1946년경부터 등장하고 있었다.

이 글은 해방 이후에 발생한 대표적 정치·사회적 사건들인 찬반탁논쟁, 10월항쟁, 제주4·3사건, 여순사건, 국민보도연맹사건 등을 공산주의자라는 불법적 '비국민'의 탄생과 절멸 과정을 보여주는 일련의 '연속적 사건'으로 고찰하고자 한다. 물론 기존 연구를 통해 구체적으로 규명되어 있듯이, 위의 사건을 통해서 학살당한 사람들은 비단 공산주의자들만이 아니다. 오히려 남로당원과 같은 공산주의 활동 경력과 무관한 사람들이 상당한 비율의 피학살자군을 형성하고 있었다. 그럼에도 불구하고 이상의 사건들의 가해자들은 공히 학살 희생자들을 국가의 적(敵)인 공산주의자들이라고 '주장'하며, 자신들의 무차별적 폭력행위를 적극적으로 정당화했다. 학살 가해자들의 무차별적 폭력행위는 비국민인 공산주의자들을 향한 '정당한 국가폭력' 행위로 철저히 합리화되었다. 이 같은 가해자의 인식과 행위는 학살 '가해자'의 폭력행위의 단계적 상승 과정을 추적하는 본 연구에서는 매우 중요한 역사적 사실이다. 피학살자군의 실체와는 무관하게, 최소한 국가는 '공산주의자'라는 일군의 사람들을 '비국민화'하는 데 성공했기 때문에 자신들의 폭력행위를 적극적으로 합리화할 수 있었던 것이다. 세계사 속의 거의 모든 제노사이드 사건들이 그러하듯이, 가해자의 '타자 만들기' 과정으로부터 제노사이드를 살펴야 하는 이유가 여기에 있다.

## 1) 낙인과 타자화(stigmatization and othernization)

해방 후 한국전쟁발발에 이르는 5년도 안 되는 시기에 남한 지역에서 공산주의자들이 적대적 존재로 각인되고, 인적으로 절멸되어가는 과정은 어쩌면 한국사적 맥락에서도 가장 놀라운 반전 사건 중 하나로 간주될 수 있을 것이다. 왜냐하면 해방 직후 공산주의자들은 대부분의 한국 민중들에 의해 일제에 끝까지 저항했던 항일독립운동가라는 긍정적 이미지로 받아들여졌기 때문이다. 그런데 도대체 이 짧은 기간 동안 어떤 일이 있었기에 제주도 4·3사건이나 국민보도연맹사건과 같은 이른바 '빨갱이'를 향한 대량학살 사건이 발생할 수 있었고, 사회 내적으로 정당화될 수 있었을까?

1946년 7월 미군정이 서울시민들 8,476명을 대상으로 시행한 '미래 한국 정부의 형태와 구조'라는 여론조사 결과에 의하면, 전체 조사자의 70%가 사회주의를 선호하고, 10%가 공산주의를 선호하며, 13%의 사람들만이 자본주의를 선호한다고 응답했다. 전체 조사자의 80%가 사회주의·공산주의체제에 대한 선호 의식을 직접적으로 표출한 것이다.[13] 1946년 중순까지도 서울시민들은 좌익계열의 운동가들이나 체제에 대해 상당한 신뢰를 지니고 있었고, 제국주의 피지배 경험에 기초하여 자본주의를 불신했으며, 지주소작제를 청산해야 할 일제 잔재로 간주하고 있었다.[14]

---

[13] "Types and Structure of a Future Korean Government(1949. 9. 10.)," 신복룡 편, 『한국 분단자료집』 6(원주문화사, 1993), 7~42쪽.
[14] 이 같은 시대적 분위기를 반영하여 대표적인 우익계열의 정치인인 송진우나 이승만조차

그렇다면 해방 직후 위와 같이 광범한 지지를 받던 사회주의와 공산주의가 어떤 계기들을 통해 대중적으로 부정적 낙인을 받기 시작했던 것일까? 이와 관련하여, 우선적으로 중요하게 분석해야 할 대상은 미군정의 좌익 정책일 것이다. 기존 연구들을 통해 잘 알려져 있듯이, 미군은 한반도에 진주한 지 1개월도 지나지 않은 시점부터 좌익계열의 활동가들이 강력한 영향력을 행사하기 시작했던 조선인민공화국과 지방인민위원회의 무력화를 위해 다양한 정책을 전개했다. 1945년 10~11월, 미군정은 이미 전남 도인민위원회 습격(10월 31일), 이리와 군산의 인민위원회 습격(11월 초), 목포인민위원회 습격(11월 중순), 보성 공산당지부 습격(11월 말) 등을 진두지휘하고 있었다. 남원에서는 이 같은 습격에 항의하는 1만 명 이상의 대규모 시위가 진행되어, 미군 발포에 의해 사망자 3명, 부상자 50여 명이 발생하는 소요사태까지 전개되었다.[15]

미군정의 한국 좌익세력에 대한 배타적 정책이 강화되는 가운데, 1945년 12월 《동아일보》의 오보로 인한 찬반탁 논쟁의 촉발과 1946년 조선정판사 위조지폐 사건 등은 국내 공산주의자들에 대한 '민중의 인식'을 전복시켜나가는 과정에서 매우 중요한 역할을 담당했다. 해방 직후 공산주의자들은 민족의 독립을 위해 헌신했던 애국자이자 민중의 복리를 위해 노력하는 혁명가라는 이미지로 인해 우익계열 정치가들보다 도덕적 우월성을 확보하며 민중의 지지를 획득할 수 있었다. 그러나 소련이 신탁통치를 주장하고 좌익계열 인사들이 이에 동조하고 있다는 우익정치가들(반탁세력)의 주장은 결국 '좌익=친소=찬탁세력=매국노=반민족세력'이라

1945년 12월까지 소련이나 공산주의자들에게 우호적 입장을 제시하곤 했다. 《서울신문》, 1945년 12월 9일자, 1945년 12월 21일자 참조.
**15** 서중석, 『한국현대민족운동연구』(역사비평사, 1991), 262-263쪽.

는 등식을 단기간에 만들어냈다.[16] 더불어 1946년 5월 이른바 '조선정판사 위조지폐 사건'은 조선공산당에게 '사기꾼', '경제 파괴범', '건국 파괴범'이라는 최악의 부정적 낙인을 대중에게 깊이 각인시켰다. 실제 당시의 설문 조사 결과를 보면, 정판사 위폐 사건 이후 박헌영과 조선공산당에 대한 대중적 지지율이 급락했음을 알 수 있다.[17]

1946년 9~10월, 조선공산당은 위와 같은 위기를 극복하기 위해 대미 강경노선으로 전환하여 9월 총파업과 10월 항쟁으로 이어지는 이른바 '신전술'을 채택했다. 그러나 미군정은 박헌영, 이주하, 이강국 등 공산당 간부들에 전격적인 체포령을 내리는 초강경 조치를 취하였고, 《조선인민보》, 《중앙신문》, 《현대일보》 등 좌익계열 신문들을 정간시켜버렸다. 이 시점에 이르러 공산주의자들과 관련된 모든 조직들은 '불법단체'로 낙인찍혔고, 모든 공산주의 관련 활동은 사실상 '불법화'되기에 이르렀다. 해방 직후 광범한 민중의 지지를 받았던 공산주의자들은 1년여의 짧은 기간 만에 민중의 지지를 상당 정도 상실했을 뿐만 아니라, 38이남 지역에서 합법적으로 활동할 수 없는 완연한 '타자'로 낙인찍히고 말았던 것이다.

### 2) 내부집단 조직화(organizing internal group)

조직화 메커니즘은 특정 '외부집단'에 대한 배제와 혐오의 분위기가 서서히 내부의 '증오집단'으로 조직화되기 시작하고, '군사단체'를 조직하거나 훈련에 돌입하도록 자극하며, 무장화된 다수의 하부세력들로 하여금

---

**16** 정용욱, 『해방 전후 미국의 대한정책』(서울대학교 출판부, 2003), 153-176쪽.
**17** 이에 대해서는 다음 글을 참조. 임성욱, 「미군정기 조선정판사 '위조지폐' 사건 연구」, 한국외국어대학교 국제지역대학원 한국학과 박사학위논문(2015), 231-243쪽.

희생자 집단의 많은 사람들을 산발적이지만 점점 더 빠른 빈도수로 살해하도록 만드는 단계를 지칭한다. 더불어 신문이나 방송과 같은 선전선동 기관들이 조직화된 지배권력 집단에 의해 접수·통제되며, 내부집단의 폭력행위를 철저하게 옹호하기 시작한다.

우선 미군정기부터 한국전쟁 이전 시기까지의 폭력을 독점했던 대표적 집단으로는 '경찰'을 손꼽을 수 있다. 경찰의 형성 과정에 관한 기존의 대표적 연구에 의하면, 남한의 국가형성은 좌익과 여타의 반이승만 세력을 폭력적으로 배제하면서 이루어졌는데, 이 과정에서 가장 적극적으로 동원된 집단이 경찰이었다. 1945년 해방 이후부터 한국전쟁 시기까지 국가형성 과정에서 경찰은 치안유지라는 고유 업무보다는 우익 주도의 정부수립과 정권의 안정화를 주목적으로 활동했다. 미군정기와 정부수립기의 경찰은 공산주의자들을 배제하거나 유격대를 토벌한다는 명목하에 항상 준전시상태를 유지했다.[18]

특히 미군정은 해방 직후 80~90%가 도망치거나 숨어버린 일제경찰들을 다시 불러 모아 미군정의 경찰병력으로 활용하기 시작했는데, 이는 민중의 반목을 샀던 주요 원인이 되었다. 미군정의 통계에 의하면, 1946년 5월에 이르러 경위에서 치안감까지 전체 1,157명의 경찰 관료 중 82%에 달하는 946명이 일제경찰 출신으로 채워져 있었다.[19] 이렇듯 일제경찰 출신의 인물들을 고스란히 활용한 군정경찰의 가장 중요한 역할은 좌익계열의 지방인민위원회가 접수·운영하던 지방의 행정기관들을 미군정 기

---

**18** 강혜경, 「한국 경찰의 형성과 성격: 1945~1953년」, 숙명여자대학교 대학원 박사학위논문 (2002), 1쪽.

**19** "Minutes of the Tenth Meeting of the Joint American-Korean Conference(1946. 11. 5.)," 강혜경, 앞의 글, 51쪽에서 재인용.

구로 강제 편입시키는 일이었다. 미군정 정보장교였던 로빈슨(Richard Robinson)은 당대 경찰의 압도적 역할에 대해 다음과 같이 일갈했다. "1946년 말부터 남조선이 경찰의 세상이라는 것은 바보가 아니면 누구나 다 아는 명백한 사실이었다."[20]

같은 시기 경찰과 함께 사회주의·공산주의 세력의 무력화 과정에서 가장 중요한 역할을 담당했고, 추후의 제주4·3사건이나 여순사건과 같은 집단학살 사건에서 주요 가해자로 활동했던 또 다른 대표적 집단이 우익청년단이다. 우익청년단은 미군정기와 대한민국 정부수립 직후에 경찰 보조기구로 활동하거나 공권력을 매개로 테러행위를 일으킴으로써 당대 국가폭력의 주요한 하부세력으로 중요한 역할을 담당했다. 이들은 좌익조직을 파괴하고 대중들의 혁명적 열기를 누르기 위해 주로 무차별적인 테러의 방식을 동원했다. 미군정은 미국의 이익을 실현할 수 있는 정부를 수립한다는 점령목표를 달성하기 위해 우익청년단 테러를 묵인하거나 적극 동원했다. 우익청년단의 테러에 관한 기존 연구에 의하면, 미군정이 불법적인 테러행위를 점령행정에 이용한 이유는 경찰력의 전국적 확대에도 불구하고 존재한 공권력의 한계를 극복하기 위해서였다.[21] 실제 우익청년단은 경찰과의 공조하에 9월 총파업과 10월 항쟁을 성공적으로 진압했고, 이때 형성된 경찰과의 공식적인 협조관계를 바탕으로 1947년부터는 지방으로 활동영역을 확대해나갔다.

마지막으로 경찰 및 우익청년단과 함께 중요하게 살펴보아야만 하는 학살 가해집단으로는 '군'이 있다. 군은 1948년 국가수립 이후 발생한 다수

---

**20** 리차드 로빈슨, 『미국의 배반: 미군정과 남조선』, 정미옥 옮김(과학과사상, 1988), 182쪽.
**21** 임나영, 「1945~1948년 우익청년단 테러의 전개 양상과 성격」, 서울대학교 국사학과 석사학위논문(2008), p. i.

의 공산주의자들을 향한 국가폭력 수행 과정에서 핵심적 역할을 담당했던 집단이다. 기존 연구를 통해 잘 알려져 있듯이, 한국군은 1948년 10월 이후 여순사건 진압과 제주도 초토화작전 수행 과정에서 중추적 역할을 담당했고, 한국전쟁기에도 군의 하부조직인 방첩대(CIC)와 헌병대 등이 집단학살의 명령과 수행에서 주도적 역할을 담당하기도 했다. 그러나 미군정기의 군(국방경비대)은 공식적으로 '경찰예비대'라는 제한적 성격을 지녔을 뿐만 아니라, 미군정에 의해 강제된 '정치적 중립' 의무로 인해 그 역할이 제한적이고 미미할 수밖에 없었다. 군이 반공주의적 성격을 강화하고 본격적인 학살에 동원되기 시작하는 시기는 여순사건 이후였다. 그 이전까지 군은 상당 기간 동안 정치적 중립을 유지했던 것으로 평가된다.[22]

### 3) 국지적 집단학살(local mass murder)

1946년 가을, 미군정하의 경찰과 우익청년단에 의한 민중항쟁 진압은 군청 소재지에 대한 국가의 통제를 이전과는 다른 수준으로 대폭 강화시켰다. 군(郡)인민위원회가 군 행정단위에서 권력을 장악하는 것이 불가능하게 된 것이다. 그러나 당시까지도 소규모 마을들은 중앙권력의 영향력으로부터 상당 정도 자유로울 수 있었다. 따라서 공산주의자들은 조직이 활동할 공간을 찾아서 체제의 관료주의가 덜 미치는 아래쪽으로 이동했다. 이에 미군정을 비롯한 한국인 우익세력들은 공산주의자들과 싸우기 위해 읍·면·동 차원의 대항조직을 결성하기에 이르렀다.[23] 앞의 절(내부집

---

22 이에 대해서는 다음의 글이 자세하다. 노영기, 「한국군의 이념 변화: 육군의 "반공화"를 중심으로」, 《이화사학연구》 제38호(이화사학회, 2009).

단 조직화)에서 거론한 우익청년단의 지방 확장, 즉 경찰과의 공조하에 지방으로 활동영역을 확대해나간 우익청년단 활동이 1947년경부터 본격적으로 시작된 것이다.

AP통신의 로버츠(Roy Roberts)는 1947년 8월 미국 정보기관이 매일 평균 다섯 건의 '마을' 단위 좌우익 갈등과 이로 인한 사상자 발생 보고를 경찰로부터 받는다고 기록했다. 예컨대 1947년 8월 19일 마산 인근의 한 작은 읍에서 올라온 전투에 관한 보고에 의하면, 약 1,000명의 농민들이 모여 미군정의 미곡수집 계획을 듣다가 흥분하여 투석을 시작했는데, 현장의 경찰이 군중에게 '발포'하여 네 명의 농민이 '사망'했다고 한다.[24]

이렇듯 1946~47년 10월 항쟁을 포함해 전국 곳곳에서 산발적으로 발생한 민중항쟁에 대한 폭력적 진압은 앞서 와이츠가 주장한 '주민 숙청', 즉 정치적·경제적 반대자들을 억압하고 살해하며, 보다 광범한 주민학살을 위한 준비 작업을 시작하는 단계로서의 '주민 숙청'이 사실상 시작되었음을 뜻한다. 한국 현대사의 대표적 제노사이드 사건 중 하나인 제주 4·3사건 또한 위와 같은 미군정과 지방 정치세력의 갈등의 연장선상에서 1947년부터 시작된 사실을 확인할 수 있다. 실제 2000년대 한국 정부 측의 조사결과를 반영한 『제주4·3사건 진상조사 보고서』 또한 4·3사건의 기점을 제주 민중을 향한 최초의 경찰 발포사건이 발생했던 1947년 3월 1일로 보고 있다.[25] 1948~49년 제주도에서 벌어진 대량학살은 고립된 "빨갱

---

23 브루스 커밍스, 『브루스 커밍스의 한국 현대사』, 김동노(외) 옮김(창작과비평, 2004), 306-307쪽.

24 USAMGIK, "G-2 Weekly Summary No. 103, 1947. 8. 24.~31". 브루스 커밍스, 앞의 책, 307-308쪽에서 재인용.

25 제주4·3사건진상규명 및 희생자명예회복위원회, 『제주4·3사건 진상조사보고서』(선인, 2003), 536쪽.

이의 섬"에서 벌어진 특수한 광란극이 아니라, 해방 직후 한반도의 폭력적 상황의 연장선상에서 발생했던 것이다.

그런데 제주4·3사건은 같은 시기 농촌 지역의 "작은 전투"들의 사례와는 달리, 당대 제주도 전체 인구의 약 1/10에 해당하는 약 3만 명이라는 압도적 희생자 수를 보여준다는 점에서, 그리고 남녀노소를 가리지 않는 무차별적 폭력이 광범하게 자행되었다는 점에서 기존의 소규모 국가폭력 사례들 —경찰의 시위군중 살해 사건들— 과는 명백히 구분될 수밖에 없다. 제주도의 폭력은 한국전쟁기를 제외하면 한국사 전체에서도 굉장히 예외적일 정도로 압도적인 폭력 양상이었던 것이다.

이 같은 무차별적 대량학살의 원인을 한두 가지로 특정해내기는 쉽지 않다. 그러나 당대 정치적 상황으로부터 몇 가지 중요한 역사적 배경을 짚어내는 것은 가능하다. 우선 우리는 이 시기가 대한민국이라는 분단국가의 수립기였다는 사실에 주목할 필요가 있다. 새로운 국가수립을 주도하는 세력은 응당 자신의 정치적 목표와 이상에 걸맞은 새로운 국민을 창출해내길 원한다. 여기에서 대한민국이라는 분단국가수립을 주도했던 세력이 만들어내고자 했던 국민 정체성의 핵심은 '반공'이었다. 그리고 제주도는 이 같은 정체성을 만들어가는 데 눈엣가시 같은 존재였던 것이다. 다른 무엇보다도 제주도는 국가수립과정에서 가장 중요한 경로 중 하나인 선거를 제대로 치르지 못했다. 이는 미국의 대한정책 실패를 보여주는 상징적 사건으로 간주될 수 있었기 때문에 미군정과 분단 주도세력으로 하여금 강경진압작전으로 선회할 수 있는 강력한 명분을 제공해줄 수 있었다. 실제 전국적으로는 유일하게 제주의 3개 선거구 중 2개 선거구에서 제헌국회 구성을 위한 국회의원 선거에 실패하자, 미군정은 즉각적으로 제주도 초강경진압을 예고했다.[26]

제주도 강경진압 양상은 8월 15일 대한민국 정부수립과 함께 더욱 가속화되어, 8월 20일경 응원경찰 800명이 제주도로 증파되었고, 8월 25일에는 최대의 토벌전이 경고되었다.[27] 대한민국 정부는 9월 한 달간 산악지역 토끼몰이식 수색작전에서 사실상 실패한 후, 10월에 이르러 초토화 작전을 발표하기에 이르렀던 것이다. 이후 실제 11월 중순 이후부터 약 4개월 동안 군경토벌대의 중산간 마을 방화와 무차별적 초토화 작전이 전개되어, 전체 민간인 희생자 중 상당수가 이 시기에 희생되었다.[28] 반공국가와 반공국민 형성에서 걸림돌처럼 간주된 제주도는 상상을 초월하는 방화와 학살행위 속에서 무력화되었다. 국가는 제주도라는 고립된 섬의 지역민 상당수를 '비국민'으로 낙인찍은 후, 섬 주민들을 향한 '국지적 집단학살'을 시도했던 것이다.

1948년 10월 제주도 상황의 악화 과정에는 10월 19일 여수 주둔 제14연대의 반란사건 또한 적잖은 기여를 했다. 애초 여순사건은 제14연대 일부 하사관들을 중심으로 시작된 군인들의 반란사건이었으나, 이내 전남 동부지역 수개 군의 좌익세력과 지역주민들까지 합세한 대규모의 대중운동으로 확장되어갔다. 이제 갓 정부를 출범한 이승만 정권의 입장에서는 자신의 수족처럼 부려야 할 군의 반란도 충격적이었지만, 지역민들의 대규모 봉기 합세는 적잖은 타격으로 다가오지 않을 수 없었다. 이에 국가는 사건의 해결을 위해 무차별적 군사작전의 전개와 민간인 학살이라는 방식을 채택했다. 그 결과 시민단체 추정 약 1만 명에 이르는 지역주민의 희

---

26 같은 책, 216쪽.
27 《서울신문》, 1948년 9월 3일자.
28 공식 통계에 따르면, 15세 이하 전체 어린이 희생자 중 약 76.5%, 61세 이상 희생자 중 76.6%가 1948년 11월부터 1949년 2월 사이에 희생되었다고 한다. 제주4·3사건진상규명 및 희생자명예회복위원회, 앞의 책, 193쪽.

생이 발생했다. 이들 희생자의 대부분은 한국 군대와 경찰에 의해 살해되었다.[29]

이승만 정부는 여순사건의 진압 과정에서 사건의 발발과 전개를 소련-북한-남한 공산주의자들의 합작품으로 파악했고, 북한을 포함한 모든 공산주의자들을 남한 정부의 적으로 간주했다.[30] '반공국민'이라는 대한민국 국민의 정체성 확립 과정에서 비국민으로 간주된 공산주의자들은 언제든지 외부로 추방되고 박멸될 수 있는 존재가 되었다. 1948년 제주도와 전라도 동남부지역을 중심으로 전개된 비국민을 향한 (것으로 주장된) '국지적 집단학살'은 공산주의자들을 향한 '비국민화' 과정의 성공이 전제되지 않았다면 절대 정당화·합리화될 수 없는 무차별적인 국가폭력행위였다.

### 4) 고립(ghettoization)

제2차 세계대전 시기, 나치는 전쟁발발과 함께 독일 제국을 '유대인 없는 나라(judenfreies land)'로 만들고자 했다. 그 결과로 만들어진 것이 게토(ghetto)였다. 전쟁기 유럽 곳곳에 세워진 게토는 유대인에게서 독일인들을 지킨다는 명분으로 축조된 '거대한 감옥'이었다. 독일 점령총독부는 1939년 10월 피요투루크 트리부날스키에 폴란드 내 첫 게토를 설립한 이래 동유럽과 소련 지역에 1,000여 곳의 게토를 설립했다. 이 고립된 곳에서 유대인들은 1941년 '최종해결(유럽 내의 모든 유대인을 살해하고자 하는 계획)'

---

**29** 김득중, 『빨갱이의 탄생』(선인, 2009), 40-41쪽.
**30** 여순사건의 책임과 관련하여, 국방부는 "소련 제국주의의 태평양 진출정책"에 따른 것이라 주장했고, 이승만 대통령은 "모든 분규는 하나의 근원으로부터 나온다"라고 말하며 손가락으로 북쪽을 가리켰다. 같은 책, 401쪽.

이 실행으로 옮겨질 때까지 철저히 고립되었고, 질병과 폭력으로 서서히 죽어갔다.[31] 현대 대도시 내의 빈민 구역, 소수 민족이나 소수 종교집단 등의 고립된 거주지 등을 '게토'라고 부르는 이유는 아마도 제2차 세계대전기 게토의 고립성, 차별성, 폭력성 때문일 것이다.

제2차 세계대전기 나치가 '유대인 없는 나라'를 꿈꾸며 만든 것이 게토였다면, 정부수립 이후의 대한민국은 '공산주의자 없는 나라'를 지향하며 국민보도연맹이라는 단체를 수립했다. 대한민국은 과거에 어떤 형식으로든 공산주의 활동과 연계된 적이 있는 사람들로 하여금 자진신고를 한 후 완연한 대한민국 반공국민으로 거듭날 수 있는 대안을 마련해주겠다는 제안을 통해 38이남 지역의 공산주의자들을 표현 그대로 발본색원(拔本塞源)하고자 했던 것이다. 국가는 조금이라도 공산주의라는 악성 세균에 접촉한 적이 있는 사람들 전부를 국가의 가시적인 통제권하에 두고자 했다. 이것이 1949년 대한민국 곳곳에 국민보도연맹이 형성된 이유다.

1949년 4월 20일 서울시경찰국 회의실에서 소규모의 국민보도연맹 창립식이 거행되었다.[32] 그리고 한 달 보름이 지난 6월 5일 시공관에서 개최된 '국민보도연맹 중앙본부 선포대회'는 국민보도연맹의 창립을 대외적으로 공식화했다.[33] 흔히 보도연맹은 그 창설 취의서에 나와 있는 것처럼, 공산주의 사상을 스스로 버린 전향자를 "계몽·지도하여 명실상부한 대한민국 국민으로서 멸사봉공(滅私奉公)"할 수 있는 기회를 주는 "포섭기관"으로

---

**31** 미국 홀로코스트 추모 박물관(United States Holocaust Memorial Museum) 제작 '홀로코스트 백과사전'의 '게토' 항목 검색. http://www.ushmm.org/wlc/ko/article.php?ModuleId=10005059(검색일: 2015년 4월 17일).

**32** 국민보도연맹 중앙본부, 《애국자》 창간호(1949. 10. 1.), 10쪽.

**33** 《동아일보》, 1949년 6월 6일자.

알려져 있다.[34] 다시 말해 당시 급증하던 남로당 탈당자와 사상전향자들을 일정하게 수용·교육하여 온전한 대한민국 국민으로 거듭날 수 있는 기회를 준다는 것이 국민보도연맹이라는 '반공단체'의 설립 취지였던 것이다.

그러나 보도연맹은 그 취의서에서 볼 수 있는 것과 같은 단순한 전향자 포섭기관이 아니었다. 사실상 보도연맹은 38이남지역 공산주의자들을 전면적으로 '색출'하고, 그들을 '고립·통제'하여 궁극적으로는 '절멸(사상적 절멸을 통한 인적 절멸)'시키는 것을 목적으로 하는 관변단체였다. 이 같은 목적의 실행 과정을 보여주는 대표적 사례 중 하나로는 보도연맹 주관하에 1949년 10월 25일부터 세 차례에 걸쳐 35일 동안 진행된 '남로당원 자수 선전 주간' 행사를 들 수 있다. 이 기간 동안 보도연맹은 전국적으로 5만 2,182명에 달하는 자수자를 포섭할 수 있었고, 자수주간이 끝난 후에는 전향자 자백서 등에 근거하여 직접 '검거'에 나서기도 했다.[35] 보도연맹은 앉은 자리에서 가만히 전향자의 자발적 신고만을 기다리지 않고, 맹원들의 자료에 근거하여 적극적 '색출'에 나서기도 했던 것이다.

물론 기존 연구들을 통해 자세하게 밝혀져 있는 것처럼, 보도연맹은 그 조직의 구성 과정에서 공산주의 활동과 무관했던 다수의 평범한 민간인들을 성과주의적으로 맹원명부에 포함시킴으로써 그 실질적인 조직의 성격을 스스로 흐리게 만든 측면이 없지 않다.[36] 그러나 보도연맹 설립 취의서에서 볼 수 있듯이, 본질적으로 보도연맹은 대한민국 국민으로 거듭날 것을 스스로 약속한 사람들, 즉 전향자들로 하여금 "명실상부한 대한민국 국

---

**34** 《동아일보》, 1949년 4월 23일자.
**35** 《조선일보》, 1949년 12월 2일자; 《국도신문》, 1949년 12월 6일자.
**36** 이에 대해서는 다음의 글이 자세하다. 김선호, 「국민보도연맹의 조직과 가입자」, 《역사와 현실》 제45호(한국역사연구회, 2002).

민으로서 멸사봉공"할 수 있는 기회를 제공하는 완연한 '반공단체'였다. 보도연맹은 이 전향자들을 교육하여 갱생할 수 있는 기회를 제공할 것이라고 약속했다. 그러나 정작 그 조직은 검찰과 경찰이 끊임없이 맹원들을 감시하는 통제구조를 지니고 있었다. 조직의 핵심간부들은 모두 정부관리였고, 실제 그 관리와 운영을 전담하던 이들은 검찰과 경찰 등과 같은 수사기관의 간부들이었으며, 간부 중 좌익 전향자 출신은 간사장과 명예간사장뿐이었던 것이다.[37] 그리고 조직의 맹원들은 온전한 대한민국의 국민이 아닌 위험한 비국민 '요시찰 대상자'로 구분되었다.

전향자들은 보도연맹 가입과 동시에 자신의 공산주의 활동 경력을 모두 자백하는 '양심서'를 제출해야만 했다. 미국 국립문서기록관리청에 보관되어 있는 한 양심서의 형식을 살펴보면, 보도연맹 가입자의 본적, 주소, 가맹동기, 현재 심경, 앞으로의 각오, 자기반성, 자기의 주위환경, 가입 권유자 이름 등으로 구성된 사실을 확인할 수 있다.[38] 또한 양심서에는 자신이 연루된 좌익 세포조직 구성원의 이름을 한 명도 빠짐없이 적어내도록 했는데, 전향자들은 통상적으로 5~10명의 세포원을 자백했다고 한다. 양심서 내용은 가입 후 1년 동안 검증절차를 거쳤다. 만약 양심서의 내용이 허위이거나 누락된 사실이 확인될 경우 해당 보도연맹원은 엄벌에 처해졌다.[39] 보도연맹원들은 두말할 나위 없이 보도연맹이라는 게토에 고립된 '감시와 통제'의 대상이었던 것이다.

---

**37** 보도연맹 간사장으로는 박우천(전 민전 중앙위원), 명예간사장으로는 정백(전 근로인민당 상임위원)이 임명되었다. 《동아일보》, 1949년 6월 6일자.
**38** 「良心書」(NARA, RG242, Entry 299, Box 767, SA 2009, Item 67).
**39** 김기진, 『한국전쟁과 집단학살』(푸른역사, 2005), 30쪽.

## 5) 상징화(symbolization)

국가는 국민보도연맹이라는 게토에 공산주의 활동 혐의자들을 고립시킨 후, 이들을 특별한 상징체계로 상징화하는 작업을 동시에 진행했다. 앞서 스탠턴은 타자화된 외부집단이 제노사이드로 가는 과정에서 노란별과 같은 표상이나 신분증, 특정한 이름 등을 강요당하는 '상징화' 과정을 거친다고 주장했다. 이 같은 현상은 국민보도연맹사건에도 동일하게 발생했다.

1949년 10월 1일부터 경상북도와 전라남도에서는 '도민증'과 '국민증'이라는 이름의 주민증이 발급되기 시작했고, 정확히 1년 뒤인 1950년 10월부터는 서울 시민을 대상으로 한 '시민증'과 여타 지역민들에 대한 '도민증'이 전국적으로 발행되기 시작하였다. 그런데 애초부터 이 같은 신분증 발급의 이유는 공산주의자들과 비공산주의자들을 구분하기 위한 조치였다는 사실에 주목할 필요가 있다. 당대 신문에 의하면, "발악적인 공산 도배들의 9월 공세설과 아울러 긴박한 국내정세에 대비하여 전남도에서는 국민증을 발부"하기 시작했고, "경상북도에서는 폭도의 준동이 빈번한 도내 치안 상태에 비추어" 도민증을 발행하게 되었다고 설명하고 있다.[40]

이렇듯 도민증의 존재는 주민에 대한 사상검열을 통해 공산주의 사상을 가진 자를 가려서 대한민국 국민이라는 경계로부터 배제시키기 위한 조치였다고 볼 수 있다. 도민증에 관한 기존의 대표적 연구에 의하면, 정부는

---

**40** 1949년 경북 도민증 발급 제외 대상에는 그 성격상 국민보도연맹원의 정반대편에 있는 군인과 경찰도 포함되어 있었다. 그러나 당시 이들에 대한 도민증 미발급의 이유는 이미 엄격한 신원조회를 거쳐 "확실한" 신분증명서를 갖고 있다는 것이었다. 《동아일보》, 1949년 9월 8일자, 10월 6일자.

도민증에 월별 검인난을 마련하여 '정기검인'을 통한 사상검열을 강화해나 갔다. 또한 도민증을 통한 사상검열을 한 번으로 끝내지 않고 지속적으로 반복함으로써, 주민을 '양민(良民)'과 '불순분자'로 구분하고, 불순분자에 대 한 끊임없는 배제를 통해 대한민국의 반공국민 정체성을 강화해나갔다.[41]

본질적으로 국민보도연맹에 소속된 전향자들은 그 성격상 자발적인 전 향 의사를 통해 반공단체에 가입한 반공주의적 인물들이었다고 평가할 수 있을 것이다. 전쟁발발 직후 보도연맹원들이 북한군에 의해서도 감시와 배제의 대상이 된 이유가 여기에 있을 것이다. 그럼에도 불구하고 이들은 과거의 경력으로 인해 반공국민에 통합되지 못한 채 지속적으로 감시받고 통제받고 의심받았다. 이들은 반공국민을 증명하는 시·도민증을 발급받 지 못했다. 대신 이들은 감시와 차별을 주목적으로 하는 국민보도연맹원 증을 발급받았다.

실제 2000년대 진실화해위원회의 국민보도연맹사건 조사 과정에 참여 했던 과거의 국민보도연맹원들은 자신들이 도민증 대신 국민보도연맹 맹 원증을 발급받았고, 그로 인해 일상에서 적잖은 감시와 차별을 경험해야 했다고 구체적으로 증언했다.[42] 게다가 한국전쟁발발 이후에는 그 차별의 정도가 더 심해져, 시·도민증을 발급받지 못한 이들은 사실상 통행의 자 유나 식량 배급조차 박탈되었다.[43] 혹여 전쟁기 대학살의 광풍에서 간신히 목숨을 부지한 보도연맹원이 존재했다 할지라도, 그들은 시·도민증의 부 재 속에 자신의 기본적인 권리마저 박탈당할 수밖에 없었다. 전쟁발발 이

**41** 김영미, 「해방 이후 주민등록제도의 변천과 그 성격: 한국 주민등록증의 역사적 연원」, 《한국 사연구》 제136호(한국사연구회, 2007), 299-300쪽.
**42** 진실·화해를위한과거사정리위원회, 「국민보도연맹사건 진실규명 결정서」(2009), 44쪽.
**43** 김영미, 앞의 글, 307쪽.

전 시기 차별적 상징으로 만들어진 보도연맹원증은 전쟁이라는 국가적 위기상황 속에서 자연스럽게 인간 기본권 박탈의 근거로 활용되었던 것이다.

### 6) 감염자 치료(treatment of infectees)

20세기 세계 곳곳에서 발생한 제노사이드의 단계들을 분석한 기존 연구들에 의하면, 학살의 피해자로 상정된 사람들에 대한 차별과 타자화, 고립화, 시험적 주민학살 등의 단계를 거친 이후엔 어김없이 총체적이고 절멸적인 대학살 단계로 접어드는 과정을 살펴볼 수 있다. 그런데 한국 공산주의자 대량학살과 절멸 과정에서는 중간에 특이하게도 이들에 대한 '전향'과 '갱생'의 시도라는 특수한 단계가 설정된 사실을 확인할 수 있다. 다시 말해 국가는 국지적 집단학살 과정에서 '비인간화'된 존재들, 상징화 과정에서 '비국민'으로 확증된 존재들을 교육과 선전이라는 치유의 과정을 통해 '인간화', '국민화'하고자 했다는 것이다.

사회적으로 배제되고 타자화된 집단을 오염된 사람들로 간주하는 이른바 '위생 담론'은 20세기 제노사이드에서 빈번하게 볼 수 있는 대표적인 담론 체계 중 하나다. 학살의 가해자들은 피해자들을 '치료 불가능한 질병'에 감염된 자들로 간주하고, 그들로부터 사회를 보호하기 위해 격리 또는 절멸시켜야 한다는 논리로서 자신의 폭력을 정당화하곤 했다. 가장 대표적 사례로는 20세기 독일 과학자들의 '인종위생' 개념을 적극적으로 수용했던 나치의 유대인 학살을 들 수 있을 것이다.[44]

---

**44** 김호연, 「우생학의 형성과 전개(1860~1945)에 관한 연구: 영국, 미국, 독일을 중심으로」, 강원대학교 사학과 박사학위논문(2006), 181-222쪽

그런데 흥미롭게도 한국에서는 비국민으로 상정된 자들, 즉 공산주의라는 바이러스에 감염된 자들에 대해 일시적이나마 '치료'를 통한 바이러스(공산주의 사상)의 절멸을 시도했다는 점에서 세계사적으로도 매우 이례적인 사례로 볼 수 있다. 이는 외부집단으로 상정된 공산주의자들을 일종의 감염자로 취급하고, 이들에 대한 교육과 선전을 통해 내부집단으로 다시 끌어들이고자 했던 조치였다. 이 당시 외부세력을 내부세력으로 끌어들이기 위한 구체적 시도는 '전향'이라는 단어로 표현되었고, 그를 담당하는 기구가 앞서 언급한 국민보도연맹이었다.

원래 전향은 일제시기 일본 사법당국에 의해 상상되고 제도화된 개념으로서, 그와 비슷한 전례를 찾아보기 힘든 매우 독특한 역사적 실체다. 전향은 1931년 3월 '일본공산당 치안유지법 위반사건 처분방침의 건'을 계기로 일본에서 공산당사건의 처리방법으로 개발되었는데, 자수·자백하는 자에게 형벌을 면하는 일본의 전통적인 '갱생' 개념에 근거한 것으로 알려져 있다.[45] 일제의 전향 정책은 같은 시기 나치의 반유대사상과 마찬가지로 상당 정도 위생 담론에 입각해 있기도 했다. 전향의 제도적 뿌리라고 볼 수 있는 일제의 치안유지법은 그 입법 취지에 대해 "위험한 주의사상을 사람들 마음속에 침투시키는 … 과격분자의 암세포를 도려내는" 법으로 해설하고 있다.[46] 사회의 '암세포'를 드러낸다는 표현을 통해 알 수 있듯이, 당시 일제는 공산주의자들을 사회의 정상인들을 오염·감염시킬 수 있는 불결한 존재, 박멸해야만 하는 존재로 간주한 사실을 확인할 수 있다.

---

**45** 전상숙, 「식민지시대 사회주의자들의 전향」, 《한국정치학회보》 제31권 4호(한국정치학회, 1997), 70~71쪽.
**46** 강성현, 「한국 사상통제기제의 역사적 형성과 '보도연맹 사건', 1925~50」, 서울대학교 사회학과 박사학위논문(2012), 41, 173쪽.

일제는 전향자들을 교육시키고 자신들의 정책에 동원하기 위해 사상보국연맹, 조선방공연맹, 대화숙과 같은 전향자 관련 조직을 창설했다. 이와 마찬가지로 1949년 대한민국 또한 국민보도연맹의 창립을 통해 대규모 전향을 시도했다. 보도연맹은 그 설립 취의서를 통해 "사상은 사상으로 투쟁하여 상대방을 극복시켜야 할 것"이라고 천명하며, 사상에 대한 전문적 연구와 대중적 토론을 예고했다.[47] 보도연맹은 창설 직후 10개의 선전·조직 전략을 수립하여 발표했는데, 그 주요 내용으로는 남로당의 멸족파괴정책 폭로, 전향자들의 적극적 참여 유도, 대중 계몽 강연, 형무소 내 정치범에게 전향 기회 제공 등으로 구성되었다. 정치범에 대한 설득과 교육, 대중적 정치선전 등이 조직의 주요 목표이자 세부 활동 내용이었음을 확인할 수 있다.[48] 그리고 실제 보도연맹은 간부양성 교육, 일반 맹원 교육, 강연과 좌담회, 기관지 《주간 애국자》 편찬 등을 통해 교육과 선전활동을 대대적으로 전개해나갔다.[49]

보도연맹의 활동이 공산주의 사상 감염자들에 대한 '치료(사상적 박멸)'를 목적으로 했다는 가장 직접적인 근거는 '탈맹'의 제도화에 있다. 탈맹이란, 보도연맹원들이 교육과 선전을 통해 완연한 대한민국 반공국민으로 거듭났다는 사실을 공인해주는 절차를 뜻한다. 따라서 보도연맹은 언젠가 이 같은 조직원들의 탈맹 결과 조직의 해체를 보게 될 예정이었다. 보도연맹이라는 조직은 특이하게도 그 조직의 해체를 궁극적인 존재 이유로 추구했던 것이다. 보도연맹의 해체는 곧 대한민국 국민 전체가 순결한 반공국민으로 거듭났음을 상징하게 될 것이었다.

---

**47** 《동아일보》, 1949년 4월 23일자.
**48** 진실·화해를위한과거사정리위원회, 앞의 책, 39쪽.
**49** 강성현, 앞의 글, 306~315쪽.

실제 탈맹은 한국전쟁발발 직전 서울에서 일부 실행된 사실을 확인할 수 있다. 국민보도연맹 서울특별시연맹은 1950년 4월 24일부터 탈맹 심사를 시작하여 5월 7일까지 모든 심사를 완료했다. 심사는 이주영, 선우종원, 정희택, 김태철, 신재식과 같은 이른바 '사상검사'들이 주도했다. 이 심사의 결과, 6월 5일 서울운동장에서는 2만여 명의 보도연맹원들이 참가한 가운데 공식적 탈맹식이 개최되었다. 이날 서울특별시연맹에서 탈맹한 최종 맹원 수는 6,928명에 달했다.[50] 물론 이들은 탈맹 이후에도 정부의 요시찰 명부에 포함되어 지속적으로 감시를 받았지만, 교육과 선전을 통해 공산주의자들을 박멸·청소한다는 위생 정치는 대한민국에서 현실화되고 있었다.

### 7) 살처분(extermination)

전쟁이 모든 상황을 바꿔버렸다. 북한의 개전은 신생 대한민국의 정통성과 존립 가능성을 전적으로 위태롭게 만드는 행위였다. 기존의 제노사이드 연구들은 전쟁기나 국가수립기와 같은 정치적 격변기에 대량학살 위험도가 비약적으로 상승한다는 사실을 지적하고 있다. 한국전쟁은 이 같은 위기상황의 총괄적 형태를 띠고 있었다. 공산국가 북한, 그것도 공산주의 모국 소련의 지원을 받았던 '오염된 국가' 북한의 침투는 치료의 대상이었던 남한 지역의 공산주의자들을 순식간에 '내부의 적'으로 돌려세우는 결과를 초래했다. 국가는 자신의 존립이 위험에 처하자 감염자들의 치료를 포기하고 즉각적인 '살처분'이라는 물리적 절멸의 방식을 선택했다. 살

---

**50** 《국도신문》, 1950년 6월 6일자.

처분이란 법정 전염병 중에서도 극심한 전염성 질병의 만연을 방지하기 위해 실시하는 일종의 예방법으로서, 감염동물 및 그와 접촉한 동물, 동일 축사의 동물 등을 죽여서 처분하는 행위를 뜻한다. 이 글에서는 '위생 담론'에 입각한 공산주의자 치료 시도와 그의 폐기, 대량학살을 통한 절멸 시도 등이 전염병에 감염된 가축 처분행위와 유사하다는 관점에서 '살처분'이라는 용어를 은유적으로 차용하고 있다.

대한민국은 전쟁발발과 동시에 자신의 통제와 감시하에 있던 국민보도연맹원, 감옥의 정치범, 그 외 요시찰 대상자 등을 매우 신속하게 집단학살하기 시작했다. 학살은 북한군의 진군 속도와 범위에 따라 지역별로 상이한 시기와 장소에서 진행되었다. 그러나 요시찰인 연행과 살해는 한강이남 거의 모든 지역에서 전쟁발발과 동시에 매우 즉각적이고 조직적으로 진행되었다고 볼 수 있다. 대한민국 군·경은 보도연맹원 등 요시찰인들을 전쟁발발 직후부터 9월 말까지 약 3개월 동안 전국에 걸쳐 검속하고 집단적으로 학살했다.[51] 2009년 대한민국의 진실화해위원회는 "전쟁발발 후 수복 직전까지 국민보도연맹원을 포함한 요시찰인 전체 희생 규모는 알 수 없으나, 각 군 단위에서 적게는 100여 명 많게는 1,000여 명 정도가 살해된 것으로 추정된다"고 발표했다.[52]

실제 전쟁기 대한민국의 공산주의자 색출과 학살은 광범하고 철저했다. 사실상 철저한 수준을 넘어서 과도한 국가폭력의 행사를 통해 억울한 피해자를 무수히 양산했다. 다시 말해 좌익 경력과 무관한 다수의 사람들이 전쟁기에 '빨갱이'라는 비인간화된 정체성의 올가미에 묶여 죽음을 맞이해

---

**51** 진실·화해를위한과거사정리위원회, 앞의 책, 160–162쪽
**52** 진실·화해를위한과거사정리위원회, 『2009년 상반기 조사보고서』 7권(2010), 304쪽.

야만 했던 것이다. 1950년 9월 중순 유엔군의 북진이 시작되자 남한 지역의 토착 공산주의자들은 북한군과 함께 대거 월북했다. 미처 후퇴하지 못한 북한군이나 월북하지 못한 토착 공산주의자들의 일부가 지리산 등지에서 게릴라전을 펼치기도 했는데, 이들 또한 한국군의 토벌작전에 의해 철저히 섬멸되었다. 한국전쟁을 거치며 남한 지역의 공산주의자들은 표현 그대로 인적으로 '절멸'되었다. 대한민국은 공산주의자라는 비국민을 완전히 청소하고, 완연한 반공국가로 거듭날 수 있었다.

## 8) 기억의 압살(suppression of memories)

역사적으로 세계 각지에서 발생했던 다양한 형태의 제노사이드 발생 이후에는 반드시 가해자에 의한 학살행위 부정이나 정당화 과정이 뒤따르는 것을 볼 수 있다. 일반적으로 거의 모든 제노사이드 사건의 가해자들은 학살의 사실을 부정하고 정당화하는 일에 주저함이 없었다. 앞서 스탠턴, 울프, 헐시저 등은 이 같은 과정을 '부정(denial)'의 단계라고 표현했다.

한국에서도 학살 이후의 부정과 정당화의 과정은 여지없이 나타났다. 그런데 한국에서 비국민을 향한 학살을 지휘했던 국가는 단순한 부정이나 정당화 수준을 넘어, 학살의 기억을 완벽하게 압살하며 이른바 '극우반공체제'를 강화해나가고자 했다. 서중석은 극우반공체제가 "학살을 매개로 하여 강력한 기반을 마련하였다"고 주장한다. 극우반공체제는 "학살, 테러, 감옥, 고문, 격리로부터 산출된 공포의 산물"이라는 것이다.[53] 특히 인위적으로 끊임없이 긴장을 고조시켰던 전후 1950년대에는 '북진통일운

---

**53** 서중석, 『조봉암과 1950년대』 하(역사비평사, 2000), 712~713쪽

동'으로 대표되는 멸공노선하에 거의 전 국민이 지속적으로 다양한 반공적 대중운동 —휴전 반대운동, 중립화통일 반대운동, 재일교포 북송 반대운동 등— 에 동원되는 고초를 겪어야 했다. 이 같은 광범하고 일상적인 대중시위 현장에서는 어김없이 "공산당을 타도하자", "공산당의 씨를 말리자", "공산당을 때려죽이자"와 같은 구호가 등장했다. 이 같은 1950년대 멸공적 반공주의의 분위기 속에서 피학살의 억울함을 호소하는 것은 완전히 불가능했다.[54]

1960년 4·19항쟁은 1950년대 내내 억눌렸던 목소리가 분출할 수 있는 공간을 열어주었다. 경상남·북도를 중심으로 피학살자 진상규명을 요구하는 사건별·지역별 유족회가 만들어졌고, 이를 바탕으로 전국유족회(1960. 10. 20.)가 결성되기도 했다.[55] 그러나 얼마 지나지 않아 이 모든 진실규명 활동을 한순간에 뒤엎어버리는 사건이 발생했다. 1961년 5·16군사쿠데타가 그것이다.

쿠데타 세력은 쿠데타 직후에 발표된 혁명공약을 통해 "반공을 국시의 제1의로 삼고 지금까지 형식적이고 구호에만 그친 반공태세를 재정비 강화한다"고 천명했다. 이 말은 재빨리 현실화되었다. 1961년 5월 19일 장도영 국가재건최고회의 의장은 그날 아침까지 친공·용공분자 930명을 구속했다고 발표했다. 물론 이 이후에도 체포는 지속되었고, 그 안에는 4·19항쟁기의 피학살자 유족회 구성원들도 포함되어 있었다. 그리고 검거된 유족회 회원들은 최고 사형(이원식 대구유족회 대표)에 이르는 중형을 선고받았다.[56] 4·19항쟁을 통해 잠시 열렸던 언로는 이렇게 폭력적으로 닫혔

---

54 같은 책, 790-791쪽.
55 진실·화해를위한과거사정리위원회, 앞의 책(2009), 8쪽.
56 한국혁명재판사편찬위원회, 『한국혁명재판사』 4(1962), 189-193쪽.

고, 1987년 6월 항쟁으로 한국사회가 민주화를 맞을 때까지 학살의 기억
은 철저히 압살당했다.


## 4. 맺음말

이 글은 1945~50년 한국 공산주의자들이 비국민으로 타자화되고, 궁
극에는 인적으로 절멸되는 과정을 제노사이드의 단계적 메커니즘이라는
관점에서 조망해보았다. 앞서 살펴보았듯이, 1946년 10월 이후 한국의 공
산주의자들과 관련된 조직들은 이미 미군정에 의해 공식적 불법단체로 낙
인찍혔고, 군정경찰과 우익청년단에 의한 폭력으로 그 영향력을 상실하기
시작했으며, 1947년경부터는 지방 곳곳에서 국지적 학살의 대상으로 전락
하는 과정을 살펴볼 수 있었다. 제주4·3사건과 여순사건 또한 해방 이래
공산주의자들에 대한 '타자화' 과정과 1946~47년 이래 지방의 무수한 국
지적이고 소규모적인 학살 사건들의 연장선상에서 살펴보아야만 한다는
것이 이 글의 주요 주장 중 하나다. 그리고 1949년 한국 정부는 국내의 모
든 공산주의자들을 국민보도연맹이라는 게토에 고립시킨 후 이들에 대한
교육과 선전을 통해 공산주의라는 전염병으로부터 치유시키고자 했으나,
전쟁발발이라는 위기상황 속에서 이들을 일제히 살처분하고자 했다. 이
같은 일련의 과정은 제노사이드의 단계적 메커니즘에 관한 기존의 서구학
계의 일반론과는 몇 가지 공통점과 차이점을 보여준다.

우선 타자화(주민 범주화) → 예비적 학살(주민 숙청, 인권 상실) → 절멸
(전면적 학살) → 부정(정당화)이라는 네 가지의 핵심적인 단계적 메커니즘
이 한국의 사례에서도 어김없이 등장했다는 점을 지적할 수 있다. 해방 직

후 한국 공산주의자들은 매우 빠른 시기에 불법적 타자로 낙인찍혔고 전쟁이라는 국가적 위기상황 속에서 속절없이 '처분'되어야만 했다. 기존의 제주4·3사건, 여순사건, 국민보도연맹사건 등에 관한 주요 연구들은 이들의 관계를 긴밀히 연결하여 보지 않고 대부분 개별적으로 분석하는 데에서 그치고 있다. 그런데 이 같은 연구경향은 해방 직후 공산주의자들에 대한 타자화나 1946~47년의 지방에서의 국지적 학살사건들이 제노사이드라는 악몽의 현실화에 어떤 방식으로 영향을 주었는지 제대로 보여줄 수 없다.

물론 앞서 제시했듯이, 제주4·3사건과 여순사건과 국민보도연맹사건 등의 희생자들의 상당수가 공산주의 활동과 무관한 비공산주의자(평범한 민간인)들로 구성되어 있었지만, 학살을 명령하고 실행했던 가해자들은 자신들의 행위를 처음부터 끝까지 비국민인 '빨갱이' 진압으로 합리화했다는 사실에 주목할 필요가 있다. 그들의 입장에서 1948년의 집단학살 사건들은 제주도와 전라도 동남부 지역에서 준동한 국지적 '빨갱이' 진압행위였고, 1950년 국민보도연맹사건은 전쟁이라는 위기 속의 전국적 '빨갱이' 숙청행위에 불과했다. 이렇듯 대한민국이라는 국가가 사실상 '국민'의 상당수를 향해 무차별적으로 폭력을 행사하면서도 그 폭력행위를 나름의 논리로 정당화·합법화할 수 있었던 배경에는 사실상 국민의 특정 집단(공산주의자들)을 타자화하고 비국민화하는 데 성공한 것이 매우 중요한 역할을 담당한 것으로 평가할 수 있을 것이다. 해방 이래 공산주의자들에 대한 타자화와 비국민화 과정부터 단계적으로 제주4·3사건과 여순사건과 국민보도연맹사건 등을 살펴야 하는 이유가 여기에 있다.

더불어 제노사이드에 관한 일반론적 관점에서 한국 제노사이드 사건의 단계적 메커니즘을 살펴보면 한국만의 특수성도 보다 분명하게 확인할 수 있다. 앞서 살펴보았듯이, 특이하게도 한국에서는 위생정치적 관념에 입

238

각하여 공산주의 사상에 감염된 사람들을 교육과 선전이라는 방식으로 완치·절멸(사상적 절멸)시키고자 했다. 대규모 '전향'이라는 방식을 통한 비국민(공산주의자) 절멸 시도는 제국주의 일본과 한국에서만 존재했던 방식이었고, 국민보도연맹은 이를 현실화시켜줄 환상적 공간이자 악몽과 같은 게토였다. 일제시기와 해방 직후에 조금이라도 공산주의 활동과 연계되었던 사람들은 국민보도연맹원이 되어 언젠가 완연한 대한민국 반공국민으로 거듭나길 소망했다. 그러나 결론적으로 보건대, 그들의 바람은 너무나 순진한 것이었다. 전쟁이 발발하자 국가는 이들의 상당수를 집단학살 방식으로 처리해버렸다. 요행히 학살의 광풍에서 살아남은 보도연맹원조차 남과 북 어디에도 깃들지 못한 채 배제될 수밖에 없었다.

제노사이드의 단계적 메커니즘에 관한 기존의 대부분의 해외학계 논저들은 인류사 최악의 폭력현상이 발현되는 양상을 경로 중심적으로 살핌으로써, 미래에 발생 가능한 제노사이드를 사전에 예방하고자 하는 강렬한 '평화적 실천성'을 지니고 있다. 앞서 살펴본 제노사이드 워치(Genocide Watch)의 수장인 스탠턴의 짧은 글 두 편은 그 대표적 사례다. 스탠턴의 글은 사실 학문적으로 매우 정밀하고 엄정하지는 않지만, 특정 집단에 대한 타자화와 상징화와 비인간화가 제노사이드의 전조가 될 수 있음을 경고함과 동시에, 현시대에도 지구 어디에선가 이 같은 현상과 연계된 제노사이드가 발생하고 있다는 사실을 보여줌으로써 제노사이드의 세계사적 보편성과 현재성을 각성시키고 있다.

이 글의 궁극적 지향점 또한 스탠턴의 실천적 목적의식과 과히 다르지 않다. 최근 한국사회에서는 일베 현상이나 종북 논란과 같은 사례에서 볼 수 있듯이, 여성·외국인 노동자·동성애자 등과 같은 소수자 집단에 대한 배타적이고 양극적인 타자화 경향이 점차 강해지는 현상을 쉽게 살펴볼 수 있다. 그러나 앞서 살펴보았듯이, 우리와 타자 사이에 긋는 차가운 경계선은 엄청난 비극의 경계선이 될 수 있다는 사실을 명심할 필요가 있다. 타자를 박멸해야 할 비인간적 존재로 규정하는 순간 제노사이드는 가능성에서 현실로 바뀔 수 있다.

# 참고문헌

## 국문

강성현, 「한국 사상통제기제의 역사적 형성과 '보도연맹 사건', 1925~50」, 서울대학교 사회
　　학과 박사학위논문, 2012.

강혜경, 「한국 경찰의 형성과 성격: 1945~1953년」, 숙명여자대학교 대학원 박사학위논문,
　　2002.

권귀숙, 『기억의 정치』, 문학과지성사, 2006.

김기진, 『한국전쟁과 집단학살』, 푸른역사, 2005.

김동춘, 「20세기 국가폭력과 과거 청산」, 『국가폭력, 민주주의 투쟁, 그리고 희생』, 함께
　　읽는책, 2002.

김득중, 『빨갱이의 탄생』, 선인, 2009.

김상기, 『제노사이드 속 폭력의 법칙』, 선인, 2008.

김선호, 「국민보도연맹의 조직과 가입자」, 《역사와 현실》 제45호, 한국역사연구회, 2002.

김영미, 「해방 이후 주민등록제도의 변천과 그 성격: 한국 주민등록증의 역사적 연원」, 《한국
　　사연구》 제136호, 한국사연구회, 2007.

김호연, 「우생학의 형성과 전개(1860~1945)에 관한 연구: 영국, 미국, 독일을 중심으로」,
　　강원대학교 사학과 박사학위논문, 2006.

노영기, 「한국군의 이념 변화: 육군의 "반공화"를 중심으로」, 《이화사학연구》 제38호, 이화
　　사학연구소, 2009.

리차드 로빈슨, 『미국의 배반: 미군정과 남조선』, 정미옥 옮김, 과학과사상, 1988.

브루스 커밍스, 『브루스 커밍스의 한국 현대사』, 김동노(외) 역, 창작과비평, 2004.

서중석, 『한국현대민족운동연구』, 역사비평사, 1991.

서중석, 『조봉암과 1950년대』 하, 역사비평사, 2000.

임나영, 「1945~1948년 우익청년단 테러의 전개 양상과 성격」, 서울대학교 국사학과 석사
학위논문, 2008.

임성욱, 「미군정기 조선정판사 '위조지폐' 사건 연구」, 한국외국어대학교 국제지역대학원
한국학과 박사학위논문, 2015.

전상숙, 「식민지시대 사회주의자들의 전향」, 《한국정치학회보》 제31권 4호, 한국정치학회,
1997.

정용욱, 『해방 전후 미국의 대한정책』, 서울대학교 출판부, 2003.

제주4·3사건진상규명 및 희생자명예회복위원회, 『제주4·3사건 진상조사보고서』, 선인,
2003.

진실·화해를위한과거사정리위원회, 『국민보도연맹사건 진실규명 결정서』, 2009.

진실·화해를위한과거사정리위원회, 『2009년 상반기 조사보고서』 7권, 2010.

최호근, 『제노사이드』, 책세상, 2005.

## 영문

Hirsch, Herbert, *Genocide and the Politics of Memory*, Chapel Hill: The University
of North Carolina Press, 1995.

Kelman, Herbert and Lee Hamilton, *Crimes of Obedience*, New Haven and
London: Yale University Press, 1989.

Lemkin, Raphael, *Axis Rule in Occupied Europe: Laws of Occupation, Analysis
of Government, Proposals for Redress*, Washington D.C.: Carnegie
Endowment for International Peace, 1944.

Lemkin, Raphael, "Genocide," *American Scholar*, 15(2), 1946

Milgram, Stanley, *Obedience to Authority*, New York: Harper & Row, 1974.

Stanton, Gregory H., "The Eight Stages of Genocide," Genocide Watch, 1998.
http://www.genocidewatch.org.

Stanton, Gregory H., "Could the Rwandan genocide have been prevented?,"
*Journal of Genocide Research*, 6(2), 2004.

Staub, Ervin, *The Roots of Evil*, Cambridge: Cambridge University Press, 1989.

Weitz, Eric D., *A Century of Genocide: Utopias of Race and Nation*, Princeton and
Oxford: Princeton University Press, 2003.

Wolf, Linda M. and Michael R. Hulsizer, "Psychosocial roots of genocide: risk, prevention, and intervention," *Journal of Genocide Research*, 7(1), 2005.

# 7장

# 네이션과 폭력:
## 아시아 민족주의의 아포리아와 타고르

백지운

## 1. 민족주의와 폭력의 계기들

1882년의 강연 '민족이란 무엇인가'에서 르낭(Joseph Ernest Renan)은 민족이란 매일같이 실시되는 국민투표와 같다고 말했다. 민족이 종족, 언어, 종교, 지리적 환경 같은 객관 조건이 낳은 자연적 산물이라는 통념에 대해 민족의 존재 근거를 영혼과 정신적 원리에서 찾은 그는 민족이란 본질적으로 자신을 민족으로 호명하고자 하는 도덕적 의지라 보았다.[1] 비슷한 맥락에서 케두리(Elie Kedourie) 역시 민족의 주관적 차원을 강조했다. 그에 따르면 민족의 실재는 객관적 현실이 아닌, 그것을 느끼고 자기 내면에 새겨 넣고자 하는 개인의 마음속에서 일어난다. 그가 민족주의를 '정치적 보

---

[1] 에르네스트 르낭, 『민족이란 무엇인가』, 신행선 옮김(책세상, 2002), 80-81쪽.

바리즘(Bovarysme)'이라고 불렀던 것 또한 낭만주의로 비약할 가능성이 비등하는 민족주의의 주관성 때문이었다. 진정한 자아를 완전한 자유 속에 실현하고자 하는 보바리즘이 결과적으로 현실 속 자아의 불완전한 자유를 말살하는 것으로 나타나듯, 자아를 민족으로 재호명함으로써 완전한 자유를 꿈꾸는 민족주의는 종종 현실 속에 존재하는 불완전한 세계를 외면한다.[2] 민족주의에 빈발하는 폭력성은 바로 이러한 낭만주의와 무관치 않다.

그런데 의지와 관념, 이상의 힘인 민족주의가 근대라는 특수한 시대의 산물임은 이미 여러 학자들에 의해 논의된 바다. 콘(Hans Kohn)은 근대 국민주권 사상의 발전 없는 민족주의의 발전은 상상도 할 수 없다고 말했다.[3] 평등한 주권의식을 기반으로 자신을 단일한 기원에 귀속시키려는 민족주의의 의지는 언제나 주권국가(sovereign state)를 통해 표현되고자 한다. 국가는 민족을 성립시키는 가장 중요한 요소다. 그래서 국가를 못 가진 경우에는 언제나 과거에 있었던 국가에 대한 기억과 미래의 국가를 향한 열망을 통해 민족주의를 지속시킨다.[4] 말하자면 민족주의는 이미 국가의 존재가 당연한 것으로 받아들여진 시기에 대두했다. 민족주의는 민족과 국가가 서로를 위해 숙명 지어졌으며 어느 한쪽이 없는 나머지 하나는 불완전하며, 따라서 비극이 된다고 주장한다.[5]

문제는 민족과 국가의 일치를 숙명으로 요구하는 민족주의의 이상이 현실 속에서 실현되지 못하는 경우가 많다는 것이다. 근대 이래의 수많은 형

---

**2** 엘리 케두리, 「민족자결론의 연원과 문제점」, 백낙청 엮음, 『민족주의란 무엇인가』(창작과 비평사, 1981), 90-98쪽.

**3** 한스 콘, 「민족주의의 개념」, 백낙청 엮음, 같은 책, 17-18쪽

**4** 같은 글, 33-39쪽.

**5** 어네스트 겔너, 『민족과 민주주의』, 이재석 옮김(예하, 1988), 13-16쪽.

태의 분쟁과 갈등은 민족주의의 이상과 현실 간의 괴리, 즉 민족과 국가의 불일치에서 기인한다. 라이틴(David Laitin)은 민족이 야기하는 폭력의 형태를 다음 네 가지 유형으로 분류했다 —'실지회복주의(irredentism)', '분리주의(secession)', '대지의 아들(Sons-of-the-Soil)', '집단학살 및 종족분쟁(pogroms and Communal Warfare).' '실지회복주의'란 타국 영역 내 특정 지역의 주민 대부분이 인종적·언어적으로 자국민과 동일할 때 그 지역을 자국에 병합하려는 운동으로, 민족적 경계가 국경보다 큰 경우다. 근대 이탈리아 국가 성립 후 오스트리아 일부 영토에 대한 회복운동에서 비롯된 것으로, 이탈리아가 제1차 세계대전에 참전한 주요 동기이자 명분이었다. 반면, '분리주의'는 민족적 경계가 국경보다 작을 때 발생한다. 소수자 집단에 대한 사회적 차별이 특정 민족집단의 결집 및 분리 요구로 이어지는 경우다. 한편, '대지의 아들'이란 변경지역에 대대적인 개발이 일어나면서 중심부에 밀집해 있던 다수자 그룹이 이주하여 변경지역의 토착민과 갈등을 일으키는 유형이다. 19세기 미국의 서부개척 당시 인디언과 백인 간의 싸움, 현대 중국에서 서부대개발 이후 위구르·티벳 족과 한족 간에 벌어진 갈등이 그런 예다. 마지막으로 '집단학살 및 종족분쟁'은 한 지역 내 서로 다른 종족들 간의 학살로서, 국가가 방조했거나 적어도 묵인한 상황에서 벌어지는 사례를 칭한다. 러시아의 유대인 학살, 인도네시아의 중국인 학살, 인도 분리 당시 힌두와 무슬림 간의 대량학살이 대표적인 예다.[6]

이러한 유형별 사례들은 민족주의가 태생적으로 폭력의 계기를 내장하고 있음을 말해준다. 민족은 국가의 형태로 표현되지 않으면 민족으로 존

---

**6** David D. Laitin, *Nations, States, and Violence*(New York: Oxford University Press, 2007), pp. 1-9.

재할 수 없다는 불안을 안고 있다. 그래서 민족주의는 민족국가를 요구하고 민족국가는 다시 민족주의를 강화하는 것이다. 민족주의의 감정은 민족과 국가의 일치라는 원리가 침해될 때 깊은 상처를 입는다. 그러나 지구상에 민족과 국가의 경계가 일치하는, 이른바 단일민족국가의 수는 결코 많지 않으며, 단일민족국가에도 그 '단일성'의 진위가 종종 의문시되는 형국이다. 대부분의 민족국가에는 크건 작건 국경과 민족적 경계 간의 불일치가 존재한다. 국가는 그 불일치를 억압하거나 은폐하기 위해, 또 그것을 극복한다는 명분하에 언제나 '정당한' 폭력에 대한 독점권을 누려왔던 것이다.

민족과 국가의 일치를 전제하는 민족주의의 폭력성은 대내적 차원과 대외적 차원 양면에서 존재한다. 대내적 차원에서, 민족주의는 국가를 이루는 구성원 내부의 차이를 용납하지 않는다. 민족주의의 동질화 강박증에 대해서는 난디(Ashis Nandy)의 설명이 유용하다. 그에 따르면, 프랑스혁명 직후 유럽에 공화국이 전파되면서 유럽 엘리트들은 전제군주 없는 국가가 과연 안정적으로 지속할 수 있는지 불안해 했다. 그때 전제군주제에 대한 대안적 국가체제의 정당성을 체계적으로 구축한 것이 민족주의다. 전제군주에 집중되었던 카리스마가 사라진 상황에서 그 카리스마를 덜 인격화된 네이션에 평등하게 배분하는 민족주의야말로 국가의 지속성을 가장 잘 보증하는 체제임을 각인시켰던 것이다. 다시 말해, 새로운 국가체제에 대한 불안감이 유럽의 엘리트들로 하여금 민족국가의 동질성에 더 집착하게 했다. 어떤 국가든 과거의 기원을 공유하지 않는 파편적 존재로서 소수자 그룹을 갖기 마련이다. 그런데 새로 등장한 민족국가에서 이런 차이는 과거 절대왕정 때보다 한층 더 불온한 것으로 간주되었다. 국가, 민족, 그리고 종족성(ethnicity) 간의 간극은 이전보다 더 촘촘해졌으며 이 간극을 메우는 국가의 역할 또한 더 강조되었다.

민족주의의 폭력적 계기는 대외적인 차원에서도 존재한다. 민족주의는 스스로가 민족국가(nation states)로 조직되기를 욕망할 뿐 아니라 다른 나라도 민족국가가 되기를 요구한다. 다시 말해 민족주의는 전 세계가 민족국가로 구성되어 있음을 전제로 하며, 민족국가가 아닌 국가들은 끊임없이 그 자격과 존재를 의심받는다. 케두리는 근대 유럽의 주권국가 내부에 네이션이 서서히 자리를 확립하면서 가시화된 변화에 주목했다. 당시 유럽의 국제사회가 다양한 정부 형태와 헌법 형태를 포용했던 것과 달리, 네이션은 민족국가의 원칙에 맞지 않는 국가에 대한 급진적 전복을 기도함으로써 유럽 국가체제의 균형을 뒤엎으려 했던 것이다.[7] 이는 민족국가 자신에게 강요했던 동질성에 대한 강박이 외적으로도 동일하게 표출되었던 것이라 할 수 있다.

이러한 심리는 훗날 비서구 세계에 대한 식민지 침략을 정당화하는 논리로 확장되었다. 민족국가의 동질화에 수반한 폭력성이 유럽의 식민지 팽창과 더불어 비서구세계에 내면화되기 시작했다. 아시아를 비롯한 비서구 지역의 식민지들은 유럽과 같은 민족국가를 수립함으로써 유럽 열강의 제국주의에 대항하고자 했다. 이러한 저항의 역설성을 난디는 식민자와 피식민자 간의 규범(code)의 공유 과정이라 불렀다. 그는 특히 그 과정의 자발성에 주목했다. 난디의 설명에 따르면, 식민지 경영 초기 단계만 해도 민족국가는 다른 토착의 국가 관념들과 서로 경쟁하며 공존했다. 이를테면 식민지 초기 영국은 본국에서는 민족국가 체제를 운영하면서 식민지 인도

---

**7**  엘리 케두리, 앞의 글, 89쪽; Ashis Nandy, *Regimes of Narcissism, Regimes of Despair* (New Delhi: Oxford University Press, 2013), p. 11.

에서는 무굴제국이라는 토착적 문화의 틀을 유지했던 것이다. 그러나 이러한 경쟁은 서구의 우월성의 근거를 민족국가에서 찾았던 식민지 지식인과 운동가들에 의해 무력화되고 만다. 난디는 아시아의 근대화란 결국 민족국가의 내면화 과정이며, 민족국가에 대항했던 맑시스트, 심지어 아나키스트조차 민족국가에 뿌리박힌 유럽중심주의에서 벗어나지 못했다고 비판했다.[8]

탈식민·탈냉전을 거치면서 아시아에는 서구 못지않게 공고한 민족국가 체제가 구축되었다. 이미 우리는 민족국가가 아닌 국가 형태를 상상하기 어려운 시대를 살고 있다. 뿐만 아니라 지금 아시아는 지구상에서 민족주의의 전압이 가장 높은 지역 중 하나다. 식민지 지역의 민족주의는 '반제(anti-imperialism)'라는 대의와 한데 뒤얽힌 그 기원으로 인해 복잡한 내면을 지닌다. 즉, 제국주의에 대한 저항으로 시작되었던 점에서 도덕적 정당성을 태생적으로 획득하지만, 그 저항이 제국주의를 모방하거나 제국주의와 규범을 공유하는 방식으로 진행됨으로써 그 정당성을 균열하는 것이다. 제국주의의 기저를 이루는 민족국가의 논리, 즉 민족주의에 내장된 폭력적 동질화는 피식민자의 저항운동으로 전이되고, 그 전이 과정은 '반제'가 내세우는 도덕적 정당성에 의해 한층 중층적으로 은폐되고 합리화되며 나아가 내면화된다.

20세기 후반의 눈부신 경제성장과 더불어 아시아, 특히 동아시아 국가들의 위상은 백 년 전과는 비교할 수 없을 정도로 높아졌다. 그중에서도 중국과 인도는 16세기 이래 네덜란드, 영국, 미국이 차례로 주도해온 세계

---

**8** Ashis Nandy, *The Romance of the State and the Fate of Dissent in the Tropics*(New Delhi: Oxford University Press, 2003), pp. 2–6.

자본주의의 패권을 넘겨받을 차기 주자로 예견되고 있다. 한때 민족주의를 도덕적으로 정당화했던 '반제'라는 대의가 더 이상 현실적으로 유효하지 않은 상황임에도, 아시아에서 민족주의는 여전히 난공불락이며 더 강고해지고 있다. 게다가 과거처럼 서구에 대한 적대가 아닌, 아시아 내부에 대한 상호 적대감으로, 그리고 더 안으로는 자국 구성원에 대한 억압으로, 그 내면화의 밀도를 한층 강화하고 있다.

1990년대 탈근대주의의 물결과 함께 민족주의의 탈신비화 담론이 쓸고 간 이래, 어느덧 민족주의는 철 지난 담론이 되어버린 감이 없지 않다. 그러나 현실 속에서 민족주의는 여전히 강고하게 우리 삶의 평화를 위협하고 있다. 지금까지 아시아 민족주의 비판의 근원적인 한계는 그것을 비판하는 우리 자신의 언어가 없다는 것이다. 그동안 우리는 민족주의를 비판하면서 서구를 봤을 뿐 아시아 내부로부터 민족주의를 비판할 자원을 발굴하려는 노력은 드물었다. 민족주의의 폭력성을 조명하는 이 글에서 타고르(Rabindranath Tagore: 1860~1941)에 주목하는 이유는 이 때문이다. 19세기 말 20세기 초, 제국주의의 억압 아래 아시아의 지식인들은 한편으로 민족국가의 위험을 경계하면서도 그것을 열망하는 딜레마에 놓여 있었다. 타고르는 그 딜레마와 싸웠던 몇 안 되는 아시아의 사상가 중 하나였다. 그의 민족주의 비판은 훗날 포스트모더니즘의 해체론적 비판과 다르다. 여느 식민지 지식인과 마찬가지로 그는 누구보다 조국을 사랑했다. 민족주의에 대한 그의 비판은 궁극적으로 민족에 대한 부정이나 해체가 아닌, 민족에 대한 통합의 의지로 수렴된다. 오늘의 관점에서 보면 그는 철저한 근대주의자였던 것이다. 그러나 바로 그렇기 때문에, 그의 민족주의 비판은 19세기 말 20세기 초 '네이션'이라는 근대의 타자 앞에 아시아인들이 직면했던 딜레마와 단단히 맞물려 있다. 네이션이라는 거대한 기계의 부품으로 인간을 파편화하는 민족주의의 폭력성을 비판하면서도 그는 인간의 마음속에 근원적으로 존재하는 네이션에 대한 열망을 간단히 부정하지도 않았다. 어쩌면 민족주의의 폭력성을 비판하기 어려운 가장 본질적인 이유는 그것이 바로 인간의 마음속에서 자발적으로 생성된다는 것, 다시 말해 네이션에 대한 열망이 인간 심성의 보편성과 겹치기 때문인지 모른다. 어떻게 네이션을 향한 인간의 열망을 민족주의보다 더 높은 차원의 숭고한 의지로 승화시킬 것인가—이에 대한 백여 년 전 타고르의 물음은 오늘날 민족주의의 위험의 최고조를 살아가고 있음에도 좀처럼 그 너머가 보이지 않는 지금, 진지하게 되돌아봐야 할 사상의 요람이다.


## 2. 네이션이 거절한 '민족시인'

한 세기 전, 제국주의의 압제에 신음하는 아시아에 희망으로 떠올랐던 '동방의 시성' 타고르를 모르는 사람은 없을 것이다. 그러나 타고르에 대한 우리의 이해는 그때나 지금이나 여전히 피상적인 수준에 머물러 있다. 식민지인으로서, 그리고 아시아 인으로서 최초로 노벨문학상을 수상한 그에 대해 열광한 것은 비단 인도인만이 아니었다. 한때 그는 범아시아적 영웅이었다. 제국주의의 전운이 감돌고 전 세계적으로 반제민족해방에 대한 열망이 불타오르던 때, 서구 지식인들의 찬사를 받으며 등장한 동방의 마법사가 홀연 아시아 인의 마음을 사로잡았다.

그러나 타고르에 대한 아시아 인의 열광은 오래가지 않았다. 서구 제국주의에 대항한다는 명목으로 또 다른 제국주의를 안에서 키워가던 일본을 "네이션의 정신적 노예"라 비판하는 타고르에 대해 일본인들은 금세 냉담해졌다. 또한 우상타파적 서구화 운동이자 민족주의 운동인 5·4의 물결 속에 진보와 발전, 과학에 대한 신념으로 터질 듯했던 중국 지식인들에게 동방문명의 지혜로 하나되어 평화의 영적 가치를 새롭게 창조하자는 타고르의 메시지는 거센 반감을 일으켰다. 상대적으로 타고르 열(熱)이 각별했던 조선에서도 타고르는 식민지인의 민족주의 열망을 불사르는 등불이었을 뿐이다.[9]

말하자면 타고르의 동아시아 방문은 너무 때 이른 것이었다. 제1차 세계대전의 발발은 타고르에게 서구문명의 파탄을 알리는 거대한 신호였지만, 아시아 인들에게는 민족자결과 식민지 해방의 희망을 트는 여명이었다. 제국주의의 압제에 맞서 제국주의에 대항할 강한 네이션을 갈망했던 아시아 인들에게 네이션의 망상에 현혹되지 않고 정신과 영혼의 소리에 귀 기울이라는 타고르의 말은 귀에 들어오지 않았다. 민족해방의 비원과 네이션 구축의 갈망은 서로 단단히 들러붙어 있어, 그 사이에 균열을 내려 했던 타고르의 시도는 번번이 거세게 튕겨나갔던 것이다.

이런 상황은 인도에서도 마찬가지였다. 간디와 함께 타고르가 근대 인도의 위대한 초석이란 사실은 모두가 인정하지만, 인도인들의 마음속에 민족지도자로 굳게 자리잡은 간디에 비해 타고르의 자리는 여전히 모호하다. 그 주된 이유는 민족주의에 대한 타고르의 비판적 태도 때문이었다.[10] 벵갈의 해방을 위해 싸웠던 많은 인도인들은 민족주의를 제국주

9  彭姍姍, 「封閉的開放: 泰戈爾1924年訪華的遭遇」, 《淸華大學學報(哲學社會科學版)》 第4期 (2010), 127-128쪽; Stephen N. Hay, *Asian Ideas of East and West: Tagore and His Critics in Japan, China, and India*(Cambridge, Massachusetts: Harvard University Press, 1970), pp. 54-55; 김윤식, 「한국 신문학에 있어서의 타골의 영향에 대하여」, 《진단학보》 제32호(진단학회, 1969), 200-202쪽.

10 Poulomi Saha, "Singing Bengal into a Nation: Tagore the Colonial Cosmopolitan?,"

와 같은 차원의 폭력으로 규정하는 타고르를 이해할 수도 용납할 수도 없었다.[11]

그런데 역설적으로 '인도의 위대한 민족시인(national poet)'이라는 타고르의 호칭에는 지금까지도 거역할 수 없는 권위가 담겨 있다. (타고르가) "노래로 벵갈을 하나의 네이션으로 만들었다(He has sung Bengal into a nation.)"는 파운드(Ezra Pound)의 찬사[12]에 화답이라도 하듯, 훗날 벵갈에서 분리되어 나온 두 개의 국가, 인도와 방글라데시는 모두 타고르의 노래를 애국가로 채택했다.[13] 벵갈의 또 다른 후손 스리랑카의 애국가도 타고르가 작곡한 것이다. 최근 방글라데시에 반(反)인도 정서가 악화되고 스리랑카도 인도와 사이가 좋지 않지만, 모두가 타고르의 노래를 자랑스러운 국가(國歌)로 여기는 데에는 변함이 없다.[14] 이렇게, 타고르는 역사상 유일하게 복수의 국가에 애국가를 선사한 인물이 되었다.

이러한 역설의 중심에 있는 것은 타고르의 민족주의 비판의 양가성이다. 1905년 영국의 분할통치 정책으로 벵갈이 동벵갈과 서벵갈로 분리되었을 때, 분노한 벵갈 인들은 타고르의 노래를 들으며 민족의식을 형성해갔다. 훗날 각각 방글라데시와 인도의 애국가가 된 노래 「나의 황금빛 벵갈」(1906)과 「인도의 아침」(1911)은 한때 존재했던 온전한 어머니의 이미지를 환기함으로써 영국 제국주의에 대한 벵갈 인의 저항의식에 불을 붙

---

*Journal of Modern Literature*, Vol. 36, No. 2(Winter 2013), p. 4.

**11** Ashis Nandy, op. cit.(2013), pp. 3-4.

**12** Poulomi Saha, op. cit., p. 1.

**13** 「나의 황금빛 벵갈(Amar Sonar Bangla)」은 1972년 방글라데시의 초대 대통령 라흐만(Sheikh Mujibur Rahman)이 애국가로 제정했으며, 「인도의 아침(Jana Gana Mana)」은 1947년 인도의 애국가로 제정되었다(Ibid., pp. 5-6).

**14** Ashis Nandy, op. cit.(2013), p. 2

였다. 그런 만큼 그로부터 몇 년 뒤에 나온 타고르의 저작 『집과 세계(*The Home and the World*)』(1916)와 『내셔널리즘(*Nationalism*)』(1917)이 보여준, 민족주의에 대한 신랄한 비판이 인도인을 당황케 한 것은 당연한 일이었다. 그러나 타고르의 노래를 잘 살펴보면, 그것이 그려낸 벵갈의 '온전함(wholeness)'은 반드시 '네이션'으로 수렴되는 것은 아니었다. 목가적이고 평화로운 어머니의 이미지에 투사된 것은 네이션보다 훨씬 더 큰 힘으로 하나 되는 인도의 비전이었다. 타고르는 국가가 아닌, 다른 주권의 개념을 제시했던 것이다.[15] 결국, 1905년을 기점으로 인도의 민족주의가 점화하는 데 타고르의 역할은 지대했지만, 정작 그가 그 타오르는 불꽃 한가운데서 본 것은 민족주의의 가공할 폭력성이었다.

사실, 20세기 전기를 살았던 사상가 중 타고르처럼 민족주의의 폭력성에 대해 명징한 인식을 지닌 인물은 드물다. 물론 19세기 말 자본주의 물질문명이 최고의 번영을 구가하기 시작하면서 예지를 지닌 지식인들 사이에서는 이미 근대문명에 대한 회의가 서서히 자라고 있었다. 제1차 세계대전의 발발은 그들에게 물질과 이성을 맹목적으로 추구해온 서구문명이 초래한 필연적인 결과였다. 슈펭글러(Oswald Spengler)의 『서구의 몰락』을 필두로, 베르그송(Henry Bergson), 오이켄(Rudolf C. Eucken), 제임스(William James) 등이 이성중심주의를 반성하는 직관 중심의 철학을 주장했고, 문화계에서는 예이츠(William B. Yeats)와 파운드, 엘리엇(T. S. Eliot) 들이 타락한 서양문명을 구원할 지혜를 위해 동방을 바라보고 있었다. 『기탄잘리』의 서문을 예이츠가 썼고 파운드가 타고르의 열렬한 신봉자였던 데서 보이듯, 타고르가 노벨상을 받을 수 있었던 것도 이처럼 근대 문명에 대한 불

---

**15** Poulomi Saha, op. cit., pp. 5-7.

안을 절박하게 껴안았던 서구사회의 지적 배경과 무관하지 않다.

그러나 타고르의 문명비판이 서구의 지식인들과 구별되는 또렷한 특징은 그 핵심에 민족주의 비판이 자리 잡고 있다는 점이다. 타고르는 결코 동시대 아시아 인들이 비판했던 것처럼 추상적인 문명론자가 아니었다. 힌두교 개혁과 브라만교 창시에 앞장섰던 부친 때부터 타고르 집안은 인도 사회개혁에 깊숙이 간여하고 있었다. 1905년 벵갈의 분할과 그것이 야기한 반제민족주의 운동의 피바람은 타고르의 사유와 창작에 결정적인 전기였다. 타고르의 문명비판은 인도의 구체적 장소성에 단단히 뿌리내리고 있었던 것이다. 타고르가 동시대 서구 지식인들보다 민족주의의 폭력성에 더 주목했던 것도 그런 현실감각 때문이다. 백낙청은 대영제국의 신민 디킨스의 소시민성을 예로 들면서 오히려 서구의 주변부나 반주변부에서 제국주의의 속성을 더 냉혹하게 성찰할 수 있다고 했는데,[16] 타고르야말로 제국주의의 주변부에 있었기 때문에 근대문명과 민족주의의 관계를 한층 더 명징하게 파악하고, 식민지인의 자기분열을 바닥에서부터 통과하여 민족주의의 본질을 투철하게 인식할 수 있었던 것이다.

물론, 근대세계의 반/주변부에 처해 있던 아시아의 동시대인 중 타고르처럼 민족주의를 가차 없이 거절한 지식인을 찾기 어렵다는 점은 여전히 우리를 당혹케 한다. 그러나 타고르의 민족주의 비판은 민족을 '상상된 공동체'로 부정하는 20세기 탈근대론과 다르다. 민족의 실체를 부인하지 않았고, 또 민족주의와 다른 차원에서 민족의 통합을 열망했다는 점에서 타고르는 어디까지나 모더니스트였다. 여기에 그의 민족주의 비판의 아포리아가 있다. 어떻게 민족의 정당성을 근저로부터 의심하되 그것에 대한 사

---

**16** 백낙청, 「市民文學論」, 『민족문학과 세계문학』(창작과비평사, 1978), 28-31쪽.

랑과 경외의 감정을 훼손하지 않을 수 있는가. 어떻게 근대 바깥으로 탈주하지 않으면서 네이션을 넘어설 수 있는가. 이러한 아포리아는 오늘날 아시아가 백여 년 전 거절했던 타고르와 다시 만나야 하는 이유이기도 하다. 타고르가 직면했던 아포리아는 아시아의 몸속 깊숙이 내면화된 민족주의를 근원적으로 사유하기 위해 넘어야 할 관문이다.

## 3. '네이션'이라는 기계

### 1) 애국심과 민족주의

타고르의 민족주의 비판을 살피는 과정에서 우리는 그가 통일된 근대 인도의 탄생을 누구보다 간절히 열망했다는 데서 당혹감을 느끼게 된다. 그는 민족주의의 비판자였지만, 그 비판은 자신이 속한 근대에 충실한 모더니스트의 예각적인 시선 속에서 진행되었다. 이런 타고르의 역설에 접근하는 한 가지 방법은 간디와 함께 두고 보는 것이다. 인도가 낳은 위대한 두 인물에 대해 난디는 이렇게 말했다.

모더니스트임에도 타고르는 평생 근대사회에 받아들여지지 못했다. 결국 그는 근대 서구의, 그리고 근대성의 비판자로 남았다. 근대인의 눈으로 볼 때 간디는 반모더니스트(counter-modernist)였지만, 그의 전통 옹호가 포스트모던한 의식을 내포하고 있었다는 점에서 근대성의 중요한 비판자였다. 두 사람이 서로를 인정했고 또 상대방의 실천에 매혹되었다는 점, 또 그들이 독립 후 인도의 다양한 과거들을 처리하고 그 과거를 미래와 연결시키는 문제에 있어 인도에 선택지를 제공했다는 점은 주목할 만하다. 그러나 대체로 타고르는 이런 모순을 고급문화(high culture)의 차원에서, 간디는 '하급'문화('low' culture) 차원에서 해결하려 했다는 가설을 고수할 수 있겠다. (중략) 그러나 어떤 영역에서 타고르와 간디의 노력은 겹쳐지고 양자는 이데올로기적으로 서로를 강화했다. 둘 다 문화적 생존 수단으로서 인도의 '내셔널' 이데올로기의 필요를 인식했고, 그런 이유로 인도가 중세 이후 서구의 내셔널리즘 개념과 단절하거나 그 개념에 새로운 내용을 담아야 한다고 생각했다. 그 결과, 타고르는 내셔널리즘이 그 자체로 정당하지 않다고 생각하게 되었고, 간디의 내셔널리즘은 내셔널리즘에 대한 비판을 포함하게 되었다.[17]

간디가 근대사회에 수용된 반모더니스트인 반면, 타고르가 근대사회에서 거부당한 모더니스트였다는 난디의 말은 타고르의 민족주의 비판이 갖는 역설적 성격을 잘 부각시킨다. 근대 인도의 민족주의를 형성하는 데 타고르의 시와 노래, 그리고 실천은 누구보다 깊은 영향을 미쳤다. 그런가 하면, 인도의 전통적 사고를 설파하는 데 타고르는 간디보다 훨씬 더 정력적이었다. 훗날 인도의 민족주의자들은 간디와 타고르 모두에 대해 비판적이었지만, 타고르를 비판하기가 훨씬 더 고통스러웠다. 왜냐하면 간디는 근대 바깥에 있었지만 타고르는 근대 안에 있었기 때문이다.[18]

도대체, 어떻게 타고르는 근대 '안에서' 민족주의에 대한 근원적인 추궁을 할 수 있었는가? 20세기 초를 살았던 식민지인으로서 그는 어떻게 반

**17** Ashis Nandy, *The Illegitimacy of Nationalism: Rabindranath Tagore and the Politics of Self* (New York: Oxford University Press, 1994), p. 2.

**18** Ibid., pp. 4-7.

제운동과 민족주의 사이에 균열을 낼 수 있었는가? 제국주의에 대한 민족해방운동의 이념적 진보성을 누구도 의심할 수 없던 시대에, 타고르는 어떻게 조국애와 민족주의를 가를 수 있었는가?

이런 질문에 대한 대답의 한 가능성을 난디는 잠정적으로 '애국심(patriotism)'과 '민족주의(nationalism)'를 구분함으로써 제시한다. 그에 따르면, 애국심이 소속된 집단에 대한 자연스런 유대의 감정(sentiment)이라면, 민족주의는 이데올로기다. 애국심의 경계가 구체적으로 확정되어 있지 않은 데 비해, 민족주의는 경계 바깥의 타자에 대한 두려움에 기반을 두며, 자기중심적으로 영토화된 개념이다. 또한 애국심과 달리 민족주의는 세계가 민족국가로 조직된 균일한 전체라는 전제를 깔고 있다. 그래서 민족주의가 요구하는 충성은 언제나 단일한 반면, 애국심이 기대하는 충성은 구체적 상황에 따라 다른 차원이 가능하며 언제나 협상 가능하다. 셋째, 민족주의는 종교, 종족, 공동체, 언어 등 다른 정체성에 대해 내셔널한 정체성의 절대적 우위를 주장하며, 대체로 다른 정체성에 대해 위협을 느낀다. 넷째, 민족주의는 근대성을 전제로 하는 반면 애국심은 그렇지 않다. 다섯째, 민족주의는 확정된 내용을 지니지만 애국심의 영토는 유동적이다. 여섯째, 민족주의는 목적과 수단을 지닌, 이데올로기적으로 완결된 틀을 구비하며 이로써 사회를 동질화하려고 한다. 마지막으로 애국심과 구별되는 민족주의의 가장 중요한 특징은 민족주의가 다른 이데올로기들과 철통같은 법적 협약을 맺는다는 것이다. 민족주의자들은 언제나 충분히 이데올로기적이지 못할까 두려워한다. 히틀러라는 극단적 예가 보여주듯, 네이션이라는 추상적인 대상을 사랑할수록 그 네이션을 구성하는 살아 있는 인간을 혐오하게 된다.[19]

서구 언어권에서 'patriotism'과 'nationalism'의 경계의 불분명성을 인지하면서도 난디가 이처럼 위험한 시도를 하는 것은, 그가 타고르의 민족주의 비판을 근대의 '안'에 위치해 놓았던 것과 관련된다. 거칠게 말하면, 난디는 모국에 대한 사랑이라는 자연적 감정이 이데올로기화되기 전과 후를 구분함으로써, 민족주의와 함께 이데올로기화 이전의 감정까지 단죄하는 것을 피하려 했던 것이다. 이런 아슬아슬한 시도는 타고르와 난디의 민족주의 비판이 모더니즘과 포스트모더니즘의 어떤 역설적 긴장 속에 있음을 보여준다. 그것이 이들을 근대 밖으로 나가지 못하도록 끌어당기는 장력으로 작용했던 것이다. 그 장력이야말로 민족주의의 본질을 한층 명징하게 인식할 수 있는 힘이었다.

## 2) 네이션의 자기복제성

1916년과 1917년 사이 일본과 미국에서 수행한 강연을 담은 『내셔널리즘』에는 네이션에 대한 타고르의 강도 높은 비판이 담겨 있다. 그는 '네이션(the Nation)'이라는 관념은 인류가 발명한 가장 독성이 강한 마취제라고 공격했다. 이런 상황은 인도국민회의(Indian National Congress, INC)가 수립되던 1896년, 그가 INC 앞 광장에서 「반데 마타람(Bande Mataram)」을 불렀던 상황과 사뭇 대조적이다.[20] 타고르가 민족주의의 실체를 깨달

---

**19** Ashis Nandy, op. cit.(2013), pp. 9-16.
**20** "어머니, 당신을 찬양하오"라는 뜻을 가진 이 노래는 힌두 민족주의 정서에 큰 영향을 미쳤던 작가 반킴 찬드라 차테르지(Bankim Chandra Chatterjee)의 소설에 삽입된 시다. 1896년 타고르가 처음 노래로 불렀다. 1905년 인도국민회의 집회장에서 불린 이후 오랫동안 반영독립운동의 투쟁가로 자리잡았으며 지금까지 인도의 국민가요(national song)로 남아 있다. 그러나 타고르에게 「반데 마타람」은 민족주의의 주술이다. 『집과 세계』에서 「반데 마타람」은 민족주의에 홀린 광적인 폭도들이 부르는 노래로 종종 등장한다.

게 된 결정적 계기는 1905년 영국의 인도 분리통치 이후 일어난 스와데시(Swadeshi: self+country) 운동이었다. 인도의 분단에 누구보다 슬퍼하고 분노했던 그였지만, 결과적으로 스와데시 운동이 벵갈 내부의 분열 —힌두에 대한 무슬림의 폭동(1907)— 로 파국을 맞는 과정을 지켜보면서, 타고르는 조국애라는 숭고한 감정이 민족주의라는 이데올로기로 전화함으로써 발현하는 가공할 폭력의 메커니즘에 착목한다. 그가 깨달은 것은 네이션이 거대한 기계이며, 민족주의는 그 기계를 지속시키기 위해 가동되는 시스템이라는 사실이었다. 이 시스템을 보지 못하는 한, 그리고 그 메커니즘을 공격하지 못하는 한, 어떤 반제운동도 결국 그 시스템의 일부가 될 뿐이다. 스와데시 운동의 본질적인 한계는 네이션의 시스템 안에 갇혀 있다는 것이었다.

그렇다면 타고르가 말하는 '네이션(the Nation)'이란 무엇인가. 그에 따르면 '네이션'은 "조직된 힘으로서의 전체 인민의 양상", 다시 말해 인간이 정치적이고 경제적인 통일체로서 어떤 기계적인 목적을 위해 조직될 때 드러나는 양상이다.[21] 네이션의 본성은 그 '기계성'에 있다.

서양에서 상업과 정치라는 국가 조직(national machinery)은 자체의 용도와 높은 시장 가치를 지닌, 말끔히 압착된 인간성의 더미로 드러났다. 그것들은 과학적이고 주도면밀하게 분류되어 라벨을 붙인 채 무쇠 걸쇠에 걸려 있다. 분명 신은 인간을 인간으로 만들었지만, 거대한 대량생산품이 되어 네모반듯하게 마감 처리된 이 근대의 상품은 조물주도 그것이 자기의 신성

---

**21** Rabindranath Tagore, *Nationalism*(London: Macmillan and Co., Limited, second edition, 1918), p. 110.

한 형상대로 만든, 영혼을 가진 창조물임을 깨닫기 어려울 정도다.[22]

인간을 감정도 죄의식도 없는 무감각한 기계의 부품으로 만들어버린다는 점에서, '네이션'은 과거에 인도를 통치했던 수많은 이민족과 차원이 다르다. 이전에도 무굴과 파탄 인들(Pathans)이 들어와 인도를 지배했지만, 그들의 지배는 결코 삶의 일상적인 차원까지 침투하진 못했다. 왕조가 바뀌어도 공동체의 삶은 유지되었으며, 설사 큰 파국이 일어나더라도 자연재해처럼 휩쓸고 지나가면 곧 잊혔다.[23]

네이션이 와서 우리를 지배하기 전, 우리는 다른 외세의 지배를 받기도 했었다. 그들도 다른 모든 정부처럼 어느 정도 기계적인 요소를 지니고 있었다. 그러나 그들의 지배와 네이션의 지배의 다른 점은 수직기(hand-loom)와 역직기(power-loom)의 차이와 같다. 수직기의 생산 과정에는 인간의 살아 있는 손가락의 마술이 드러나고 그것이 내는 낮은 소음은 삶의 음악과 조화를 이룬다. 그러나 역직기의 생산은 무자비할 만큼 생명이 없고 정확하고 단조롭다.[24]

네이션은 살아 있는 인간의 유대를 파괴하고 기계적인 조직으로 대체함으로써, 인간과 인간의 관계를 근원적으로 바꾸어놓았다. 그 거대한 엔진이 일단 가동하기 시작하면, 개인은 유령으로 사라지고 모두가 조직을 위해 움직이는 거대한 회로가 되어버렸다. 타고르의 유명한 수직기와 역직기

**22** Ibid., p. 6.
**23** Ibid., p. 7.
**24** Ibid., p. 18.

의 비유는 사회의 자연적 결(texture)을 파괴하고 기계적 조직으로 대체하는 민족주의의 근원적인 폭력성을 압축적으로 보여준다.

사회적 결의 파괴가 초래하는 결과는 궁극적으로 인간의 본성과 가치체계의 파괴다.

이 조직은 인민의 집합체를 강하고 효율적으로 만들기 위해 부단히 돌아간다. 그러나 힘과 효율을 쫓는 이 가공할 노력으로 인해 인간은 스스로를 희생하고 창조적으로 만드는 더 숭고한 본성으로부터 자신의 에너지를 고갈시킨다. 그리하여 인간의 희생의 힘은 도덕이라는 궁극적 목적으로부터 조직의 유지라는 기계적 목적으로 전환된다.[25]

자신을 둘러싼 자연환경, 자신이 속한 공동체적 삶의 온전함, 아름다움과 사랑, 그리고 사회적 책임들의 살아 있는 결합에서부터 떨어져 나와, 인간은 이제 삶의 목표를 네이션이라는 기계의 목적과 일치시킨다. 그리하여 한때 사회의 가장 중요한 덕목으로 간주되었던 사랑과 희생, 창조성 같은 덕목은 오히려 기계의 지속성을 위협하는 요소로 전락한다. 기계가 요구하는 것은 오로지 조직의 존속과 확장을 위한 희생이다. 그것을 인간은 '자유'로 인식한다. 기계의 부품으로 전락했으면서도 인간은 자신이 자유의지로 이 세계에 기여하고 있다고 믿는다. 매일매일 인간성을 희생하는 그 순간에도 자유롭다는 환각 속에서 기꺼이 네이션에 자기를 내어맡기는 것이다.[26]

---

**25** Ibid., pp. 110-111.
**26** Ibid., pp. 26-28.

네이션의 또 다른 본성은 자기증식성이다. 중국과 일본을 보면서, 타고르는 네이션이 엄청난 속도로 인류문명의 또 다른 발상지를 집어삼키고 있음을 실감한다. 고대의 지혜로 풍요로웠던 중국은 네이션의 욕망에 눈뜨기 시작한 거대한 고래였다. 오랜 인성 전통과 사회의 이상을 던져버리고 근대의 효율성에 맞추어 자신을 훈육하면서, 중국은 네이션을 향하는 길목에서 패배감에 빠져 비통해 하고 있었다. 일본도 마찬가지였다. 민족주의를 향해 광적으로 질주하면서, 이 세계에 포악하게 날뛰고 있는 다른 네이션들을 막기 위해 스스로 강한 네이션이 되어야 한다는 논리를 펴고 있었다.[27]

네이션에 저항하기 위해 네이션이 되는 것, 이것은 난디가 말하듯 피식민자가 식민자에 대해 무의식적으로 키워가는 자기복제성과 같은 것이다. 난디는 식민주의 문화가 자신에게 저항하는 자를 다루는 특수한 방식을 지니고 있다고 말했다. 식민 시스템은 사회경제적·심리적인 보상과 처벌을 통해 피식민자에게 새로운 사회적 규범과 인식적 범주를 받아들이도록 유인함으로써 스스로 영속하는데, 이 시스템 안에 있는 한 피식민자는 식민자가 설정한 심리적 한계 안에서 식민자와 싸우도록 되어 있다. 이것이 바로 식민 시스템이 갖는 궁극적인 폭력성이다.[28] 네이션(a nation)과 '네이션(the Nation)'의 관계는 난디가 말한 피식민자와 식민자 관계의 확장이다. 피식민자의 저항운동이 식민 시스템 안에 머물 때 결국 식민자를 스스로 복제하는 것처럼, 네이션으로 네이션에 대항하는 어떤 저항운동도 결과적으로는 네이션이라는 거대한 기계의 자기증식의 일환일 뿐이다.

**27** Ibid., pp. 27-30.
**28** Ashis Nandy, *The Intimate Enemy: Loss and Recovery of Self under Colonialism* (New Delhi: Oxford University Press, second edition, 2009), p. 3.

네이션(a nation)으로 '네이션(the Nation)'에 저항할 수 없다 —이것은 타고르의 민족주의 비판을 압축하는 가장 선명한 명제다. 네이션이야말로 가장 큰 적이며 네이션에 대한 모든 저항은 또 다른 네이션을 낳을 뿐이라고 경고함으로써 타고르는 민족주의와 반제운동 사이에 균열을 벌려가고자 했다. 스와데시 운동에서 타고르가 깨달은 것은 저항할 것은 영국이라는 특정 네이션(a nation)이 아니라 '네이션 자체(the Nation)'이며,[29] 그 '네이션'이 피식민자의 몸속에 내재화되고 있다는 사실이었다.

### 4. 폭력의 자발성: 집과 세계의 공모

일반적으로 타고르는 시인으로 알려져 있지만, 그는 여덟 편의 장편과 네 편의 중편을 남긴 소설가이기도 했다. 그의 마지막 장편소설 『집과 세계』는 『내셔널리즘』보다 한 해 앞선 1916년에 출간되었다. 『내셔널리즘』에서 네이션이라는 타자의 침입으로 비서구 세계의 고유한 삶의 결이 파괴되는 과정을 비판했다면, 『집과 세계』에서 타고르는 민족주의의 폭력성이 식민자에 의해 가해진 것이 아닌 피식민자의 내면으로부터 자발적으로 발생하는 지점으로 파고든다.

작품의 배경은 1905년의 스와데시 운동과 그것이 야기한 무슬림 폭동(1907년)이었다. 스와데시 운동의 발단은 영국 총독 커즌 경(Lord Curzon)의 분리통치 정책이었다. 식민지 경영의 효율성을 위해 서부의 힌두 지역과 동부 무슬림 지역으로 인도를 분할하여 통치하기로 한 이 정책은 당시 상

---

**29** Rabindranath Tagore, op. cit.(1918), p. 100.

업과 농업을 장악했던 힌두 인의 반발을 크게 샀다. 이에 힌두 인들은 영국 상품을 보이콧하고 인도의 토착 산업과 면 수공업을 장려하는 스와데시 운동을 일으키게 된다. 타고르도 처음에는 이에 적극 참여했다. 그가 쓴 열정적인 팸플릿과 노래들은 벵갈 인의 마음속 깊이 스며들었다. 그러나 얼마 안 가 타고르는 교육받은 지주계급이 주도하는 이 엘리트 운동의 심각한 모순을 발견하게 된다. 값싸고 질 좋은 영국 상품 대신 질 낮고 비싼 인도 상품의 매매를 강요하는 이 운동은 무슬림을 대다수로 하는 하층민에게 과도한 짐을 부과했던 것이다. 실제로 운동이 광폭해지면서 힌두에 대한 무슬림 하층민의 원한은 점점 커져갔다.[30] 『집과 세계』는 제국주의에 저항하는 민족주의 운동이 약자와 빈자에 부과하는 비동질적인 희생을 무시한다는 점에서, 탈식민화에는 도움을 줄지언정 결국은 그 사회의 결을 찢어버린다는 비판적 메시지를 담고 있다.[31]

　『집과 세계』에 등장하는 세 명의 중심인물은 민족주의의 복합면을 알레고리로 보여준다. 소설의 구조는 비교적 간단하다. 주인공 비말라(Bimala)는 정통 힌두 집안에서 자라나 어린 나이에 부유한 귀족 니킬에게 시집왔다. '흠 없음', '순결함'을 뜻하는 이름을 가진 비말라는 근대의 때가 묻지 않은 순수한 인도를 대표한다. 어느 날 스와데시의 물결이 벵갈을 휩쓸자 세상에 대해 아무것도 모르던 비말라는 점점 바깥 세상에 호기심을 갖기 시작한다. 비말라의 남편 니킬(Nikil)은 영국식 교육을 받은 개명한 지식인이자 이타적인 지주다. 스와데시 운동을 경제적으로 후원하지만 운동 자체에 대해서는 회의적이다. 니킬이라는 이름은 '우주의 주인(lord of the universe)'

**30** Anita Desai, "Introduction," Rabindranath Tagore, *The Home and the World* (London : Penguin Books, 1985), pp. xxii-xxiii.

**31** Ashis Nandy, op. cit.(1994), p. 19.

또는 '전체(whole)'를 뜻한다. 니킬은 '조화'와 '지혜'를 대표하는 인물이다. 반면, 니킬의 벗이자 스와데시 운동의 지도자인 산딥(Sandip)은 모든 면에서 니킬과 정반대다. '불꽃'이라는 뜻의 이름처럼, 산딥은 목적을 위해 수단을 가리지 않는 격렬한 성격의 소유자다. 냉혹하지만, 거부할 수 없는 매력과 카리스마를 지닌 남자다.

처음 비말라는 대의를 명목으로 니킬의 재산을 갈취하는 산딥을 마뜩해 하지 않았다. 그러나 어느 순간 자신도 모르게 산딥의 신비한 매력에 이끌려 들어간다. 그때까지 집이 자기 세계의 전부였던 비말라는 산딥을 통해 난생 처음으로 집 밖의 세계에 눈뜨게 된다. 집 밖의 세계에는 '조국(country)'이 있었다. 산딥의 매혹적인 눈빛과 언설에 매혹되면서 그녀는 스와데시 운동에 미온적인 니킬의 나약함을 경멸하기 시작한다. 이제까지 품고 있던 니킬에 대한 존경이 식은 자리에 산딥과 '조국'을 향한 열망이 불붙는다.

스와데시 운동이 점차 폭력적으로 변함과 동시에, 산딥에 대한 비말라의 욕망도 격렬한 소용돌이를 겪는다. 불꽃처럼 이글거리는 산딥의 눈빛과 혀에 철저하게 무장해제당한 그녀는 자신의 존재가 뿌리째 찢겨나가는 것을 감지하면서도 '대의'와 '진실'을 향한 돌진을 멈추지 않는다. 이제껏 소중히 여겨왔던 집에서의 의무를 던져버리고 바깥 세상의 '자유'를 향해 기꺼이 자신을 내던질 준비를 마친다. 그런데 어찌된 일인지 이 모든 과정에서 시종 그녀의 주위를 감도는 것은 죽음의 그림자다. 그 점에서 『집과 세계』는 본격적인 근대소설(novel)은 아니다. 비말라, 니킬, 그리고 산딥의 독백이 번갈아 배치되는 작품의 구조는 그중에서도 특히 비말라를 중심에 두고 돌아가는데, 비말라의 독백이 전적으로 일인칭 서사가 아니라는 점이 주목을 요한다. 어느새인가 비말라의 독백에는 전지자의 목소리가 개입해 있다. 최면에 걸린 듯 자기 욕망을 따라가면서도 비말라는 자기 내면에서부터 들려오는 전지자의 경고를 듣고 있었다.

나 역시 그러한 열망에 사로잡혔다. 나 역시 나의 집을 잃고 또 나의 길을 잃었다. 목적과 수단이 모두 내 앞에서 그림자처럼 흐릿해졌다. 오로지 열망과 재촉만이 있을 뿐이다. 아! 밤에 버려진 방랑자여, 새벽이 오면 돌아갈 길을 찾지 못하리. 그러나 돌아가서 무엇 하리? 죽음이 기다리고 있을 텐데. 플루트 소리를 내는 어둠이 파멸로 이끄는데, 다음을 생각해서 무엇 하리? 내가 그 어둠과 하나가 된다면, 나도, 선도, 악도, 웃음도, 눈물도 더 이상 존재하지 않을 것을![32]

파국이 눈앞에 있음을 감지하면서도 비말라는 멈추지 못한다. 산딥이 자신을 현혹시키고 있음을 알면서도 기꺼이 그 유혹에 안주하고 싶어 하는 것이다. 마침내 운명의 순간이 다가온다. 영국 상품의 매매를 강제적으로 금지하는 과정에서 산딥은 말을 듣지 않는 한 중개상을 길들이기 위해 그의 배를 고의로 가라앉힌다. 그리고 그를 자기 사람으로 만들기 위해 배 값 6만 루피를 배상해주기로 약속한다. 그 돈을 구하기 위해 산딥은 비말라에게 니킬의 돈을 훔칠 것을 요구한다. 결국 비말라는 자기 방의 금고를 턴다. 그리고 그 순간 그녀는 자신의 집이 더 이상 자기 집이 아니게 됨을 깨닫는다. 순식간에 집과 세상의 경계가 흐려지면서 양쪽 모두에서 이방인이 되어버린 것이다. 집을 배반한 그녀가 갈 수 있는 '세계'는 없었다. 그녀가 훔친 것은 단순히 돈이 아니었다. 그것은 일생 동안 쌓아온 신뢰이자

---

**32** Rabindranath Tagore, op. cit.(1985), p. 94.

정의였다. 그것이 사라진 지금, 그녀가 돌아갈 곳은 더 이상 세상에 존재하지 않았다.

만약 이 작품의 알레고리를 단순하게 읽는다면, 우리는 아마 근대에 오염되지 않은 순수한 인도가 민족주의의 유혹에 빠져 타락하고 만다는 경세(警世)적인 메시지를 얻을 수 있을 것이다. 그러나 『집과 세계』가 의도했던 것은 집과 세계를 양분하는 것이 아니라 반대로 그 둘의 경계가 얼마나 모호한지를 보여주는 것이었다. 만약 이 소설에 계몽성이 있다면, 그것은 악이 준동하는 세상에 빗장을 닫아걸고 집('순수한 인도')을 지키라는 것이 아니라, 그 '악'이 집 안에 있는 '선'과 손잡을 가능성이 언제나 상존함을 말해주는 데 있었다. 난디의 표현을 빌리면, 이데올로기로서의 민족주의와 순수한 조국애의 경계가 얼마나 한 끗 차이인가를 보여주는 데 있었던 것이다. 비말라가 훔친 돈을 산딥에게 건네주는 순간, 산딥을 감싸던 신비로운 주술은 사라지고 존경과 권위를 잃을까 초조해 하는 초라한 한 인간만이 그녀의 눈앞에 있을 뿐이었다. 그런데 아우라가 걷힌 자리에 드러난 산딥의 정체는 상상 이상으로 충격적이었다. 그것은 산딥 자신도 모르는, 오직 신만이 알고 있을, 깊이를 가늠할 수 없는 캄캄한 카오스였다. 산딥의 정체는 모든 인간의 마음속 깊이 잠자고 있는 욕망이었던 것이다. 베일이 벗겨진 산딥에게서 비말라가 본 것은 다름 아닌 바로 그녀 자신이었다.

다시 또 한 번, 나는 내 안에 두 개의 인간이 있음을 느끼지 않을 수 없다. 하나는 산딥의 끔찍한 카오스에 두려워 떠는 사람, 그리고 다른 하나는 그의 달콤한 유혹을 생생하게 음미하는 사람이다. 이 난파된 배는 주위에서 허우적대는 모든 사람을 끌고 함께 가라앉는다. 산딥은 바로 그런 파멸의 힘이다. 그의 거대한 매력은 공포가 구하러 오기 전에 그들을 끌어안는다. 윙크를 보내는 그의 눈에 매혹되어 그들은 아무 저항도 하지 못한 채 물속으로 끌려들어갈 것이다. 하늘의 모든 빛과 선과 자유, 그리고 숨 쉴 수 있는 모든 공기들 —일생 동안 쌓아온 소중한 모든 것들— 을 등지고 끝없는 나락으로 함께 떨어져갈 것이다.[33]

산딥은 그저 파국을 알리러 온 메신저일 뿐이었다. 그가 이 땅에 들어와 거친 혀를 놀리며 소년과 소녀들을 끌어모을 때 연꽃을 품은 숭고한 어머니의 대지는 이미 자신의 곳간을 열고 방탕한 향연을 열 준비가 되어 있었다. 그가 가져온 흥분에 감염되지 않을 사람은 애초부터 없었다. 비말라 역시 산딥이 오기 전부터 유혹당할 준비가 되어 있었던 것이다.

니킬 역시 산딥 안에 감춰진 카오스를 처음부터 감지하고 있었다. 언뜻 보아 이 둘은 서로 적이다. 처음부터 니킬은 산딥의 독선적인 애국심이 탐욕적인 자기애(self-love)에 불과하다는 것을 간파하고 있었다. 스와데시 운동이 격렬해지면서 둘 사이의 긴장도 고조된다. 산딥과 그의 추종자들이 몰려와 영국 상품 매매의 금지를 요구할 때마다, 니킬은 그것이 결국 가난한 중개상과 농민에게 부담을 전가할 뿐이라며 단호하게 거부한다. 산딥 무리들이 힘없는 중개상에게서 영국 상품을 빼앗아 불태우는 행패가 속출하면서, 스와데시 운동은 인도 사회 내부에 원한의 불씨를 키워갔다. 그런데 이상하게도 니킬은 이 모든 것을 꿰뚫고 있으면서도 산딥을 근원적으로 거부하지 못한다. 산딥이 대의를 내세워 자신을 이용하는 것을 알면서도, 심지어 자기 아내인 비말라를 유혹하는 것을 알면서도, 그를 거부하지 못하는 것이다. 그 이유는 니킬 역시 산딥에게서 자기를 보기 때문이다.

**33** Ibid., p. 178.

스승이 나를 보며 웃었다.

"자네, 아는가, 니킬." 그가 말했다. "나는 산딥이 비종교적이라 생각지 않네. 그의 종교는 진실을 측면에서 볼 뿐이네. 달의 어두운 면 같은 거야. 그래도 달은 달이지. 빛이 잘못된 쪽을 비출 뿐이지."

"그래서 바로," 나는 동의했다. "제가 언제나 그를 사랑하는 것입니다. 비록 우리가 한번도 의견을 같이한 적은 없었지만. 지금도 저는 그를 비난할 수 없습니다. 저를 그토록 아프게 괴롭혔어도, 또 앞으로 더 괴롭힌다 해도 말입니다."

"나도 이제 알겠네." 스승이 말했다. "오랫동안 나는 자네가 어떻게 그를 견디는지 이상했어. 때로는 자네의 나약함을 의심하기도 했지. 이제야 알겠네. 비록 자네들은 운(rhyme)은 달라도 같은 리듬의 노래를 부르고 있었던 거야."[34]

산딥은 악인이고 니킬은 선인이다. 그러나 이들의 애국심은 근원적으로 하나였다. 다만 니킬의 애국심이 산딥처럼 화려하거나 강제적이지 않을 뿐이었다. 나라를 위해 세속적 탐욕을 정당화하는 산딥에 반해, 니킬은 자기의 악을 국가라는 것에 투사해서는 안 된다고 주장했다. 산딥이 보기에 니킬의 그런 애국심은 상상력을 잃은 죽은 감정이었지만, 니킬의 눈에 산딥의 민족주의는 자기애에 불과했다.[35] 결국 산딥의 파멸적인 민족주의가 추동한 스와데시 운동은 상층 힌두계급에 대한 무슬림의 폭동을 야기한다. 그 과정에서 성난 무슬림으로부터 산딥을 구하려 했던 니킬이 죽게 됨으로

---

**34** Ibid., p. 106.
**35** Ashis Nandy, op. cit.(1994), p. 13.

써 소설은 대파국으로 종결된다. 민족주의의 광기에 맞서 약자를 지키려던 니킬이 도리어 폭동의 희생양이 되고 만 것이다.

니킬의 죽음은 민족주의가 초래한 공동체의 파국을 알레고리적으로 보여준다. 스와데시 운동은 벵갈 사회 내부에 계급적·종족적 분열을 야기함으로써 사회 고유의 결을 파괴하고 말았다. 그러나 타고르의 의도는 결코 평화로웠던 공동체가 민족주의라는 외부자의 침입으로 파괴되었음을 고발하는 데 있지 않았다. 민족주의가 불꽃이라면 그것을 태울 기름은 이미 '집'이 가지고 있었다. 집과 세계는 본질적으로 하나였다. 니킬과 산딥, 비말라는 결국은 서로 다른 하나였던 것이다. 민족주의의 광기의 화신인 산딥을 니킬과 비말라가 끝내 거부하지 못한 것은 산딥의 민족주의가 이들의 순수한 조국애와 근원적으로 하나였기 때문이다. 『집과 세계』가 말하고자 했던 것은 민족주의의 폭력성이 (제국주의든 어떤 권력 형태든) 순전히 외부에서부터 가해지는 것이 아니라, 바로 식민자의 내부에서 시작된다는 사실이었다.


## 5. 정체성의 비정당성

### 1) 차이의 유동성과 상호성

그렇다면 타고르는 어떻게 네이션을 극복하고자 했을까. 차테르지(Partha Chatterjee)는 타고르가 그 답을 '공동체(community: samāj)'에서 찾고 있다고 보았다. 차테르지는 전통적으로 인도에서 일상적인 삶은 국가가 아닌 '공동체'를 중심으로 돌아가고 있었다고 주장한다. 왕은 일상과 닿지 않

272

게 멀리 떨어져 있는 존재였고 '공동체'는 그와 무관하게 존속해왔다. 공동체들은 각 공동체 자체의 정의에 의해 배치되고 조직되었다. 물론 이런 공동체의 이상은 타고르만의 전유물은 아니었다. 지방성(locality)이라는 소우주에서부터 정치 공동체의 형식을 창조하려는 실험들은 20세기에 여러 형태로 제기된 바 있다. 그런데 이처럼 네이션에 대한 대안을 공동체에서 찾다 보면 한 가지 심각한 딜레마에 마주치게 된다. 그것은 어떻게 하나의 작은 공동체를 전국 단위의 정치공동체로 확장할 수 있느냐 하는 것이다. 직접성과 면식성에 기반을 둔 로컬 공동체에서 거대한 정치 동원이 야기하는 현대 국가의 각종 폭력을 경감시킬 대안을 찾을 수는 있을 것이다. 그러나 하나의 공동체는 아무리 이상적이라 해도 전국 단위로 작동하지 않는 한 별 의미가 없다. 그렇다면 문제는 근대 네이션의 테크놀로지 없이 어떻게 한 공동체의 실험을 전국 차원으로 확대할 수 있는가다. 이 지점에서 간디의 국민운동이 재조명된다. 간디가 추진했던 지방 공동체의 자치성은 근대국가의 제도라는 범주 안에서만 허용되는 것이었고, 그렇기 때문에 지방의 자율성은 결국 자치적으로 만들어진 '내셔널한' 것에 불과했다. 타고르가 간디의 운동을 비판한 것도 이 때문이었다. 그러나 인도 사회가 지지한 것은 타고르가 아닌 간디였다. 이 딜레마에 대해 차테르지 역시 뾰족한 답을 찾지 못한 채, 타고르 실험의 가치를 미학적·윤리적 차원에서 찾는 데 만족해야 했다.[36]

과연 타고르가 '네이션'의 대안을 공동체에서 찾았을까? 차테르지의 말처럼 『내셔널리즘』에서 타고르는 네이션이 침범하기 전, 인간과 인간이 자

---

[36] Partha Chatterjee, "Tagore, China and the Critique of Nationalism," *Inter-Asia Cultural Studies* 12:2(2011), pp. 272-274.

연적 규제 속에 서로 협력하면서 삶의 이상을 발전시켰던 공동체를 기억하고 있었다.[37] 그러나 그것은 네이션이 도래하기 이전일 뿐이다. 타고르의 네이션 비판은 결코 좋았던 옛날에 대한 노스탤지어가 아니다. 그는 인도가 근대 이전의 공동체로 돌아갈 수 있다고 믿지 않았다. 물론 타고르 자신이 대안적 학교를 만들고[38] 다양한 형태의 공동체 운동에 솔선한 실천가였지만, 그가 착목한 것은 인간의 숭고한 이상을 배양하는 공동체의 정신이지 하나의 사회정치체인 공동체는 아니었다. 더 중요한 사실은 타고르가 공동체 문화에서 인도 사회의 근본적인 문제를 보고 있었다는 것이다.

그들(국민회의 중 극단주의자—인용자)은 인도가 외래적인 것에 제대로 대응하지 못한 이유가 우리 사회 조직 안에 있다는 명백한 사실을 인지하지 못했다. 설사 영국이 어떤 이유로든 물러간다 한들 우리는 무엇을 하게 될 것인가? 결국 우리는 또 다른 나라의 희생양이 되고 말 것이다. 마찬가지의 사회적 약점들이 만연하게 될 것이다. 자존감의 결여와 우리보다 높은 것에 대한 의존을 길러온 사회 관습과 이념들을 제거하기 위해, 인도가 생각해야 할 것은 카스트 시스템의 지배가 전적으로 초래한 상황, 그리고 지금 시대에 맞지 않는 시대착오적 전통의 권위에 의존하는 맹목적이고 게으른 습관이다.[39]

타고르는 인도 사회의 근원적 문제가 카스트에 기인한다고 보았다. 카

**37** Rabindranath Tagore, op. cit.(1918), p. 9.
**38** 타고르가 1901년 세운 학교 Shantiniketan(평화의 쉼터)가 지금의 Visva-Bharati 대학이다. "세계는 하나의 둥지에서 만난다"를 모토로 한다. http://www.visvabharati.ac.in/History. html.
**39** Rabindranath Tagore, op. cit.(1918), pp. 113-114.

스트에 뿌리박힌 공동체 문화를 문제 삼지 않고 공동체(samāj)를 이상화한다는 것은 어불성설이다.[40] 타고르는 태생적으로 다민족·다종족으로 이루어진 인도에서 공동체 문화는 인도 사회의 미덕인 동시에 치명적인 약점이라고 생각했다. 다양한 민족을 기반으로 통일국가를 이루었던 유럽의 역사와 달리, 인도는 그 다양성이 야기하는 느슨함으로 인해 고통받아왔다. 진정한 통일이 구르면서 부담을 분산시키는 둥근 공이라면, 인도는 다양성이라는 수많은 모서리 때문에 힘겹게 끌고 가야 하는 모난 공이었다.[41] 사회정치체의 단위로서 공동체는 타고르의 궁극적인 지향이 아니었다. 그는 네이션 기계의 무자비한 동질화에 비판적이었지만, 차이를 인정하는 공동체의 이상에 안주하지도 않았다. 다양성이야말로 인도가 근대에 네이션을 만나 굴욕을 당하게 된 근본 원인이었다.

네이션도, 공동체도 아니라면, 도대체 타고르는 무엇을 지향했는가.

색채 없이 흐릿한 코스모폴리타니즘도, 격렬한 자기 우상적 네이션 숭배

---

**40** 카스트(caste)란 포르투갈어 '카스타(casta)'에서 유래한 말로서 원래 동식물의 종(種)을 의미한다. 16, 17세기 인도 서해안에 교역하러 온 포르투갈 상인들이 붙인 이름이다. 자기들이 접촉한 인도 사회제도의 기본 단위가 균질적이라는 오해에서 나온 것이다. '카스타'에 해당하는 고유의 인도어는 없다. 우리가 통상적으로 알고 있는 '브라만', '크샤트리아', '바이샤', '수드라'로 구성된 위계는 '바르나(varna)'다. 바르나는 베다 시대(B.C.1500~B.C.600) 말기에 발생한 고대 인도사회의 위계적 구분으로, 실제 사회에서 뚜렷이 구별되는 사회적 단위가 아니다. 그 외에 결혼이나 음식 같은 일상생활에 작용하는 지역 범주로 '자티(jati)'가 있다. 일반적으로 '카스트'에는 '바르나'와 '자티' 개념이 혼동되어 있다. 바르나 체계로 카스트 개념이 고착된 데는 영국의 식민지배가 중요한 계기가 되었다. 식민지 관료와 학자들이 브라만을 위시한 힌두 특권층의 해석에 의존했기 때문이다. 일반 사람들이 바르나를 자각하게 된 것은 식민지 시대 센서스에 카스트를 기입하면서부터였다. 이광수 등 저, 『카스트—지속과 변화』(소나무, 2002), 22-38쪽; 박정석, 『카스트를 넘어서』(민속원, 2007), 24쪽.

**41** Rabindranath Tagore, op. cit.(1918), pp. 114-115.

도 인간 역사의 목표는 아니다. 인도는 한편으로는 차이에 대한 사회적 조절을 통해, 다른 한편으로 통일성이라는 영적 자각을 통해 자신의 목표를 완수하려고 노력해왔다. 인도는 인종들 간에 너무 단단한 벽을 세움으로써 그 벽이 낳은 열등성을 각각의 구분 속에 영속시키는 중대한 오류를 범해왔다. 종종 그 자녀들의 마음을 절뚝거리게 하고 그들의 삶을 협애화함으로써 그들을 그러한 사회적 형식 안에 끼워 맞추려 했다.[42]

타고르가 볼 때 인도에 부여된 역사적 임무는 '차이의 사회적 조절(regu-lation)'과 '통일의 영적 자각'을 동시에 완성하는 것이었다. 그것은 기술적 문제가 아닌, "인간의 통합에 대한 진정한 인식(true realization of the unity of man)"이 없고서는 되지 않는 것이다.[43] 그렇다면 무엇이 인간의 통합에 대한 진정한 인식인가? 어떻게 차이를 인정하는 데서 한 발 더 나아가 통일을 이뤄낼 수 있는가? 이는 인도가 유사 이래로 안고 있던 문제인 동시에 또한 세계 보편적 문제이기도 했다.[44] 그러나 통일의 정치적 기초만을 추구하는 네이션은 통일을 실현하기는커녕 오히려 분열을 초래할 뿐이다. 인도사회의 근원적인 문제는 바로 인도의 통일을 저해하는 종족 갈등의 문제를, 민족주의가 아닌 다른(alternative) 방식으로 극복하는 것이었다. 타고르가 지향한 것은 다양성에 기반을 둔 공동체가 아니라 통일이었다. 그 점에서 타고르가 근대의 아웃사이더가 아닌 인사이더였다는 난디의 말은 정곡을 찌른 것이었다.

그렇다면 통일의 가능성을 어디서 찾을 것인가. 이를 위해서는 타고르

---

42 Ibid., p. 5.
43 Ibid., p. 5.
44 Ibid., p. 114.

가 카스트의 무엇을 비판했는지를 살펴보아야 한다. 타고르에 의하면 카스트는 수천 년간 각 종족 간의 차이와 다양성을 견뎌온 인내(tolerance)의 산물로서, 자신의 다름을 고수할 자유를 온전히 누리면서도 그 다양성들이 공존할 수 있는 전체를 발전시키기 위한 지난한 실험이었다.[45] 그러나 종국적으로 카스트는 실패한 실험이었다. 카스트의 가장 큰 문제는 바로 차이를 인정하는 데 머물렀다는 데 있었다.

그러나 인도가 인식하지 못한 것은 인간에게 차이란 영원히 고정된 산맥처럼 물리적으로 존재하는 장벽이 아니라는 것이다. 차이는 삶이 흐르듯 따라서 함께 움직인다. 그 흐르는 경로, 형태, 부피의 변화와 함께 말이다. 카스트의 제도 속에서 인도는 차이는 인식했지만 삶의 법칙인 상호성(mutuability)은 발견하지 못했다. 충돌을 피하기 위해 인도는 움직이지 않는 경계를 세워 다양한 종족들에게 평화와 질서라는 소극적인 혜택을 부여했지만, 확장과 운동이라는 적극적 기회는 주지 않았다. 인도는 자연이 낳은 다양성은 받아들였지만, 무한한 변화와 조합이라는 월드게임에 다양성을 이용하는 데 무지했다. 또한 삶이 다양하다는 진리로 삶을 이해했지만 삶이 언제나 움직인다는 사실을 경시했다.[46]

카스트의 한계는 차이를 선천적으로 결정된, 아무리 해도 꿈쩍하지 않는 철의 장벽으로 간주한 것이었다. 차이를 인정하는 데서 더 나아가, 그 차이가 타자와의 화학작용을 거쳐 '변화(mutation)'하고 움직이는 '액체(fluid)'

---

**45** Ibid., p. 115.
**46** Ibid., p. 116.

임을 인식하지 못함으로써, 결과적으로 차이를 통일이라는 숭고한 이상을 실현하는 에너지로 활용하지 못한 것이다. 차이를 평평하게 밀어 균질화하는 네이션이나 차이들 사이에 경계를 세워 차이를 고착화하는 공동체는 모두 조화(harmony)와 통일(unity)이라는 인류의 이상으로 가는 길이 아니었다. 조화와 통일은 서로 다른 인간들의 상호작용 속에서 부단히 유동하는 차이의 역학에 의해 이뤄질 수 있는 것이었다.

결국, 타고르는 네이션과 공동체 사이에서 제3의 길을 찾고 있었던 것이다. 민족주의를 비판했지만 그는 결코 '내셔널한 것의 전무(utter nationalessness)' 한 상태를 원한 것이 아니었다. 그가 추구한 것은 공간적으로 영토화된 민족국가를 영적(靈的)으로 재영토화하는 것이었다.[47] 타고르가 꿈꾸었던 인도는 사랑이라는 도덕적 힘과 영적 통일성에 기반을 두고 타자에 대한 적대감을 공감의 능력으로 극복할 수 있는, 그런 위대한 조국이었다.

## 2) 액체 통일

차이가 타자와의 상호작용을 통해 부단히 흐르는 액체와 같다는 타고르의 주장은 정체성(identities)에 대한 근원적 재사유를 요구한다. 차이를 결정짓는 경계가 주체들의 상호작용에 의해 유동한다는 사실은 바꿔 말하면 애초부터 정체성이라는 것이 타자와의 상호관계 속에서 끊임없이 움직이는 것임을 말해준다. 차이의 유동성과 상호성은 정체성의 개념을 뿌리째 뒤흔든다. 민족주의의 폭력성이 타자에 대한 무자비한 동질화에 있다고 했을 때, 차이의 유동성과 상호성은 민족주의의 이데올로기를 근원적

---

**47** Poulomi Saha, op. cit., pp. 15-16.

인 차원에서 무력화한다. 여섯 번째 장편소설 『고라(Gora)』(1909)에서 타고르는 차이와 정체성의 문제를 파고든다. 궁극적으로 『고라』의 핵심 주제는 어떻게 인도의 통일을 실현할 수 있는가였다. 그러나 그때의 통일은 주체의 정체성을 구축하는 이데올로기의 허구성을 깨닫고 그것을 초월함으로써 도달할 수 있는 것이었다.

『고라』는 인도에서 민족주의가 아직 정치세력으로 가시화되기 전인 1870년대를 배경으로 한다. 정통 힌두교(orthodox Hinduism) 집안 자제인 고라(Gora)와 비노이(Binay)가 브라만교도(Brahmo)인 파레슈(Paresh) 가문의 딸들과 얽히면서, 사랑과 증오, 화해의 이야기가 흥미롭게 펼쳐진다. 그런데 이 플롯의 중심에 배치된 힌두교와 브라만교의 대립이 중요하다. 18세기 말 정통 힌두에 대한 개혁세력으로 등장하여 오염되지 않는 경전의 신성성으로 힌두교의 도그마를 극복할 것을 주장했던 브라만교는 사티(sati), 불가촉천민(untouchable), 조혼제도의 폐지를 주장하는 등 사회개혁에도 깊이 간여했다. 그런데 이 브라만교의 모태인 브라모 소마지(Bromo samāj)의 두번째 지도자가 바로 타고르의 부친인 디벤드라나스 타고르(Debendranath Tagore : 1817~1905)였다.[48] 배타적 정체성을 고수하는 힌두와 브라만 양쪽 모두를 겨냥하는 『고라』의 의심 어린 시선은 사실 타고르 자신의 가계를 향하고 있었던 것이다.

주인공 고라는 자신이 조국의 미래를 위해 신이 특별히 준비한 목적을 실현하기 위해 이 세상에 태어났다고 믿는 인물이다. 조국에 대한 그의 사랑은 힌두의 배타적 정체성에 대한 확고한 믿음에 기반해 있다. 남성적 외모, 뛰어난 학식과 언변으로 세인들의 추종을 받는 고라는 이 작품이 집필

---

**48** Ashis Nandy, op. cit.(2013), pp. 6-7; http://en.wikipedia.org/wiki/Brahmoism.

되던 당시 인도사회를 휩쓸던 스와데시 운동의 지도자 형상을 암시적으로 보여준다. 분명 고라는 『집과 세계』의 산딥을 연상시킨다. 그러나 민족주의적 카오스의 알레고리로 설정된 산딥의 인물성격이 시종 고정적인 데 비해, 고라에게는 극적인 전복이 기다리고 있었다.

『고라』는 『집과 세계』만큼 알레고리적이지는 않지만 역시 본격적인 근대소설로 보기는 어렵다. 왜냐하면 근대소설이라면 마땅히 마지막 순간까지 감추고 있어야 할 결정적인 위기(crisis), 즉 고라의 비밀을 작품 초반에 이미 밝혀놓고 있기 때문이다. 『고라』의 절정은 고라의 배타적인 자아정체성과 애국심의 뿌리를 송두리째 뽑아버리는, 그의 출생의 비밀이었다. 고라는 정통 힌두의 혈통이 아닌, 세포이 반란(Sepoy Mutiny, 1957) 중 살해당한 아일랜드 인의 아들이었던 것이다. 더 중요한 사실은 이런 엄청난 전복이 갑자기 기습하기보다 어떤 전지적인 시선에 의해 처음부터 관조되고 있다는 점이다. 니킬의 죽음이 비말라의 독백에 섞여든 전지적 음성에 의해 암시되었던 것처럼, 타고르는 고라의 비밀을 소설 초반에 이미 밝혀놓음으로써 그의 완고한 정체성에 뿌리가 없음을 애초부터 무대 밖에서 관조되도록 장치해두었던 것이다.

사실 이런 관조의 장치는 작품 전체를 통해 전방위적으로 배치되고 있었다. 브라만인 파레슈 집안과 힌두교도인 고라 두 집안의 인물들 간에 교차되는 복잡한 관계망이 여러 층위에서 소리 없이 고라의 운명의 전복을 준비하고 있었다. 그중 가장 중요한 것이 고라의 분신과도 같은 벗 비노이와 파레슈의 둘째딸 롤리타(Lalita)의 러브 스토리다. 비노이는 『집과 세계』의 니킬을 연상시키는 인물이다. 정통 힌두교 출신이지만, 억압적이고 배타적인 고라와 달리 부드럽고 포용적이다. 비노이와 롤리타가 결혼으로 가는 과정은 결코 순탄치 않다. 두 남녀 사이의 갈등은 고라와 파레슈의 두 집안, 나아가 힌두와 브라만 두 공동체 간의 갈등으로 번져가면서 마침내 고라와 비노이의 우정까지 위협하기에 이른다. 그런데 이처럼 고조되어가는 긴장 한구석에 이미 그 긴장을 균열하는 틈이 자라고 있었다. 두 사람의 혼사 문제로 두 공동체의 성원들이 싫든 좋든 서로 왕래하게 되면서, 서로의 순수한 영혼을 알아보는 이들 사이로 공감의 통로가 열리기 시작한 것이다. 두 집안 간의 적대와 증오를 극복하는 데 가장 지대한 역할을 한 두 인물은 파레슈와 고라의 모친(양모) 아난다모이(Anadamayi)였다. 세포이 반란 중에 버려진 아기 고라를 친아들처럼 키운 아난다모이는 고라의 편협한 애국심과 자기애를 무한한 신뢰와 자애의 눈으로 바라보면서 그가 스스로 깨달음을 얻을 때까지 기다린다. 파레슈와 마찬가지로 그녀는 처음부터 브라만과 힌두, 아니 모든 카스트의 경계를 초월해 있었다.

소마지(samāj)라는 것이 이 세상에서 가장 중요한 것으로 보였을 동안에는 나도 그 규칙을 존중하고 있었습니다. 그런데 어느 날 더 이상 소마지를 존중하지 말 것을 신께서 스스로 내게 일러주셨습니다. 신께서 직접 나의 카스트를 앗아가신 뒤로는 다른 분들이 나를 어떻게 생각하든지 간에 조금도 두려울 것이 없게 되었습니다.[49]

아난다모이와 파레슈를 두 축으로 두 집안의 갈등은 조금씩 화해의 실마리를 찾아간다. 비노이와 롤리타는 브라만과 힌두 두 사회의 거센 반대에도 불구하고, 지혜로운 두 노인의 축복에 의지하여 결혼식을 올리게 된다. 그런데 더 흥미로운 것은 비노이의 결혼으로 인한 불화가 불거지는

---

**49** Rabindranath Tagore, 『고라』, 유영 옮김(범우사, 2001), 275쪽.

와중에, 고라가 파레슈의 양녀 수차리타(Sucharita)에게 연모의 감정을 키워가고 있다는 사실이었다. 브라만과 힌두의 결합을 결사적으로 반대했던 고라의 완고한 내면 한 켠이 자신도 모르는 사이 브라만의 딸에 끌리는 힘에 의해 균열되고 있었던 것이다.

고라의 전복은 이처럼 작품 전체에 그물망처럼 배치된 균열과 전조 들에 의해 마련된 것이었다. 그의 완강한 부인과 거부에도 불구하고, 두 집안 사이에는 보이지 않는 화학적 변화가 일어났고 그 불씨가 고라에게도 옮겨 붙고 있었다. 그래서 출생의 비밀이 밝혀져 한순간에 고귀한 정통 힌두교도에서 '불가촉천민'으로 떨어져버린 순간, 그래서 나라도 가문도 전통도 신도 없는 광대무변의 무(無)의 세계에 던져진 순간, 고라가 파국을 새로운 희망의 전기로 뒤집는 장면이 놀랍지 않게 되는 것이다. 그런 전복이 비약으로 떨어지지 않을 수 있었던 것은 고라의 파국이 처음부터 화해와 조화라는 불가지한 목적을 위해 예정되어 있었기 때문이다. 고라의 깨달음은 그의 고집스런 자의식이 의식하지 못하는 사이에도 쉴 새 없이 유동하던 우주의 섭리에 의해 준비되어 있었던 것이다.

저는 이제 모든 속박에서 풀려났습니다. (중략) 신앙을 완전무결하게 보전하는 금성철벽으로서 언제까지나 흔들림이 없을 이상의 나라 인도를 형성해내기 위해 저는 지금까지 저 자신의 환경에 대항하여 끊임없이 분투해왔습니다. 그런데 오늘 제가 건설한 그 성곽은 한순간에 꿈과 같이 사라지고 저는 광대무변한 진리의 한복판에 내던져졌습니다. 인도의 선악, 희비, 현명함과 어리석음 등 일체의 것들이 있는 그대로의 모습으로 제 마음에 나타났습니다. 저는 이제야말로 진실로 인도에 봉사할 수 있는 몸이 된 것입니다. (중략) 오늘 저는 진짜 인도인입니다. 저에게 있어서는 이미 힌두, 마호메트교도, 또는 그리스도교도 사이에 아무런 대립이 없습니다. 인도의 모든 카스트는 저의 카스트입니다.[50]

『고라』가 추구했던 것은 정체성을 규정하는 고정되고 딱딱한 이데올로기의 비정당성이 폭로된 후에 드러나는 진정한 자기였다. 참된 자기는 결코 힌두의 교리나 국가와 신이 부여한 과업에 의해서가 아니라, 사람과 사람 사이의 관계 속에서 미세하게 일어나는 수많은 변화(mutation)로부터 부단히 새롭게 생성되는 것이었다. 어떤 카스트에도 속하지 않는 불가촉천민이 되어버렸을 때 비로소 고라는 자신이 진정한 '인도인'임을 깨닫는다. 이때의 '인도인'은 민족주의적 정체성이 그 근저로부터 무너졌을 때 발견되는 주체였다. 여기서 통일(unity)에 대한 타고르의 역설적 발상이 어렴풋이 드러난다. 타고르에게 통일이란 타자와 자기를 가르는 철벽 같은 정체성이 철저하게 허물어지는 지점에서 비로소 가능해진다. 차이가 타자와의 상호관계 속에서 부단히 흐르는 것처럼 정체성 역시 타자와의 상호 침투를 통해 부단히 움직이며, 통일이란 바로 그 부단한 유동성 속에서 비로소 실현될 수 있는 것이었다. 그것은 민족주의의 이데올로기처럼 차이를 억압하거나 균질화하는 것도 아니고, 또 차이를 인정하는 소극적인 공동체주의도 아니었다. 통일이란 고정된 실체가 아닌 유동하는 차이들 속에서 언제나 움직이는 상태인 것이다. 그가 민족의 실체를 부정하지 않으면서 민족주의의 이데올로기에 대한 견결한 비판을 견지할 수 있었던 것도 바로 이런 유동하는 통일성의 개념 때문이었다.

**50** 같은 책, 488-490쪽.

## 6. 내셔널한 것의 재영토화

타고르 탄생 150주년에 즈음하여 중국과 인도 지식인들 사이에는 오랜 시간 끊어졌던 대화의 길을 다시 이으려는 모색이 시작되었다.[51] 100년 전 중국과 인도 양국의 지식인들은 자국에 네이션 관념이 없음을 한탄했지만, 아이러니하게 오늘날 두 나라는 지구상에서 가장 강력한 민족국가 중 하나이며, 또한 민족주의가 가장 강고한 곳이기도 하다. 그런데 2011년 '서천중토'가 주최한 어느 포럼에 참여한 왕후이(汪暉)의 발언은 아시아의 민족주의가 여전히 풀기 힘든 매듭임을 새삼 감지케 한다. 왕후이는 근대 중국에 캉여우웨이(康有爲), 장타이옌(章太炎), 량수밍(梁漱溟)처럼 민족국가에 대한 대안적 정치공동체를 모색했던 사상흐름이 일찍부터 존재했음을 인정하면서도, 종국적으로는 제3세계의 국가와 민족 문제가 제국주의와 식민주의라는 역사적 조건과 긴밀하게 연결되어 있음을 강조했다. 민족국가를 넘어서려는 사상적 시도는 언제나 '망국의 위기'라는 현실적 조건에 제약될 수밖에 없다는 것이다.[52] 문제는 왕후이가 이러한 사상적 제약을 '반민족주의적 민족주의(anti-nationalist nationalism)'라는 말로 규정함으로써, 아시아의 민족주의를 누구도 풀 수 없는 고르디우스의 매듭으로 만들어버린다는 데 있다.

'반민족주의적 민족주의', 즉 아시아의 민족주의는 제국주의의 민족주의를 극복하기 위한 민족주의라는 이 말은 우리에게 너무나 익숙하다. 굳

---

**51** 그중 눈여겨 볼 것이 2010년 발족한 중국과 인도 간의 과(跨)문화프로젝트 '서천중토(西天中土; West Heavens)'다. http://www.westheavens.net 참조.

**52** 汪暉, 「中國與其他世界之間」, 張頌仁 외 편, 『從西天到中土: India-China Summit on Social Thought』(上海: 上海人民出版社, 2014), 78쪽.

이 일본의 대동아공영권까지 거슬러 올라가지 않더라도, 지금 우리 내부와 주변에서 유통되는 각종 민족주의의 논리들이 결국 이 말로 수렴되는 것 아닌가. 민족주의가 타자에 대한 두려움이 생산하는 적대성 속에 자기를 배타적으로 구축하는 이데올로기임을 상기하면 '반민족주의적 민족주의'야말로 민족주의의 정곡이다. 바로 그 점에서 타고르는 민족주의가 무자비한 자기증식성을 지닌 '기계'의 이데올로기라 경고했던 것이다.

근원적인 차원에서 왕후이의 대답은 타고르의 핵심을 비껴가고 있다. 타고르는 네이션을 비판했지만, 한 민족의 집단적 에너지 자체를 부정한 것은 아니었다. 오히려 그는 인도인의 참된 집단적 에너지의 에센스가 민족주의라는 정치적 무의식에 의해 묽어지고 마비되는 것을 경계했다.[53] 타고르가 원했던 것은 결코 제각기 흩어진, 내셔널한 것의 전무 상태가 아니었다. 그가 궁극적으로 추구했던 것은 해체가 아니라 통일이었다. 다만 그 통일성을 네이션이 아닌 다른 길에서 찾고자 했던 것이다. 과연 그 길이 어디에 있는가. 어떻게 한 사회에 속해 있는 사람들의 집단적 에너지를 자신이 속한 지리적 공간이 아닌 정신적인 것으로 재영토화할 수 있는가. 어떻게 한 집단의 고도로 통일된 에너지가 20세기 이후의 역사가 보여주듯 광기나 폭력으로 분출하지 않고 타자에 대한 적대감을 공감으로 전환시켜 인류의 평화와 문명의 상승에 기여할 수 있는가. 이것이 바로 100년 전 아시아 인들이 좀처럼 들으려 하지 않았던 타고르의 질문이었던 것이다.

이는 또한 타고르가 풀지 못한 아포리아이기도 했다. 언어, 종족, 계급, 종교에 따라 수많은 섹터들로 분열된 인도가 영적인 힘에 의거하여 통일된 인도로 거듭나길 바라는 그의 열망은 어떻게 그가 그토록 견결히 비판했

---

**53** Poulomi Saha, op. cit., p. 15.

던 민족주의로 미끄러지지 않을 수 있는가. 공동체와 네이션을 동시에 넘어서는 제3의 정치체는 도대체 어떤 형태인가. 타고르의 민족주의 비판에 이런 문제들이 여전히 남아 있다. 이런 질문은 타고르와 다른 시공간을 살고 있는 우리에게 마찬가지로 유효하다. 민족주의의 최전방에서 그 위험 한복판을 살고 있으면서도 네이션 너머의 상상력이 극도로 고갈되어 있는 우리에게 말이다. 오늘날 한국뿐 아니라 주변의 동북아 형세를 들여다보건대, 민족주의의 강도가 반드시 그 사회의 통합 정도와 비례하는 것은 아니다. 타고르 시대와는 다른 의미에서, 우리는 수많은 섹터들 —지역, 계층, 이념 등— 로 분열된 시대를 살고 있다. 민족주의의 적대성은 결코 타국에 대해서만 발현되는 것은 아니다. 타고르의 말처럼, 인간의 도덕적·감성적 능력과 사회의 자연적인 결을 파괴하는 민족주의의 폭력성은 가장 먼저 그 사회의 내부를 겨냥하기 때문이다. 그 점에서 '네이션을 극복하는 통일의 영적 능력'이라는 타고르의 아포리아는 21세기 좀처럼 풀리지 않는 민족주의의 매듭 앞에 선 우리에게 역으로 새로운 발상의 전환을 가져다줄지 모른다.

# 참고문헌

## 국문

김윤식, 「한국 신문학에 있어서의 타골의 영향에 대하여」, 《진단학보》 32호, 진단학회, 1969.

박정석, 『카스트를 넘어서』, 민속원, 2007.

백낙청, 『민족문학과 세계문학』, 창작과비평사, 1978.

백낙청 엮음, 『민족주의란 무엇인가』, 창작과비평사, 1981.

어네스트 겔너, 『민족과 민주주의』, 이재석 옮김, 예하, 1988

에르네스트 르낭 저, 『민족이란 무엇인가』, 신행선 옮김, 책세상, 2002.

이광수 외, 『카스트—지속과 변화』, 소나무, 2002.

타고르, 『고라』, 유영 옮김, 범우사, 2001.

## 외국어

Chatterjee, Partha, "Tagore, China and the Critique of Nationalism," *Inter-Asia Cultural Studies*, 12, No 2, 2011.

Hay, N. Stephen, *Asian Ideas of East and West: Tagore and His Critics in Japan, China, and India*, Cambridge, Massachusetts: Harvard University Press, 1970.

Laitin, D. David, *Nations, States, and Violence*, New York: Oxford University Press, 2007.

Nandy, Ashis, *The Illegitimacy of Nationalism: Rabindranath Tagore and the Politics of Self*, New York: Oxford University Press, 1994.

Nandy, Ashis, *The Romance of the State and the Fate of Dissent in the Tropics*, New Delhi: Oxford University Press, 2003.

Nandy, Ashis, *The Intimate Enemy: Loss and Recovery of Self under Colonialism*, New Delhi: Oxford University Press, 2009(second edition).

Nandy, Ashis, *Regimes of Narcissism, Regimes of Despair*, New Delhi: Oxford University Press, 2013.

Saha, Poulomi, "Singing Bengal into a Nation: Tagore the Colonial Cosmopolitan?." *Journal of Modern Literature*, Vol. 36, No. 2(Winter), 2013.

Tagore, Rabindranath, *Nationalism*, London: Macmillan and Co., Limited, 1918(second edition).

Tagore, Rabindranath, *The Home and the World*, London: Penguin Books, 1985.

張頌仁·陳光興·高士明 編, 『從西天到中土: India-China Summit on Social Thought』, 上海: 上海人民出版社, 2014.

彭姍姍, 「封閉的開放: 泰戈爾1924年訪華的遭遇」, 《清華大學學報(哲學社會科學版)》, 2010年 第4期, 2010.

## 인터넷 검색

http://en.wikipedia.org/wiki/Indian_National_Congress

http://en.wikipedia.org/wiki/Brahmoism

http://www.westheavens.net

# 8장

## 폭력의 시대, 공존의 윤리 :
## 젠더와 폭력

임옥희

전 지구적으로 전쟁, 학살, 기아가 넘쳐난다. 가정폭력, 학교폭력, 성폭력, 상징적 폭력, 언어폭력, 경제적 폭력, 구조적 폭력, 국가폭력 등. 우리는 온통 폭력에 포위되어 있다. 국가법은 단지 국가질서에 복종하지 않는 국민을 처벌하는 것만이 아니라 그 자체가 근원적으로 폭력에 바탕한 것이라고 한다. 개인은 국가의 명령에 공손히 따르겠다고 서약함으로써 국가의 국민이 되고 시민이 된다. 그와 같은 복종의 대가로 얻는 것이 사회에서 주체의 위상이다. 이런 주체의 탄생 가능성은 기존의 상징질서(언어질서)와 분리될 수 없다. 게다가 주체의 생존 자체가 타자를 먹어치워야만 가능하다는 점에서 폭력적이다. 그런 의미에서 '식인'주체이기도 한 인간이 과연 상호폭력에서 벗어날 수 있을까?

여기서 또 다른 의문은 폭력이 젠더에 따라 다르게 나타나는가 하는 점이다. 라캉식으로 말하자면 기존질서에 복종함으로써 상징세계로 편입되는 남성들과는 달리, 가부장적 상징질서에 완전히 편입될 수 없는 여자들은 몸으로 남는다. 몸을 가지고 있다는 바로 그 사실 때문에 여성은 온갖 폭력에 노출되어 희생양이 되어왔다. 국가폭력에 복종함으로써 거세를 받아들일 때 시민주체가 된다면, 거세로부터 자유로운 여성들은 어떻게 주체가 될 수 있는가? 여성은 자신에게 일어나는 폭력과 맞서면서도 어떻게 자기 행동의 주도권을 가질 수 있는가? 평화를 갈망하면서도 폭력이 근절되기 힘들다고 한다면, 폭력이 갖는 치명적 매력은 무엇인가? 폭력이 주는 쾌락이 있는가? 남성이라는 이유만으로 정복적이고, 폭력적인 '죽음'의 원칙을 상징하며, 여성이라는 이유만으로 부드럽고 섬세하게 보살피는 '살림'의 원칙을 대표한다고 말할 수 있는가? 젠더에 따라 폭력의 성격이 달라질 수 있는가? 또는 젠더에 따라 윤리와 폭력성이 다르게 배치될 수 있는가? 이 글은 이런 점을 살펴보고자 한다.

## 1. 참수냐 자본이냐

유럽 문명의 기원서사인 호메로스의 『일리아스』는 '아킬레우스의 분노를 노래하라'[1]는 첫 문장으로 시작한다. 아킬레우스는 트로이의 도시 리르네소스를 공격하고 왕녀인 브리세이스를 취한다. 때마침 그리스 진영에 역병이 돌자 아가멤논은 신탁을 구한다. 신탁은 아폴로 신의 여사제였던 브리세이스를 되돌려주라고 말한다. 아가멤논은 신탁을 핑계 삼아 그녀를 아

---

**1**    호메로스, 『일리아스』, 천병희 옮김(숲, 2006). 일리아스의 첫 문장은 이렇게 시작한다. '노래하소서, 여신이여! 펠레우스의 아들 아킬레우스의 분노를.'

킬레우스에게서 빼앗는다. 격분한 아킬레우스는 전쟁터에 나가지 않는다. 아킬레우스 없는 전쟁터에서 전세는 그리스군에게 대단히 불리해진다. 수많은 그리스 병사들이 죽어나간다. 그러자 선택의 여지가 없었던 아가멤논은 아킬레우스의 분노를 진정시키려고 브리세이스를 그에게 되돌려준다. 이처럼 유럽 문명의 기원서사에서부터 여성은 남자들 사이에서 전리품으로 교환된다.

남성들의 전쟁경제에서 여성들은 남자의 전리품이 되거나 또는 참수된다. 사마천의 『사기』 중 「손자, 오기 열전」 편에 의하면 손무는 자신이 쓴 『손자병법』을 가지고 오나라 왕 합려를 찾아간다. 합려는 여자들도 군사훈련을 시킬 수 있는지 묻는다. 물론 할 수 있다고 손무는 말한다. 그는 왕이 총애하는 후궁들을 전부 불러 모아서 훈련을 시키려 든다. 하지만 여자들은 웃고 떠들면서 손무의 말을 듣지 않는다. 손무는 군사훈련에서 훈련을 받지 않는 것은 이적행위이고, 이는 반역죄에 해당하며, 반역죄는 참수로 다스리겠다고 말한다. 왕은 그들을 용서해주라고 하지만, 왕명보다 지엄한 것이 있다고 손무는 단호히 말한다. 그것이 절대적인 법이다. 손무는 왕이 가장 총애하는 후궁 두 명을 참수한다. 그렇게 하여 손무는 여자들에게 군사훈련을 가르친다.

손무의 고사를 인용하면서 식수(Helene Cixous)는 「참수냐 거세냐」[2]에서 남성 경제는 북소리와 구령에 맞춰 질서정연하고 절도 있게 움직이는 것이라고 말한다. 남성은 기존의 상징질서에 복종한다는 의미에서 거세된 것이며, 거세의 대가로 그 질서 속에서 신민(臣民)이자 시민이 된다. 반면 거

---

**2** Helene Cixous, "Castration or Decapitation," trans. by Annette Khun, *Signs*, Vol. 7, No. 1(Autumn, 1981), pp. 41-55.

세로부터 자유로운 여성들은 손무의 일화에서 보다시피 질서와는 거리가 멀다. 남성 경제는 무질서한 여성들에게 질서와 절도를 배우도록 강제하는 것이다. 남성의 질서를 습득하는 고통스런 과정을 거쳐 여성은 남성의 자본(capital)이 되거나, 그렇지 못할 경우 참수된다(de-capitate).[3] 목이 달아나지 않으려면 여성들은 침묵하면서 복종해야 한다.[4] 식수에 따르면 여성들의 수다와 잡담과 웃음은 침묵으로 가라앉아야 하고, 무질서는 질서에 복종해야 한다는 것이 남성의 전쟁경제다.

남성들의 전쟁에서 살아남은 여성들은 사랑하는 사람들을 잃었지만 애도마저 쉽지 않았다. 여성이 보여주는 과도한 슬픔은 위험한 것으로 간주된다. 트로이의 여왕 헤큐바가 아들 헥토르를 잃고 격렬한 슬픔을 표현했을 때, 그녀의 슬픔이 모든 트로이 여인들의 슬픔으로 전염되는 것처럼, 슬픔은 전염성이 강하다. 트로이의 헤큐바, 부에노스아이레스의 5월(Mayo) 광장의 미친 어머니들, 한국의 의문사 어머니들, 세월호 어머니들에 이르기까지, 그들은 슬픔을 통해 '사건'을 알리고 공유하자고 요청한다. 의문사 규명을 외치는 유족들이나 세월호 유족들이 거리로 나와 외치는 것은 '들어줄 사람'을 필요로 하기 때문이다. 따라서 국가가 허용하지 않는 슬픔이 거리로 퍼져나감으로써 공유되는 것 자체가 위협적일 수 있다. 여성들이 보여주는 공공연한 애도는 남성들의 사기를 꺾어놓을 수 있고 사적인 슬픔이 격렬한 공적인 분노로 정치화될 수도 있다. 왜, 누구를 위해,

---

**3** capital의 라틴 어 어원은 capitalis다. capitalis는 형용사로서 머리에 관한(regarding to head)이다. 사형을 의미하는 capital punishment는 원래 목을 베는 참수형을 뜻하는 것이었다. 명사로서 caput는 머리를 뜻한다. 이것은 가축의 머리(head of cattle)로서 '수입을 기대할 수 있는 가축의 일부'라는 뜻으로 애덤 스미스는 이 단어를 자본이라는 뜻으로 사용하게 된다.

**4** Helene Cixous, op. cit., p. 42.

무엇 때문에 이런 상실의 슬픔과 고통을 경험해야 하는가에 대한 분노와 성찰로 이어질 수 있기 때문이다.

국가가 금지한 것을 보면 국가의 이해관계가 무엇이고 무엇을 두려워했는지가 보인다. 애도는 희생자를 위무하고 공동체를 보존하기 위해 절실히 필요한 작업이다. 애도는 개인이 살아가면서 겪을 수 있는 상실의 경험에 사회가 정당한 의미를 부여해주고 기억해줌으로써 그런 고통과 슬픔을 견딜 수 있도록 해준다. 그렇기 때문에 국가는 정치적으로 기념할 만한 애도와 그렇지 못한 애도를 엄격히 구분한다. 국가는 파업을 주도하면서 자살한 노동자의 추모행렬은 광장으로 나올 수 없도록 저지하지만, 다른 한편 국가를 위해 순직한 사람들에게는 애도를 바치도록 강요하기도 한다. 애도는 이처럼 정치적으로 등급화되어 국가가 허용하지 않는 '사적인' 애도는 광장으로 나올 수 없다.[5]

그리스 시대 도시국가가 공적인 애도를 금지한 것은 슬픔의 기억으로 도시국가의 역할이 중단될 수는 없기 때문이라는 이유에서였다. 스파르타의 어머니들은 전사한 아들의 죽음 앞에서 통곡하는 것이 아니라 의연해야 했고, 심지어 '스파르타 인의 미소'로 맞이해야 했다. 여자들의 슬픔이 전사들의 사기를 꺾어서는 안 된다. 국가는 어머니가 아들의 명예보다 아들의 목숨을 더 소중하게 여기는 것을 용납하지 않으려 한다. 에우리피데스의 비극 『에렉테우스(*Erechtheus*)』에서 프락시테아(Praxithea) 왕비는 영웅적인 죽음보다 비겁하게 살아남는 것을 슬퍼해야 한다고 연설한다. 왕인 에렉테우스가 전쟁에서 이기려면 딸을 희생양으로 바쳐야 한다고 했을

---

**5**  Nicole Loraux, "The Pathos of a Mother," *Mothers in Mourning*(Ithaca : Cornell University Press, 1998), pp. 43-56 참조. 그리스 도시국가의 정치현실에서는 국가가 허용한 슬픔 이외에는 슬픔의 표시가 금지되었지만, 무대에서는 슬픔을 표현할 수 있었다.

때, 그녀는 이 딸이 만약 아들이었다면 죽음을 불사하고 전쟁터에 내보냈을 것이므로, 딸 또한 희생양으로 기꺼이 바치겠노라고 말한다. 이처럼 그리스 인들의 시민적 이상은 영웅적인 전사였으므로, 적어도 남성이라면 어떤 일이 있어도 '여자처럼' 슬퍼하지 말아야 할 것으로 양육된다. 여성적이고 무기력한 슬픔은 극복의 대상이며[6] 여성적인 슬픔이 국가를 오염시키지 말아야 했다.

그리스 도시국가에서 전사가 될 수 없는 여성은 시민에 속하지 못했지만 아들을 낳은 어머니들은 시민의 자격을 누렸다. 여성의 출산행위는 시민적 행위로 간주된다. 아들을 낳는 것 자체가 납세행위와 마찬가지다. 아들의 생산은 납세와 병역을 수행할 인적 자원의 생산이기 때문이다. 이렇게 하여 남성시민에게 요구된 정의와는 달리 여성들에게 요구된 '정의'는 시민=전사의 생산이었다.[7] 따라서 어머니가 베풀 수 있는 정의는 아버지와 흡사한 아들을 생산하는 것이다. 여성은 남편을 닮은 아이를 낳아서 아이에게서 여성적인 흔적을 지워야 한다. 여성적 정의는 자궁이라는 매트릭스(tupos)에 펜(또는 페니스)이 새겨준 흔적을 그대로 복제하는 것이다. 공동

---

**6** 이 점은 오늘날까지도 마찬가지다. 9·11이 발생했을 때 조지 부시는 슬픔을 빨리 털어내고 소비하는 일상생활로 되돌아가야 한다고 말했다. 세월호 사태와 마찬가지로 이제는 슬픔을 빨리 극복해야 할 이유가 소비생활의 지속성에 지장을 주지 말아야 한다는 것으로 대체되었을 뿐이다.

**7** Nicole Loraux, "The Mother in the Agora", op. cit. 참조. 아리스토텔레스에게 여성의 자궁은 남성의 씨앗을 품는 텅 빈 그릇에 불과하다. 여성이 자기존재의 흔적을 씨앗에 보탠다면 그것은 오작동으로 간주된다. 그런 아리스토텔레스에게 정의는 "자기에게 합당한 몫이 자신에게 돌아가는 것"이었다면, 존 롤스에게 정의는 "정당화될 수 없는 불평등이 존재하는 않는 상태"다. 롤스에게 그것은 "자유롭고 합리적인 사람들이 평등한 최초의 입장에서 맺은" "공정으로서의 정의다." 아리스토텔레스에게 시민주체가 될 수 없었던 여성은 그런 정의의 정의에 배제되고, 롤스의 정의에서 자유롭고 합리적이지 못한 사람들은 배제되어 버린다.

체의 물질적 토대로서의 생산·재생산을 담당함에도 불구하고, 여성의 자궁은 빈 그릇이자 텅 빈 서판(書板)이 된다. 여성적 정의는 자신의 존재를 영도(zero)로 만들면서 생산물만 바치는 것이다.

이처럼 여성은 공동체의 내부에 속하면서도 공동체를 유지하기 위해 내부 식민화된 '코라'[8]의 공간이자 '구성적 외부(constitutive outside)'가 된다. 공동체가 유지되기 위한 인적 자원을 생산했을 때에만 어머니 여성은 간신히 공동체의 구성원으로 인정받는다. 이때 여성의 생산력은 노동이 아니라 노동력에 필요한 '재생산'으로 간주된다.[9] 여성의 생산력은 사회적 노동이 투여되지 않아도 마치 자연적인 요소들을(물, 불, 바람, 땅)처럼, 공짜로 주어지는 것으로 여겨진다. 생산·재생산의 기원으로서 여성의 몸은 비가시화되고 무화된다. 뿐만 아니라 자신의 생산물을 국가에 세금으로 기꺼이 바치지 않으려고 한다는 점에서 여성은 공동체의 문제적인 존재가 되어왔다.

여성들은 국가권력이 금지한다고 하여 그런 강제에 언제나 순종적이었던 것은 아니다. 안티고네는 적군으로서 테베로 쳐들어왔다가 전사한 오빠 폴리네이케스의 시신을 묻어주지 말라는 크레온의 칙령에도 불구하고, 국가법보다 혈족의 우선성을 내세우면서 그의 주검을 묻어준다. 안티고네는 왕의 칙령에 저항하면서 목숨을 걸고 오빠의 주검을 애도한다. 국가의 입장에서 볼 때 폴리네이케스는 적군이고 반역자이지만 그녀에게 오빠는 오빠일 뿐이다. 각자의 이해관계와 입장에서 본다면 크레온에게 안티고네는 국법을 어긴 죄인이지만 안티고네에게 크레온은 국가폭력을 상징한다.

---

**8** 여기서 코라는 줄리아 크리스테바가 『공포의 힘들』에서 비체로 규정한 코라가 아니라 도시 외부의 식민화된 공간이라는 점에서 플라톤적인 것이다.

**9** Luce Irigaray, *This Sex Which Is Not One*, trans. by Catherine Porter with Carolyn Burke(Ithaca and New York : Cornell University Press, 1985), pp. 170–175.

안티고네의 경우처럼 여성들이 가부장적 국가에 순종하고 희생하는 것만이 아니라 목숨을 걸고 반항한다면 어떻게 되는가? 사랑하는 사람의 주검과 그 주검을 슬퍼한다고 하여 자신의 죽음까지 각오해야 한다면, 여성의 슬픔은 앙심과 분노로 바뀌고 그런 분노는 복수로 뒤집힐 수도 있을 것이다. 여자들이 자신의 남편, 아들, 오빠, 연인을 전사로 만들어 전사시키기를 거부한다면 어떻게 되겠는가? 국가는 바로 그 점을 언제나 염려해 왔다.


## 2. 여성, 공동체의 아이러니

여성은 국가의 공적 영역으로부터 배제되어 있으면서도 국가의 구성원을 제공한다. 정치공동체의 인적 자원을 확보해주는 것은 여성의 재생산 노동이다. 문제는 여성의 재생산능력은 전사(戰士)를 생산함으로써 국가의 초석을 제공하지만 동시에 여성의 모성은 자기 자식을 기꺼이 전사(戰死)시키지 않으려 한다. 어머니들이 자식을 국가에 바치려 들지 않는 경우 공동체는 위기에 처할 수 있다. 공공의 선을 유지하려면 사적인 이해관계에서 벗어나야 한다. 하지만 정치공동체의 외부에 존재하면서 혈연의 이해관계에 묶여 있는 여성들이 과연 자기 자식들을 기꺼이 국가에 바치려고 할 것인가? 지금도 해외원정출산을 비롯하여 아들을 병역에서 면제시키려고 많은 어머니들이 온갖 방법을 동원한다. 병역비리에 연루되는 사람들은 주로 어머니들이다. 청문회에 선 남성들은 자신의 병역면제는 어머니가 알아서 해준 것이고 아들의 병역비리는 아내가 알아서 한 것이라고 해명한다.

이처럼 여성들이 정치적 공동체와 맺는 양가성에 주목한 철학자가 헤겔이다. 『정신현상학』에서 헤겔은 『안티고네』를 분석하면서 여성들을 정치적 '공동체의 아이러니'로 규정한다. 헤겔에게 안티고네는 혈연과 관련된 친족법을 대표한다.[10] 그는 친족관계를 사회적 규범이 아닌 혈연관계로 간주하여, 정치영역에 포함시키지 않는다. 근대국가로 이행하려면 사적인 이해관계에 따르는 친족질서에서 벗어나 보편적인 국가이성에 복종해야 한다. 그에게 안티고네는 혈연으로 인한 친족법을, 크레온은 보편성의 원칙에 기반한 국가질서를 나타낸다. 따라서 안티고네로 상징되는 친족질서는 보편질서로 지양되어야 한다. 헤겔에게 있어 정치적 영역은 친족관계를 폭력적으로 파기함으로써 등장한다. 헤겔이 보기에 친족질서와 국가질서는 서로 목숨을 건 투쟁을 통해 한쪽을 지양할 수밖에 없으므로, 양자의 관계는 비극적일 수밖에 없다. 친족관계는 국가성립의 조건인 동시에 적대적인 대립물이다. 헤겔은 이 양자의 투쟁에서 친족관계가 정의의 최종적 판결자인 국가의 법에 굴복해야 하는 것으로 마무리한다. 친족은 사회 영역으로 포섭되어 국가의 권위에 수렴되어야 하고, 따라서 안티고네가 주장하는 신의법[11]은 국가 법에 양도되어야 한다. 그래야만 국가법은 보편성을 누릴 수 있고 바로 그 보편성으로 인해 누구라도 공정하게 국가법에 따르게 된다.

헤겔에게 여성은 도시국가의 모태임과 동시에 도시국가의 정치적 문법 외부에 존재한다. 폴리스/오이코스의 대립에서 정치의 영역이자 공적 영역은 남성에게 할당하고, 여성과 노예는 오이코스, 즉 재생산의 영역에 배치시켰던 고대 그리스의 사고가 헤겔에서도 그대로 반복된다. 재생산의 영

---

**10** 소포클레스의 『안티고네』에 관한 분석은 괴테, 헤겔에서부터 장 아누이, 버지니아 울프, 자크 라캉, 루스 이리가레이 등 헤아릴 수도 없이 많다. 이 글에서의 논의는 Judith Butler, *Antigone's Claim*(New York: Columbia University Press, 2000)을 주로 참조한 것이다.
**11** 안티고네가 주장하는 신의 법은 관습법, 친족법, 불문법, 자연법과 혼란스럽게 뒤섞여 있다.

역에 배치된 여성은 도시국가를 가능하도록 해주는 물질적 토대다. 여성들의 재생산 능력에 의존하지 않는 한 도시국가 자체가 유지될 수 없기 때문이다. 그럼에도 불구하고 헤겔에게 여성들은 도시국가의 토대를 위협하는 양가적 존재다. 여성들은 친족과 혈연관계에 얽매여 공공의 이익을 우선시할 수가 없다는 것이다. 특히 모성으로 인해 여성은 자식을 전쟁터로 기꺼이 내보내지 않는다. 그런 맥락에서 여성은 '공동체의 영원한 아이러니'가 된다.

헤겔은 사적인 친족법을 대변하는 안티고네, 그리고 보편적인 국가이성을 대변하는 크레온의 대립구조로 설정했지만 과연 그런가? 그런 구분 자체가 가부장적인 젠더 이분법에 정초한 것으로 드러나게 된다. 『안티고네』를 자세히 살펴보면 크레온은 보편적인 국법을 외치면서도 사실은 가부장적인 논리에 매몰되어 있다. 크레온은 자신이 공표한 국가의 칙령을 어기면서도 오히려 당당한 안티고네에게 남자로서 자존심이 상한다. 국가의 칙령을 어기면서도 자기 소행임을 두려움 없이 밝히고 반항하는 안티고네를 처벌하지 않는다면, "이제 나는 사내가 아니고, 그 계집이 사내일 것이오."[12] 자신이 일개 계집아이에게 질 수는 없으므로, "내가 살아 있는 한, 여인이 나를 지배하지는 못할 것"[13]이라는 식으로 분노한다. 이렇게 되면 그는 더이상 국가이성을 대표하는 자가 아니다. 크레온은 성별 대결구도로 몰아감으로써 왕, 아버지, 남편으로서의 체면 또한 상실한다. 통치자로서의 용기, 명예, 권위의 면에서도 그는 안티고네에게 미치지 못한다. 크레온은 무엇보다 그 점이 견딜 수 없다.

---

**12** 소포클레스, 「소포클레스 비극」, 천병희 옮김, 『안티고네』(단국대학교 출판부, 1998), 111쪽.
**13** 같은 책, 113쪽.

반전(反戰) 텍스트일 뿐만 아니라 '여성을 위한 공산당 선언'으로 읽히는 『3기니』[14]에서 버지니아 울프는 크레온을 독재자로 간주하는데, 이 점은 크레온이 아들에게 분노를 터뜨리는 장면에서 잘 드러난다. 크레온의 아들이자 안티고네의 약혼자이기도 한 하이몬은 아버지에게 충언한다. 하이몬은 왕이 잘못하고 있다는 테베의 여론인 코러스의 말을 전한다. 테베의 백성들이 왕의 잘못을 지적하고 있다는 말을 하이몬이 전하자, 크레온은 왕이 자기 나라를 다스리면서 백성의 지시를 받아야 하느냐고 분개한다.[15] 그러자 하이몬은 국가가 한 사람의 소유물이라면 더 이상 국가일 수 없다[16]고 지적한다. 하이몬은 안티고네에게 내린 벌을 철회하라고 말하지만, 크레온은 여자 편을 드는 "계집년의 종"[17]이라면서 아들에게 격노한다. 크레온은 한낱 아녀자에게 진다면 더 이상 남자일 수 없다고 말한다. 하이몬은 아버지야말로 어린애처럼, 여자처럼 군다고 반박한다. 이렇게 본다면 크레온은 자신이 비난한 바로 그 여성의 자리에 스스로를 위치시키는 이율배반적 상황에 빠지게 된다. 사적인 양심과 성별 자존심 대결을 국법으로 포장한다는 점에서 그는 보편적인 국법의 대변자이기는커녕 사적인 양심을 국법으로 포장한 폭군일 따름이다.

'여성은 공동체의 아이러니'라는 헤겔의 주장은 기실 여성이 아니라 모성의 경우에 한정된다. 모든 여성이 모성에 복종하는 것은 아니다. 사회는 모성적인 것을 흔히 생명의 윤리와 등치시켜왔다. 생명을 낳을 뿐만 아니라 보살피고 배려하라는 것이 사회가 여성에게 할당한 역할이기도 하다.

---

**14** 버지니아 울프, 『3기니』, 태혜숙 옮김(이후, 2007), 40-44쪽.
**15** 소포클레스, 앞의 책, 123쪽.
**16** 같은 책, 123쪽.
**17** 같은 책, 124쪽.

전쟁, 흉년, 기아와 같은 사회적·자연적 (생존의) 재앙이 닥칠 때마다 강조되는 것은 혈연의 중심에 있는 모성이었다. 생명의 윤리에서 보자면 모성이 자기 자식의 목숨을 볼모로 잡고 있는 폭력적인 국가에 저항하지 않는 것이 오히려 이상하지 않을까? 혈연에 바탕한 모성과 공적인 법의 요청이 서로 갈등하고 상충한다면 어떻게 해야 하는가? 자식의 목숨을 위해 희생 헌신하면서 무슨 짓이든 마다하지 않는 모성은 언제 보아도 감동적이라고 사회는 끊임없이 미화해왔다. 어머니가 자식을 보호하려는 동일한 행동을 했음에도 국가의 욕망과 충돌하는 모성은 공동체의 적이 된다. 국가법에 저항하는 모성은 국가의 이해관계라는 보편적 대의를 보지 못하고 사사로운 정에 매몰된 것으로 비난받는다.

이 지점에서 페미니스트들은 헤겔식 비판으로부터 모성을 어떻게 구출하는가? 그들은 정치의 영역보다 혈연에 바탕한 모성적 원리가 우월한 것으로 헤겔의 논리를 뒤집어놓는다. 러딕(Sarah Ruddick)은 '모성적 사유'에 바탕한 보살핌의 윤리[18]가 경쟁과 공격성에 바탕한 남성적인 폭력경제보다 우월하다고 주장한다. "모성적 사유가 전쟁의 파괴력과 평화에의 요구에 광명"[19]을 비춰줄 것이라고 기대한다. 정의와 법에 바탕한 폭력적인 남성적 질서와는 달리 여성은 모성경험에 바탕하여 생명중시, 보살핌, 배려, 살림의 원칙을 대변한다는 것이다. 그녀는 그런 덕목을 '여성적 윤리'로 격상시킨다.

하지만 남성은 폭력적·정복적·공격적이고 여성은 부드럽고 섬세하고 수동적이라는 식의 가부장제적 젠더 이분법을 해체하는 것이 페미니즘의

---

**18** 사라 러딕, 『모성적 사유: 전쟁과 평화의 정치학』, 이혜정 옮김(현실과철학사, 2002), 222-228쪽.
**19** 같은 책, 223쪽.

전략이었다고 한다면, 러딕의 주장은 아이러니하지 않을 수 없다. 젠더 이분법을 해체하려고 하면서 오히려 페미니즘이 문제시했던 바로 그 젠더 이분법을 반복하고 있기 때문이다. 그로 인해 젠더 이분법의 자리만 바뀌었을 뿐 그것에 새겨진 상징적·구조적 폭력의 문제는 감춰지게 된다.

여성=보살핌 원리에 바탕한 윤리적 주체라는 공식은 문제를 해결하는 것이라기보다 더 많은 문제를 산출한다. 여성은 여성이라는 이유만으로 과연 보살핌의 원리를 대변하고 전담해야 하는가? 오히려 여성적인 보살핌의 윤리가 국가 가부장제의 이해관계에 바탕한 젠더 정치의 한 축과 공모할 수도 있다. 보살핌, 배려, 관계지향성이 여성적인 윤리적 덕목이라는 주장은 그런 윤리가 사회적 약자에게 부과된 것이었으며, 여성의 생존전략일 수도 있었다는 점을 간과한 것이다. 특히 근대 이후 성별노동분업에 따라 남성에게는 생계부양자, 정치적 시민, 산업역군, 국방의무자와 같은 위치가 할당되어왔다면,[20] 여성에게는 '가정주부화'[21]가 할당되었다. 근대 국민국가(nation state)의 탄생과 더불어 남성은 국방의 의무와 정치적 투쟁을 통해 시민이 되었고 노동투쟁을 통해 산업역군으로서 자리를 확보해나갔다. '가족임금제'를 통해 남성에게는 생계부양자 역할이 부여된 반면 여성에게는 가정주부라는 무임금 일자리가 발명되었다. 여성의 가사노동은 보수가 주어지는 것이 아니므로 여성은 남성 생계부양자에게 의존하지 않을 수 없다. 그로 인해 여성들에게는 '집안의 천사'로서 가족을 돌보고 자녀를 양육하는 것이 천성이자 천직처럼 되어왔다. 이와 같은 성별분업은 남성들에게는 '일'을 통해 가족을 먹여 살리는 가장으로서의 자부심을 부

---

**20** Nancy Fraser, *Fortunes of Feminism : From State-Managed Capitalism to Neoliberal Crisis*(New York : Verso, 2013), pp. 83-111.
**21** Ibid., p. 93.

여해주고 여성들에게는 '사랑'을 통한 배려를 배치하게 된다. 이렇게 본다면 여성이 집안일, 양육, 보살핌을 주로 도맡으면서 관계지향성을 추구한 것은 여성의 존재론적인 윤리였다기보다는 사회적 맥락에 따른 여성의 생존전략과 환경적인 조건이었다고 볼 수 있다.

남성은 주체적·폭력적·독립적이며 여성은 모성적·평화적·관계적이라는 것이야말로 가부장적인 젠더의 정치경제라는 점에 주목할 필요가 있다. 1, 2차 세계대전을 통해 남성이 비운 자리를 차지하면서 전쟁특수를 누렸던 여성들은 남성들의 귀향과 더불어 다시 가정으로 유배된 것에서 보다시피, 보살핌에 바탕한 모성적 윤리는 사회적 필요에 따라 발명된 것이다. 여성들을 가정에 배치하는 탁월한 전략 중 하나가 여성의 모성성에 호소하는 것이다. 여성 누구에게나 모성애가 본능적으로 주어져 있다고 한다면, 모성애를 부인하는 여성은 이기적일 뿐만 아니라 비정상적인 존재가 된다. 경제적 공포가 엄습할 때면 어김없이 모성이 강조된다. 갑자기 모유수유의 우수성을 입증하는 과학적 논문이 쏟아져 나오고 모유수유를 하지 않으려는 여성은 죄인이 되거나 죄의식을 느끼게 된다. 엄마가 직접 양육한 아이들이 얼마나 정서적으로 안정적인지 또한 강조된다. 한 사회가 함께 보살펴야 할 미래세대를 여성에게 전적으로 맡겨놓고 모든 잘못 또한 엄마의 탓 또는 엄마의 부재 탓으로 돌리게 된다.

이처럼 주기적인 경제적 위기와 모성본능의 강조는 은연중에 공모하는 것처럼 보인다. 경제적 공포가 지배했던 1980년대 프랑스에서는 일자리가 부족했다. 그 시절 정부는 여성들이 가정으로 돌아가면 '자녀교육을 위한 부모 수당'이라는 이름으로 어머니에게 수당을 지급하겠다고 약속했다. 여자들은 일하지 않고(?) 양육수당 받아서 좋은 엄마노릇을 할 수 있으니, 일석삼조라고 착각했을지도 모른다. 하지만 아이가 자라고 수당은 끊기고 집으로 돌아갔던 엄마들은 실직자가 되었다. 그들은 남편에게 의존하지 않을 수 없고 때로는 혼자 살아야 했지만 원래 직장으로 복귀하는 것은 불가능해졌다. 그들은 재취업을 했다고 할지라도 시간제 일자리로 돌아갈 수밖에 없었다. 결과적으로 그들은 최저임금을 받는 계층으로 전락했다. 여성의 모성과 보살핌 노동을 강조함으로써 여성들을 집안에 들어앉히는 대신 미래세대를 한 사회가 다 함께 보살피는 사회적 탁아를 했더라면 어땠을까? 아마도 여성의 빈곤화와 남성에게의 의존성은 어느 정도 극복할 수 있었을 것이다.[22]

여성의 모성적 특징을 자연화하면서 모성적 윤리에 호소하는 것은 여성으로서는 자승자박일 수도 있다. 경제적 침체기, 구조조정 시마다 여성은 자기 자리인 가정으로, 어머니의 역할로 되돌아가야 했다. 여성은 폭력적인 남성과 달리 선천적으로 평화롭고 보살핌에 어울린다면서 모성을 강조한 대가는 아이러니하게도 여성을 자유롭게 하려는 페미니즘의 의도와는 달리, 여성의 불평등을 강화시키는 것으로 귀결되었다.


## 3. 여성폭력이라는 회색지대

다른 한편 폭력의 문제와 관련하여 초기 페미니즘의 경우 약자들끼리 서로 비판하거나 공격하지 말아야 한다는 묵계가 있었다. 뿐만 아니라 여성적인 것이 세계를 구원할 수 있을 것이라는 낙관적 믿음도 있었다. 특히 여성폭력의 문제는 아직도 페미니즘의 '회색지대'로 남아 있다. 무엇보다

---

**22** 엘리자베트 바댕테르, 『잘못된 길』, 나애리·조성애 옮김(중심, 2003), 213-215쪽.

남성폭력을 해체하는 것이 급선무라고 보았기 때문이다. 여성운동에서 '무엇을 해체의 대상으로 삼아야 하는가'라는 문제에서 여성폭력이 핫이슈로 등장하기는 힘들다. 역사적으로 남성들이 여성들에게 휘둘러온 압도적인 폭력 앞에서 여성의 폭력은 미미한 것으로 간주되었다. 그러다 보니 남성=폭력, 식인주체, 여성=평화, 보살핌주체라는 등식은 그다지 문제시되지 않았다. 따라서 젠더 권력관계에서 오랜 세월 억압받아온 여성들이 '어쩌다 우연히 방어적으로' 휘두른 폭력을 언급하는 것은 부당하다고 많은 페미니스트들이 주장해왔다.[23] 여성에게 가해지는 강간, 혐오폭력, 성폭력, 가정폭력, 페미사이드(femicide)[24] 등이 넘쳐나는 상황에서 여성이 저지른 폭력은 사실 '하찮은 것이고 남성폭력에 대한 정당방위'로 간주되었다. 여성의 영성으로까지 나가게 된 이리가라이(Luce Irigaray)는 여성들과 달리 남성들은 어디서나 전쟁을 일삼고 육식주의자이며 경우에 따라서는 식인종이며, 먹기 위해 죽이고 자연을 굴복시키고 착취한다[25]고 주장한다. 하지만 남성만이 식인주체인 것은 아니다. 인간의 조건 자체가 식인주체에서 벗어날 수 없다. 절대적으로 무력한(helpless) 존재로서 세상에 던져진 인간유아는 타자(어머니, 세계)를 삼켜서 나의 피와 살로 만들어야 한다는 점에서 식인주체로 출발하지 않을 수 없기 때문이다.

이렇게 본다면 자본주의 사회에서 가난하다는 것만으로 윤리적일 수 있다는 논리가 더 이상 설득력이 없어진 것과 마찬가지로, 여성이라는 이유만으로 '윤리적'이라는 주장은 설득력을 상실하게 된다. 권력을 갖고 있

---

**23** 「언급되지 않은 여성폭력」, 같은 책, 83-112쪽 참조.

**24** 황주영, 「페미사이드(femicide)」, 《여/성이론》 2013 여름, 192-213쪽.

**25** Luce Irigaray, *Le Temps de la Différence*(Paris : Librairie générale française, 1989), p. 23. 엘리자베트 바댕테르, 앞의 책, 75쪽에서 재인용.

는 남성은 폭력적인 '악'이고 억압받는 희생자로서 여성은 '선'하다는 식의 윤리적 위상이 맥락의 고려 없이 주장될 수는 없기 때문이다. 뿐만 아니라 그런 주장은 폭력의 정치경제의 문제를 젠더의 윤리로 환원시키는 것에 불과하게 된다. 그런 논리는 해체해야 할 폭력적인 젠더 이분법을 그대로 존속시키는 것이다. 젠더 이분법이 성별분업으로 맞물려 있다는 점을 생각해본다면, 그것은 젠더 불평등을 해체하는 전략이 아니라 오히려 공모하는 전략이 될 수도 있다. 여성에게 폭력은 없다, 여성폭력은 자기방어적인 폭력뿐이라는 주장이야말로 여성들을 무기력한 희생자, 피해자로 만들 수 있기 때문이다.

역사적으로 살펴본다면 여성 또한 폭력에 가담해왔다. 직접적인 폭력이 아니더라도 손가락으로 가리키는 행위, 또는 말로써 죽이기의 하나인 밀고만으로도 수많은 사람들을 총살대 앞에 세우고, 가스실이나 단두대로 보내기도 했다. 또는 순전히 타인을 모욕하는 것에서 자신의 힘과 즐거움을 맛보기 때문에 폭력을 행사하는 여성들도 있었다. 『아우슈비츠의 여자들』처럼 나치의 폭력에 맞서 레지스탕스 운동을 벌인 여성들이 있었다면, 순진한 애국심으로,[26] 또는 체제에 대한 충성심으로 '최종해결책'을 수행하고 실천한 여성들도 있었다. 2004년 4월 《뉴요커》의 허시(Seymore Hersh) 기자의 보도를 시작으로 하여 세상을 떠들썩하게 만든 사건이 아부 그레이브 수용소에서 미군 병사들이 저지른 폭력과 고문이었다. 아부 그레이브 수용소 소장은 유일한 여성장군인 카핀스키(Janis Karpinski)였다. 고문을 담당하고 사진을 찍으면서 만족스럽게 웃고 있는 미군들 중에는 여군 잉

---

[26] 스베틀라나 알렉시예비치, 『전쟁은 여자의 얼굴을 하지 않았다』, 박은정 옮김(문학동네, 2015), 66-85쪽.

글랜드(Lyndinne England), 하먼(Sabrina Harman)도 있었다. 여군들이 인격 말살적인 잔혹극장에 적극적으로 가담했다는 사실은 과히 충격적이었다.

여성의 윤리적 우월성을 강조해왔던 페미니즘 진영은 여군들이 보여준 폭력적이고 외설적인 장면 앞에서 난감하지 않을 수 없었다. 전통적이고 상투적인 여성의 윤리성(평화, 구원, 이타성, 영성)을 강조해왔던 페미니스트들은 곤혹스러웠다. 여성폭력에 그들이 내놓은 설명은 군대라는 환경 자체가 폭력을 행사하는 데 있어서 여성 또한 남성과 마찬가지로 만든다는 것이었다. 그렇기 때문에 그들 여군이 저지른 폭력은 명령체계에 복종한 것이다. 그들 또한 군대라는 기계의 한갓 부품으로서 도구적으로 사용된 것에 불과하다고 주장했다. 하지만 이라크 포로들에게 가한 그들의 고문 형태는 이슬람 문화에서는 죽음보다 견디기 힘든 것이었다고 한다. 그들은 벌거벗긴 채 떨고 있는 이라크 포로들 앞에서 득의만만한 웃음을 지으면서 카메라를 보고 윙크하고 있었다. 자신의 힘과 우월한 위치를 과시하는 이들 여성을 단지 명령체계에 따른 자동인형쯤으로 간주할 수 있을까?

아부 그레이브 수용소에서 여성들이 보여준 폭력성은 여성성=비폭력성, 윤리성이라는 공식의 상징적 몰락을 보여준 사건은 아닐까? 군견을 풀어서 위협한 것과 같은 그들의 폭력성은 나치 수용소에서 보여주었던 여성 간수들과 고문자들을 떠올리게 만든다. 슐링크(Bernhard Schlink)의 소설『책 읽어주는 남자(*The Reader*)』에서 한나는 여자 포로수용소에서 여자간수로서의 역할을 법의 이름으로 철저히 수행했다. 아렌트가 분석하듯, 아이히만만이 법의 이름으로 '최종해결책'을 마치 정언명령처럼 실행한 것은 아니다. 소설 속의 한나 또한 법과 질서의 이름으로 자신의 폭력을 정당화했다. 제3제국에서 여성들이 저질렀던 폭력이 아부 그레이브에서 재연되었을 때에도, "여성에게 폭력성은 없다. 다만 그들은 폭력적인 명령체계의 수동적인 희생양이었을 따름"이라는 분석이 여전히 유효할까?

카바레로(Adriana Cavarero)는 회색지대로 남겨져 있었던 여성의 폭력을 본격적으로 조명한다. 그녀는 정의의 실현이라는 명분 아래 여성들이 자살테러에 적극 가담하는 폭력적인 현상을 보면서 경악한다.[27] 여성의 자살테러를 어떻게 해석할 것인가? 임신한 여성들마저 남을 죽이기 위해 자폭하는 일도 서슴지 않는다. 생명을 보살피는 것이 여성의 덕목으로 간주되어왔던 것과는 달리 생명을 대량학살하기 위해 자기 몸을 폭탄으로 사용하는 여성들이 있다. 가장 오래된 공포의 귀환인 '현대판 메데이아'들의 잔혹성을 단지 테러리즘이라고 부르는 것은 적절치 않다고 카바레로는 말한다. 말로 표현하기 힘든 여성의 자살테러를 표현하기 위해 그녀가 만든 신조어가 호러리즘(horrorism)이다.[28]

여성이 자기 몸을 생명의 원천이 아니라 죽음의 도구로 사용하는 현상을 어떻게 받아들여야 하는가? 이슬람 문화에서 여성들은 침묵하는 존재들이었다. 그런 여성들이 폭력의 주체가 된다는 것은 충격적이다. 오랜 세월 동안의 모욕, 오만, 불의, 좌절과 절망을 견딜 수 없어서라는 설명도 있지만 이들을 이용하고 세뇌시킨 결과라는 주장도 있다. 그들을 세뇌의 희생양으로 보려는 강력한 유혹이 있다. 그들의 자발적 행동이라기보다는 테러조직이 조종한 결과이므로 그들 또한 희생양이라는 입장, 즉 배후세

---

**27** Adriana Cavarero, "Suicidal Horrorism," trans. by William McCuaig, *Horrorism : Naming Contemporary Violence*(Columbia University Press : New York; 2007), pp. 89-96.

**28** 앤 래드클리프 구분에 의하면 테러는 끔찍한 사건이 일어나기 전의 불확실성, 모호성으로 인해 초래되는 두려움의 감정이라고 한다면, 호러는 일어날 것으로 생각했던 끔찍한 사건이 현실이 되었을 때 그 앞에서 말문이 막히고, 얼어붙어서 감정 자체가 소멸되어버리는 것이다. 그래서 테러가 숭고의 감정을 들게 한다면, 호러는 감정이 얼어붙어 버리는 것이다.

력에 조종당하는 불쌍한 여성이라는 설명이 있다. 여성이라는 이유만으로 여성은 윤리적 존재이기 때문에 그처럼 폭력을 행사할 수 없다고 해석해버리면, 여성은 목숨을 내놓더라도 수동적인 희생양에 불과해진다. 이제 그들은 무기력한 희생자에서 세뇌된 암살자가 되어버린다.[29]

여성은 단순히 수동적인 피해자가 아니라 여성 또한 폭력을 통해서라도 자신의 주체성과 주도권을 원한다. 이처럼 젠더를 넘어서 폭력이 근절되기 힘들다고 한다면, 폭력이 갖는 치명적 매력은 무엇일까?


## 4. 폭력과 죽음의 에로티시즘

위대한 범죄자를 보면서 대중들이 느끼는 매혹은 한때는 자신들에게도 있었을 '입법가나 예언자로서의 흔적'[30]에서 기인한다. 사람들은 가족 납치범, 아내와 딸 강간범을 법에 호소하지 않고 직접 처단한 사람을 종종 두둔한다. 가족 중 딸이나 아내가 납치당해 죽거나(영화 「테이큰」) 살해당했을 때(드라마 「추적자」), 뒤에 남은 남편이나 아버지는 진범을 찾아달라고 법에 호소하는 것이 아니라 정의의 이름으로 범인을 직접 처단하고 복수한다. 그들은 범인을 잡기 위해 범죄자가 되지만, 그럴 경우 관객들은 사적으로 복수하는 그들을 오히려 응원하기도 한다. 폭력에 맞서는 개인들의 복수와 사적인 정의실현을 응원하는 것이다. 자신들은 국가에 반납해

---

**29** 페미니즘 때문에 여성범죄가 증가되었다는 비난이 있다. 페미니즘의 윤리적 계몽 때문에 여성이 선한 행위만 한다는 보장도 없지만, 그 때문에 여성이 특별히 악행을 저지른다는 주장은 전혀 설득력이 없다.
**30** 자크 데리다, 『법의 힘』, 진태원 옮김(문학과지성사, 2007), 92쪽.

버린 폭력을 그들이 직접 구사한 것에서 대리만족을 느끼기 때문이다. 법질서에 모든 폭력을 반납하지 않고 자신이 자기행위의 주인이 될 수 있었던 시절에 대한 향수가 사람들에게는 남아 있다. 그래서 우리는 기존의 법을 위반하는 신화적 영웅, 대범죄자, 혁명가, 무정부주의자들의 '법 정립적' 폭력에 환호하기도 한다.

또한 집단적인 폭력에 의해 사람들은 공동체의 구성원으로서 정체성을 확인받는다. 어떤 전쟁이든 전쟁은 적으로 간주된 일군의 사람들을 죽이는 행위에 참여하는 것이며, 그로 인해 국민과 비국민, 적군과 아군, 적과 이웃의 경계가 확실시된다. 전쟁은 살해 가능성뿐 아니라 살해당할 가능성을 동시에 열어놓는다. 병사들은 '살해함으로써 또는 살해당함으로써 국가의 공동체 구성원으로 소속된다.'[31] 이처럼 폭력은 개인에게 국민적 정체성을 부여해주고 공동체의 구성원으로 만들어주는 효과가 있다. 이렇게 본다면 전쟁은 국가의 강제력에 동원된다고 할지라도 주체의 자발적인 협력에 의해 가능해진다. 전쟁터에서 남성은 한 국가의 시민으로서 자부심, 애국심, 민족감정을 통해서 남성다움 또는 남성답지 못함을 확인받는다.

여기서 한 걸음 더 나아가 인간에게는 자유의지 또는 선의지만 있는 것이 아니라 공격 충동, 또는 죽음 충동이 있다. 1, 2차 세계대전을 경험하면서 『문명 속의 불만』을 저술했던 프로이트는 사람들에게는 쾌락 원칙을 넘어서는 죽음 충동이 있다는 점을 전쟁의 사례로 설명한다. 말하자면 모든 유기체는 원래의 상태, 비유기체 상태로 되돌아가려는 자기소멸에의 욕망이 있다는 것이다. 힐먼(James Hillman)은 『전쟁에 대한 끔찍한 사랑』(2004)에서 융의 '원형'에 바탕하여 그 점을 이론화한다. 힐먼에 따르면 전

---

**31** 사카이 나오키, 『번역과 주체』, 후지이 다케시 옮김(이산, 2005), 184쪽.

쟁은 우리의 영혼 안에 우주의 원형적 진실로서 자리 잡고 있다.[32] 그 말은 전쟁본능, 즉 인간 안에 잔혹한 비인간성으로서 폭력을 발휘하는 것 자체가 인간의 본성이며 광기가 아니라 '정상'적인 것이라는 뜻이다. 전쟁은 심지어 숭엄한 것이며, 종교적 영역에 속한다[33]고까지 말한다. 전쟁이 숭엄한 것이라고 주장한다고 하여, 힐먼이 전쟁상태의 지속을 원한다는 말이 아니다. 다만 평화주의자들의 소박한 수사학처럼 인간들이 평화롭게 공존하는 것이 쉽지 않다는 것을 직시하라는 뜻이다. 전쟁과 폭력을 시네마화(cinematization)하고 즐기는 시대에, 인간에게 있는 본능을 외면함으로써 인간의 정신세계를 이해하는 것이 아니라 방해해서는 폭력문제의 해결에 도움이 안 된다는 뜻으로 들린다.

사람들은 폭력, 죽음, 전쟁 등에서 공포와 환멸만을 느낄 것 같지만 그렇지만은 않다. 오히려 폭력에서 에로틱한 도착적 쾌락을 맛본다면 어떻게 할 것인가? 폭력의 에로티시즘을 고찰했다는 점에서 사드와 마찬가지로 바타유 또한 20세기의 저주받은 철학자로 알려져 있다. 바타유는 사드가 '인간을 파괴하고 그들의 죽음과 고통을 생각하는 데서 즐거움'[34]을 맛본다고 말한다. 성애적 잔인성 속에서 쾌락을 보는 것, 그것이 바타유가 사드에게 그토록 매료된 이유다. 성적 광기와 폭력은 일관된 형상을 분해하고 소멸시켜버린다. 인간의 형상은 성적 광기와 폭력으로 얼룩져 있다. 폭력은 '유한한 것'을 해체하여 '무한한 것'으로 만든다. 이처럼 '작은 죽음'으로서 에로티시즘과 죽음에 공통된 것이 '폭력'[35]이다.

---

**32** James Hillman, *A Terrible Love of War*(New York : Penguin, 2004), p. 214.
**33** Ibid., p. 214.
**34** 조르주 바타유, 『문학과 악』, 최윤정 옮김(민음사, 1995), 130쪽.
**35** 조르주 바타유, 『에로스의 눈물』, 유기환 옮김(문학과의식, 2002), 27-29쪽.

바타유에 따르면 "노예적" 주체가 아니라 "주권적" 주체는 유용성, 자기 보존, 자본축적의 원리에 따르는 존재가 아니라 자기파괴, 상실, 소멸, 에로스에 탐닉하는 존재다. 그에게 에로티시즘은 완벽하게 자신을 폭발시키고 소진시켜 죽음과 대면하게 만드는 '작은 죽음'이다. 그것은 유한한 개체가 순간적으로 불타올라 소진됨으로써 삶과 죽음의 경계가 폭발적으로 해소되는 것이다. 폭력을 이런 식으로 해석하는 것 자체가 제1차 세계대전을 경험한 전선세대의 특징일 수도 있다. 쎌린느와 같은 전선세대들에게 전쟁터는 "불타는 묘지"이며, 참호에서 뛰쳐나가 갈갈이 찢겨서 산산조각나는 곳이자 "썩은 시체덩어리"[36]가 나뒹구는 곳이다. 쎌린느에게 우리의 몸은 진부한 분자들이며 잔혹한 소극(笑劇)에 반발하면서 존재한다. 따라서 그에게 인간의 몸은 미세한 분자로 분해되어 가능한 빨리 우주 속으로 해소될수록 좋은 것이다. 그럴 때 '나'라는 존재는 황홀하게 사라져서 '우리'로 분해된다. 따라서 쎌린느에게 전쟁은 "모든 고깃덩이들"[37]이 자기해체와 분해를 통해 우주적인 무한성으로 녹아들어가는 것이다.

쎌린느와 흡사하게 바타유 또한 인간의 총체적 해소는 죽음과 희생과 에로티시즘에서 절정에 이르는 것으로 이해한다. "사랑의 본질이 두 존재 사이의 경이로운 연속성을 집요한 불연속성으로 대체한 것"이라면, "오직 폭력만이 그것을 정당화할 수 있다"[38]고 바타유는 주장한다. 그에게 자기보존 본능에 반(反)하는 죽음 충동은 주권적 영혼의 자유를 규정한다. 그는 죽음을 통해 단속적인 존재가 지속성으로 들어가게 되며, 죽을 수밖에 없는 개별성으로부터 자유로워진다고 말한다. 바타유의 잔혹극장과 폭력적

---

36 루이 페르디낭 쎌린느, 『밤의 끝으로의 여행』, 이형식 옮김(동문선, 2004), 17쪽.
37 같은 책, 30쪽.
38 Adriana Cavarero, op. cit., p. 51.

파괴는 역설적으로 유한성의 절대부정에 이르는 길이다. 바타유는 존재의 특이성 또는 개인의 유한성을 파괴함으로써 무한성으로 열릴 수 있다는 점에서 파괴의 혜택에 주목한다. 심지어 폭력은 인간의 특이성이라는 점에서, 필연적이고 신성한 것이기도 하다. 피에 대한 매혹과 이론으로 인해 바타유는 폭력이 만연한 시대에 이르러 새롭게 조명되고 있다.

아렌트는 『전체주의의 기원』에서 잔인성, 폭력성을 덕목으로 끌어올리는 바타유, 쎌린느와 같은 '전선세대'에게 혐오감을 드러낸다. 그녀는 '문학적 아방가르드들이 추한 것에서 숭고를 추구하는 경향을 발전'[39]시켰으며, 에로티시즘에 탐닉하여 자아 소멸을 주장하는 것이야말로 전체주의 체제 아래서 자아 없는 인간들을 상징하는 것이자, "전선세대의 반인본주의, 반자유주의, 반개인주의, 반문화주의 충동"이라고 공격한다. 이런 현상은 인간의 잉여성과 공모하는 것이며 그 결과 절멸 캠프로 끝나게 된다. 제1차 세계대전으로 인해 전선세대는 폭력에 대한 열광에서 치유된 것이 아니라 오히려 중독된 것이며, 살육과 도륙을 정당화하고 미학화하며, 허무주의를 넘어서 존재론적인 범죄로 나갔다는 것이 아렌트가 그들을 비판하는 요지다.

아렌트의 비판과는 달리 바타유의 주권적 주체는 부르주아적인 자족적 자아를 해체하는 것이라고 카바레로는 읽어낸다.[40] 바타유의 주권적 주체는 수동적으로 타자에게 열리는 것이며, 상호노출 속에서 상처 입으면서 죽음과 대면하는 것이다. 부르주아적 가치인, 질서와 안정과 조화와 용도 (쓸모 있음)와 축적에 대한 그의 혐오는 주체의 소멸을 즐겁게 받아들인다.

---

**39** Ibid., pp. 49-52에서 재인용.
**40** "Erotic Carnages," Ibid., pp 49-53.

주체의 소멸을 가져다주는 바타유의 '주권적 소비'는 자본주의의 자본축적을 해체시킬 수 있는 하나의 대안처럼 간주되기도 한다. 주권적 소비는 잉여를 남김없이 예술, 사치, 전쟁 등에 낭비하고 쏟아부어 버림으로써 자본축적의 회로에서 벗어나는 것이다. 따라서 바타유의 "상호 파괴"로서의 소통 개념은 자율적 자아라는 부르주아 이상에 상처를 입히는 것이다. 그것은 자족적인 개인이라는 오만에 굴욕을 안기는 것이자 인간의 나르시시즘을 파괴하는 것이다. 그는 부르주아적 소유주체처럼 자기에게 축적하는 것이 아니라 자신에게서 감산(減算)함으로써 소통하는 공동체를 상상한다. 그와 같은 '죽음의 공동체'는 개별성의 원자화뿐만 아니라 소통에 대한 휴머니즘적인 향수에 반대한다는 점에서 파시즘적인 것과 성격을 달리한다. 그 때문에 난교, 고문, 육체적 고통 속에서 남김 없는 소비와 소멸을 갈망하는 바타유가 폭력, 테러, 호러의 시대에 주목받는 이유이기도 하다.

바타유에 이어 은둔의 철학자 모리스 블랑쇼는 죽음의 불가능성을 주장한다. 블랑쇼는 근대성의 환상(이성적 인간, 주체의 자율성, 예술의 절대성, 공동체의 이념 등)이 파국에 이른 시대를 상징하는 인물이자, '근대성의 조종을 울리는 사제'[41]다. 그에게 죽음은 불가능한 사건이다. 도대체 죽을 수밖에 없는 인간에게 죽음이 불가능한 사건이라는 말이 무슨 의미일까? '나'의 죽음은 주체가 경험할 수 없으므로 나에게 죽음이란 불가능한 사건이다. 죽음은 너라는 타자를 통해서만 간신히 경험하는 것이다. 하지만 '네가 있다면 죽음은 있지 않고, 죽음이 있다면 너는 없다.' 그러므로 '나는 결코 죽지 않는다.' 내가 간신히 죽음을 알 수 있는 것은 타인의 죽음과 동일

---

**41** 모리스 블랑쇼, 장 뤽 낭시, 『밝힐 수 없는 공동체/마주한 공동체』, 박준상 옮김(문학과지성사, 2005), 95쪽.

시할 때다. 하지만 내가 타인의 죽음이라는 사건과 동일시하는 과정에 너와 나의 형태가 달라진다면, 나는 타인의 죽음 또한 경험할 수 없다. 그러므로 죽음의 경험은 '나'의 죽음이든 '타자'의 죽음이든 간에 불가능한 사건이 된다.

이처럼 폭력성을 통해 역설적으로 '불멸'에 이르게 된다면, 인간이 어떻게 폭력이라는 치명적 유혹으로부터 벗어날 수 있겠는가. 프로이트의 말처럼 우리는 자기 죽음을 상상할 수도 경험할 수도 없다. 우리는 타인의 죽음을 통해 자기도 죽을 것임을 안다고 하지만 사실은 구경꾼으로 존재할 뿐이다. 그런 의미에서 '무의식 속에서 모든 사람이 자신의 불멸을 확신'[42]하고 있다. 죽음을 상상할 수 없다는 점에서 죽음은 없다는 것이다.

폭력이 불멸에 이르는 수단이라고 한다면, 불멸을 꿈꾸는 남성들에게 폭력은 치명적인 유혹이자 주권적 힘이며 뿌리칠 수 없는 어떤 것이 된다. 인간의 조건 자체가 식인주체일 수밖에 없고 폭력으로 인해 주권적 주체의 힘을 확인받을 수 있다고 한다면, 인간에게서 공존의 가능성은 어디서, 어떻게 찾을 수 있을까? 바타유가 말한 것처럼 폭력이 단지 고통을 가져다주는 것이 아니라 성적 쾌락을 가져다준다면 폭력의 유혹으로부터 인간이 과연 벗어날 수 있을까? 여성주체들마저 폭력의 유혹에서 자유롭지 못하다고 한다면 우리는 어디서 공존의 가능성을 찾을 수 있을 것인가? 그것이 문제다.

---

**42** 지그문트 프로이트, 「전쟁과 죽음에 대한 고찰」, 김석희 역, 『문명 속의 불만』(열린책들, 2003), 57쪽.

## 5. 공존의 가능성을 위하여

여성이라고 하여 폭력으로부터 자유롭지 않을 뿐 아니라, 폭력을 통해서나마 주체가 되려는 열정 또한 가지고 있다. 사회적 약자로서 여성이 가장 쉽게 저지를 수 있는 것이 영아살해였다는 것은 익히 알려진 사실이다.[43] 영아살해로 악명 높은 콜키스의 메데이아뿐만 아니라 현대판 메데이아들도 끊임없이 등장한다. 산후우울증으로 자녀를 살해하기도 하고, 자신의 생존을 위해 타자를 살해하기도 한다. 또는 자신의 권력과 성적 쾌락을 맛보기 위해 폭력을 행사하기도 한다. 이처럼 여성 또한 자신보다 무기력한 존재에게 폭력을 행사한다. 그로 인해 많은 대상관계 이론가들은 아이의 무의식인 공포가 살림과 살해를 동시에 할 수 있는 엄마, 즉 생사여탈권을 쥐고 있는 엄마의 전능성에서 비롯된 것일 수 있다고 설명하기도 한다.

하지만 절대적으로 무기력한 존재를 보살피는 데 익숙한 존재들 또한 여성이다. 오랜 세월 비대칭적인 젠더 권력관계를 경험함으로써, 여성들은 사회적 약자로서 자기 안의 타자와 세계를 보살피는 역할에 익숙해져 왔다. 여성은 자기 안팎의 타자와 유연하게 관계 맺을 수 있다는 말은 자기 안에 자기 아닌 비/존재, 모순, 틈새들이 혼란스럽게 혼재할 수 있는 가능성에 열려 있다는 의미다. 여성들은 이처럼 자기 안에 타자를 품을 수밖에 없는 조건으로 인해, 약자들끼리 보살피고 공존하는 지혜를 터득해 왔다고 말할 수 있을 것이다. 여성 또한 여성 나름의 방식으로 남성 못지않게 폭력을 행사한다 할지라도, 동시에 여성들은 폭력성 못지않게 고통

---

**43** 엘리자베트 바댕테르, 『만들어진 모성』, 심성은 옮김(동녘, 2009), 82–148쪽.

과 연민을 함께 나누는 데도 유연한 존재다. 타인의 슬픔과 공감하면서 눈물 흘리지 못하도록 교육받아온 남성들과는 달리 여성들은 눈물과 슬픔의 용도와 정치성 또한 잘 알고 있다. 남성들은 무슨 일이 있어도 이겨야 하고 타인을 정복하고 지배해야 한다는 가르침을 주로 받아온 것에 반해, 사회적 약자로서 살아온 여성들은 자기보존과 자아보존을 위해서라도 관계형성에 더 많은 노력과 시간을 경주하지 않을 수 없었다. 남성폭력이 자기를 무화시켜서라도 불멸성에 이르고자 한다면, 남성에 비해 타자와 더불어 온몸으로 살아야 했던 여성들은 불멸에 대한 집요한 욕망이 상대적으로 덜하다. 생명을 창조할 수 있는 가능성과 경험에 바탕하여, 여성은 태어난 생명은 언제든 죽을 수밖에 없고 죽기 때문에 새로운 생명으로 연결된다는 점을 체득해왔다. 몸의 취약성, 인간의 나약함에 대한 경험은 여성들로 하여금 사회적 약자들끼리 함께 살아야 함을 가르쳐주기도 했다.

이렇게 본다면 여성에게 폭력성이 없다고 주장할 것이 아니라 여성에게서 찾을 수 있는 폭력성을 어떻게 공존의 상상력으로 연결시켜낼 수 있을 것인지에 페미니즘이 집중해야 할 것이다. '여성은 윤리적이다'와 같은 공허한 구호에 의지하기보다는 여성 나름의 폭력성, 말하자면 여성에게서 억눌렸던 분노를 조직하여 억압적인 가부장적 법, 제도, 장치들을 해체하는데 활용해야 할 것이다. 여성에게도 있는 폭력을 어떤 방식으로 기존의 불평등하고 비인간적인 힘들을 해체하는 대항폭력으로 활용할 것인지가 관건이다.

최근에 상영된 SF 영화 「매드맥스 4: 분노의 도로」에서 퓨리오사는 이름 그대로 아킬레우스 못지않게 분노하고 폭력에 폭력으로 맞서는 여전사다. 배경은 인류가 재앙에 처한 22세기다. 독재자 임모탄은 희귀한 자원이 되어버린 물과 기름을 장악하고서 살아남은 인류를 폭력으로 다스린다. 그는 워보이들에게 싸우다 죽음으로써 불멸의 천국에 이를 수 있다고 말해주면서 전쟁을 독려한다. 워보이들은 자폭도 서슴지 않는 임모탄의 전쟁도구가 된다. 반면 퓨리오사는 임모탄의 전쟁도구가 되는 것에 반기를 든다. 그녀는 여성을 생식공장이나 모유공급기계로 삼고 있는 임모탄의 독재에 항거한다. 그녀가 저항할 수 있었던 것은 녹색의 땅에 대한 경험과 기억이 있었기 때문이다. 퓨리오사는 여성들을 해방시키기 위해 그들과 함께 녹색의 땅을 찾아서 떠난다. 그 과정에서 그녀가 보여주는 해방투쟁은 모성적인 보살핌이 아니라 폭력에 맞서는 대항폭력이다. 하지만 퓨리오사가 꿈꾸던 녹색의 땅은 더 이상 어디에도 존재하지 않는다. 퓨리오사의 고향 땅에는 바이크를 타고 돌아다니는 늙은 여자 대여섯이 간신히 살아남아 있을 뿐이다. 늙은 레즈비언 바이크 족 아마조네스들은 살아남기 위해 폭력도 마다하지 않는다. 그와 동시에 그들은 마지막 남은 지구의 종자들을 보존하고 있는 자들이기도 하다. 지구의 종자뿐만 아니라 인류의 종자를 품고 있는 여성들을 보존하기 위해 그들은 퓨리오사가 이끄는 해방투쟁에 온몸을 바치면서 자신들의 몫을 수행한다. 그들 여성은 불멸을 꿈꾸는 대신 잡다한 타자들이 뒤섞여 만들어내는 다채로운 공간에서 공존의 가능성을 찾는다. 그것이 폭력에 포위된 세계에서 늙은 여성들이 터득한 생존의 지혜다. 그녀들이 보여주는 폭력의 창조성은 폭력을 위한 폭력이 아니라 공존을 위한 것이다. 서로의 나약함과 그로 인한 고통과 슬픔을 나눌 수 있는 연민으로 인해, 그들은 폭력을 위한 폭력으로 끝 간 데까지 치닫지 않는다.

이렇게 본다면 타자와의 공존은 불멸과 자기 동질적인 완전성의 추구가 아니라 인간의 취약성을 인정하는 것에서부터 가능해진다. 인간은 자기 안의 타자를 추방하려 하지만, 자기 안에서 자기와 편안한 관계로 있지 못한다. 인간의 공격성 또한 어떤 면에서 보자면 자신의 취약함을 인정할 수가 없어서 감추기 위한 전략이다. 거의 모든 것을 타자에게 의존하고 있는 인간이 자기 자신의 주인이 될 수는 없다. 주체가 세계를 구성하기는커녕 타자에게 포획되어 있다[44]는 인식은 불멸성과 동질성을 주장해온 남성주체로서는 견딜 수 없는 굴욕이다. 자아를 지배하는 것은 자신이 아니라 타자(세계, 여자, 언어 등 그것이 무슨 이름으로 불리든지 간에)라는 주장은 남성주체의 자존심을 추락시키고 치욕스럽게 만든다.

라플랑슈는 이처럼 타자의 우선성을 인정하지 않을 수 없는 굴욕적인 상황을 서구 주체철학에서의 코페르니쿠스적인 전환이라고 말한다. '타자로서 자기'와 만나게 되는 순간 남성주체의 오만이 붕괴되면서, 자신의 괴물성이 벌거벗겨지고, 탈주체화로의 방향전환이 일어나기 때문이다. 그런 탈주체화로의 선회가 가져다주는 타자와의 만남을 여성들은 굴욕으로 받아들이는 것이 아니라 공존의 조건으로 받아들인다. 공존은 자기 존재의 취약성으로 인해 자기 안의 타자라는 삶의 조건을 받아들일 때 가능해지기 때문이다.

태초부터 몸을 가진 여성은 불멸을 꿈꾸기 힘든 조건 속에서 살아왔다. 게다가 죽음의 공동체로 소환될 때에야 국민에 속할 수 있다면, 여성은 거의 언제나 국민에서 소외되었을 뿐만 아니라 폭력의 기억에서도 배제되어 왔다는 의미에서 국가공동체의 구성적 외부였다. 그로 인해 여성들은 폭력을 휘두를 기회가 적었을 뿐만 아니라 약자로서 가능한 폭력을 억제하

---

**44** 프로이트는 멜랑콜리아의 동일시의 특징이라고 했던 것을 우리의 자아가 형성되는 과정과 같은 것으로 보았다. 말하자면 우리가 포기한 사랑대상이 귀환하여 자아에 그림자를 드리운다. 그 그림자들이 곧 우리의 자아를 구성한다고 보았다. 분리가 일어날 때마다 분리의 흔적이 남는데 자아정체성이란 바로 그런 흔적의 잔해, 폐허다. 그렇다면 우리는 우리가 사랑해온 것이 우리이자, 타자가 곧 우리라는 아이러니컬한 상황과 대면하게 된다.

는 법도 배웠다. 그로 인해 여성들은 죽음의 공동체에서부터 거의 언제나 배제되었으므로, 국가폭력에 전적으로 복종하지 않을 수 있는 '잉여'의 영역을 형성해왔다. 여성은 억압의 세월 동안 터득한 생존지혜로 인해 궁극적으로는 죽음까지도 보살피는 역할에도 익숙해져왔다. 제발트는 『공중전과 문학』에서 제2차 세계대전 중 영국 공군의 공습에 의해 함부르크가 그라운드 제로 지역이 되었을 때 여성들이 보여준 상황을 이렇게 전한다.[45] "1943년 여름 함부르크에 화염폭풍이 버섯구름처럼 피어올랐다. 함부르크 발 피난민 특별 수송열차가 슈트랄준트 역으로 들어왔다. 피난민들 대다수가 완전히 제정신이 아니어서 무슨 일이 일어났는지 전혀 말하지 못했고, 말문이 막힌 상태였으며 절망으로 흐느끼거나 울부짖기만 했다. 자신들이 어디에서 온지도 모르는 이들은 행로와 행방을 알 수 없는 살아 있는 유령들이었다. 지붕과 광고간판이 공중으로 산산조각이 되어 날아오르고 사람들이 횃불처럼 불타는 가운데서 다행스럽게도 기차에 올라탈 수 있었던 여자들은 여행 가방을 끌어내렸다. 가방 안에는 귀중품이 아니라 죽은 아이들의 시체가 들어 있었다. 공습 때 연기에 질식했거나 이런저런 이유로 죽은 아이들이었다. 이 엄청난 재앙의 한가운데서 여자들이 할 수 있었던 것은 죽음을 무릅쓰고 트렁크를 가져오는 것이었다." 함부르크 어머니들의 트렁크는 폭력에 대응하여 여성들이 보여준 그야말로 보살핌의 한 형태라고 할 수 있지 않을까?

문제는 여성에게 죽은 아이를 부여안고 눈물 흘리는 성모의 역할을 배치하고 그것에서 여성적 윤리성을 찾을 것이 아니라 젠더를 넘어설 수 있는(genderless) 정치적 장치가 필요하다는 점이다. 오늘날 비폭력은 선, 폭

---

**45** 제발트, 『공중전과 문학』, 이경진 옮김(문학동네, 2013), 122쪽.

력은 악이라는 식으로 선악의 경계를 엄격히 구분하기 힘들다. 폭력에 따른 선악의 정치경제도 불투명한 경우가 허다하다. 폭력은 폭력에 저항하기 위한 대항폭력으로서 혁명적 질서를 위한 명분이 되기도 한다. 창조적 파괴가 때로는 새로운 가능성을 열기도 한다. 폭력은 또한 자신의 주권적 힘을 확인하려는 열정의 표현이기도 하다. 그렇다면 젠더를 떠나 폭력은 인간이 근절하기 힘든, 인간을 구성하는 한 측면이다. 이와 같은 폭력의 양가성에도 불구하고 폭력이 타인의 고통에 무감각하게 만들고 경험이 처리할 수 없을 정도의 트라우마와 슬픔을 초래할 수 있다는 점을 수용한다면, 우리의 삶이 취약성, 우연성, 불확실성에 사로잡혀 있다는 점을 받아들인다면, 자신의 나약함에 온몸을 떨면서 치욕을 느끼고 그런 무력함을 극복하기 위한 폭력성에 사로잡히지 않을 수도 있을 것이다. 폭력으로 인해 사랑하는 사람들과 작별하면서 상실의 고통 속에서 살아가지 않을 수 없다는 점을 절실하게 느낀다면, 폭력에의 유혹은 감산(減産/減算)될 수도 있을 것이다.

또한 강제적인 법적 정의에만 의지할 것이 아니라, 공감, 공존, 환대, 신뢰와 같은 가치들을 사적 인격들 사이에서 회복하려는 노력이 필요하다. 여성적인 것으로 분류되어 남성들이 학습하지 못했던 연민과 공감능력을 회복시키는 교육 또한 필요할 것이다. 남자든 여자든 우리가 서로에게 의존해 있다는 사실을 인식할 때 타자를 파괴하려는 공격성을 '다소간' 자제할 수 있을 것이다. 자기 안에 타자를 품을 수 있는 여성들이 힘을 모아 공존의 정치를 전개할 때, 타자의 고통에 공감할 수 있도록 상상력을 발휘할 때, 너와 나의 공존이 가능하지 않을까 한다. 그처럼 소박하고 법으로 매개되지 않은 낭만적인 수단들이 무엇을 해줄 수 있냐고 비판할 수 있겠지만, 강제적인 법질서에 모든 것을 맡기는 것처럼 수동적인 태도도 없을 것이다. 법으로부터 배제된, 그래서 법 너머에 존재하는 다채로운 존재들의 연대를 모색하는 것 자체가 '여성적'인 가치를 포용하는 사회를 열어가는 하나의 방식이 될 것이기 때문이다.

# 참고문헌

**국문**

루이 페르디낭 쎌린느, 『밤의 끝으로의 여행』, 이형식 옮김, 동문선, 2004.

레나타 살레츨, 『불안들』, 박광호 옮김, 후마니타스, 2015.

마리아 미즈, 베로니카 벤홀트-톰젠, 『자급의 삶은 가능한가―힐러리에게 암소를』, 꿈지모 역, 동연, 2013.

모리스 블랑쇼, 『문학의 공간』, 이달승 옮김, 그린비, 2010.

모리스 블랑쇼, 장 뤽 낭시, 『밝힐 수 없는 공동체/마주한 공동체』, 박준상 옮김, 문학과지 성사, 2005.

발터 벤야민, 「폭력 비판을 위하여」, 최성만 옮김, 『역사의 개념에 대하여, 폭력 비판을 위 하여, 초현실주의 외』, 길, 2008.

버지니아 울프, 『3기니』, 태혜숙 옮김, 이후, 2007.

사라 러딕, 『모성적 사유: 전쟁과 평화의 정치학』, 이혜정 옮김, 현실과 철학사, 2002.

사카이 나오키, 『번역과 주체』, 후지이 다케시 옮김, 이산, 2005.

사카이 다카시, 『폭력의 철학』, 김은주 옮김, 산눈, 2007.

소포클레스, 「소포클레스 비극」, 천병희 옮김, 『안티고네』, 단국대학교 출판부, 1998.

엘리자베트 바댕테르, 『잘못된 길』, 나애리·조성애 옮김, 중심, 2003.

엘리자베트 바댕테르, 『만들어진 모성』, 심성은 옮김, 동녘, 2009.

장 뤽 낭시, 『무위의 공동체』, 박준상 옮김, 인간사랑, 2010.

조르주 바타유, 『문학과 악』, 최윤정 옮김, 민음사, 1995.

조르주 바타유, 『에로스의 눈물』, 유기환 옮김, 문학과의식, 2002.

조르조 아감벤, 『호모 사케르』, 박지우 옮김, 새물결, 2006.

주디스 버틀러, 『윤리적 폭력 비판』, 양효실 옮김, 인간사랑, 2013.

지그문트 프로이트, 「전쟁과 죽음에 대한 고찰」, 김석희 역, 『문명 속의 불만』, 열린책들, 2003, 57쪽.

한나 아렌트, 『폭력의 세기』, 김정한 옮김, 이후, 1999.

호메로스, 『일리아스』, 천병희 옮김, 숲, 2006.

W. G. 제발트, 『공중전과 문학』, 이경진 옮김, 문학동네, 2013.

## 영문

Cavarero, Adriana, "Suicidal Horrorism," trans. by William McCuaig, *Horrorism: Naming Contemporary Violence*, Columbia University Press: New York, 2007.

Cixous, Helene, "Castration or Decapitation," trans. by Annette Khun, *Signs*, Vol. 7, No. 1, Autumn, 1981.

Fraser, Nancy, *Fortunes of Feminism: From State-Managed Capitalism to Neoliberal Crisis*, New York: Verso, 2013.

Hillman, James, *A Terrible Love of War*, New York: Penguin, 2004.

Irigaray, Luce, *This Sex Which Is Not One*, trans. by Catherine Porter with Carolyn Burke, Ithaca and New York: Cornell University Press, 1985.

Irigaray, Luce, *Le Temps de la Différence*, Paris: Librairie générale française, 1989.

Loraux, Nicole, "Mothers," trans. by Corinne Pache, *Mourning*, Ithaca and London: Cornell University Press, 1998.

# 논문 출처

이 책에 실린 글들은 각각 아래의 논문을 수정, 보완한 것이다.

이문영, 「폭력 개념에 대한 고찰—갈퉁, 벤야민, 아렌트, 지젝을 중심으로」(《역사비평》
　　　106호 2014)

이문영, 「21세기 폭력의 패러다임과 폭력·비폭력의 경계: 발리바르, 데리다, 아감벤의 폭
　　　력론을 중심으로」(《평화학연구》 제16권 1호 2015)

이찬수, 「탈폭력적 폭력: 신자유주의 시대 폭력의 유형과 종교」(《종교문화연구》 23호
　　　2014)

이찬수, 「종교근본주의의 폭력적 구조」(《원불교사상과 종교문화》 63호 2015)

공진성, 「테러와 테러리즘: 정치적 폭력의 경제와 타락에 관하여」(《현대정치연구》 제8권 1
　　　호 2015)

김태우, 「제노사이드의 단계적 메커니즘과 국민보도연맹사건: 대한민국 공산주의자들의
　　　절멸 과정에 관한 일고찰」(《동북아연구》 제30권 1호 2015)

백지운, 「네이션 너머의 통일: 타고르의 내셔널리즘 비판의 아포리아」(《아세아연구》 제58
　　　권 1호 2015)

## 필자 소개(본문 게재순)

### 이문영

서울대학교 약학대학을 졸업하고 서울대학교 노어노문학과에서 석사를, 러시아 모스크바국립대학교에서 대화주의 사상가 M. 바흐찐 연구로 박사학위를 받았다. 고려대학교 평화연구소, 국민대학교 유라시아연구소, 한양대학교 비교역사문화연구소 등에서 근무했고, 현재 서울대학교 통일평화연구원 HK교수로 재직 중이다. 러시아 및 탈사회주의권 문화연구, 탈경계 연구, 평화인문학에 관심을 갖고 연구를 해오고 있다. 『평화인문학이란 무엇인가』(공저), 『재난과 평화』(공저), 『동아시아—동북아—신동북아』(공저), "Nostalgia as a Feature of 'Glocalization': Use of the Past in Post-Soviet Russia", 「형제국가들의 역사전쟁: 우크라이나 사태와 러시아의 크림반도 합병의 기원」 등 다수의 책과 논문을 썼다.

### 이찬수

서강대학교 화학과를 졸업하고 같은 대학원 종교학과에서 불교학과 신학으로 각각 석사학위를, 칼 라너(Karl Rahner)와 니시타니 케이지(西谷啓治) 비교 연구로 박사학위를 받았다. 강남대학교 교수, (일본)中央學術研究所 객원연구원 등을 지냈고, 현재 서울대학교 통일평화연구원 HK연구교수로 재직하고 있다. 『종교로 세계 읽기』, 『다르지만 조화한다』, 『일본정신』, 『평화인문학이란 무엇인가』(공저), 『녹색평화란 무엇인가』(공저), 『재난과 평화』(공저) 외 다수의 책을 썼고, 『절대 그 이후』, 『화엄철학』 등의 책을 번역했으며, 「祭祀の政治学II：明治時代の国家神道と公私観」, 「'侍'と'媒介'：東学と京都学派の公共論理」 등의 논문을 발표했다.

### 공진성

서강대학교 정치외교학과를 졸업했고, 1998년에 같은 학교 대학원에서 현대 정치철학의 해석학적 전환에 관한 논문으로 정치학 석사 학위를, 2006년에 독일 베를린 훔볼트 대학교에서 스피노자의 정치사상에 관한 논문으로 정치학 박사 학위를 받았다. 2010년 9월부터 조선대학교 정치외교학과 교수로 재직하고 있다. 『폭력』, 『테러』 등의 책을 썼고, 로크의 『관용에 관한 편지』, 헤어프리트 뮌클러의 『새로운 전쟁』과 『제국』 등의 책을 번역했으며, 「스피노자와 애국심」, 「루소, 스피노자, 그리고 시민종교의 문제」 등의 논문을 발표했다.

## 김태우

서울대학교 국사학과에서 박사학위를 받았다. 한국전쟁기 미공군 공중폭격에 관한 연구로 제9회 김진균상(2014)을 수상했다. 현재 서울대학교 통일평화연구원 HK연구교수로 재직하고 있다. 대표 논저로 『폭격: 미공군의 공중폭격 기록으로 읽는 한국전쟁』, 『평화인문학이란 무엇인가』(공저), "Limited War, Unlimited Targets", "War against an Ambiguous Enemy", "Overturned Time and Space" 등이 있다.

## 백지운

연세대학교 중어중문학과를 졸업하고 같은 대학원에서 량치차오(梁啓超) 계몽사상과 중국 근대성 담론 연구로 박사학위를 받았다. 현재 서울대학교 통일평화연구원 HK교수로 재직 중이다. 「폭력의 연쇄, 연대의 고리—오키나와 문학의 발견」, 「민족국가의 개조와 아시아—리따자오의 '연방론' 재독」, "East Asian Perspective on the Taiwanese Identity", 「근대 중국 아시아 인식의 문제성」, 『제국의 눈』(공역), 『리저널리즘』(공역), 『교차하는 텍스트, 동아시아』(공저), 『대만을 보는 눈』(공저) 등 근대 이후 중국의 사상과 문화를 동아시아 평화와 접맥시키는 공부를 하고 있다.

## 임옥희

경희대학교 대학원에서 석사학위와 박사학위를 받았다. 현재 경희대학교 후마니타스 칼리지 객원교수 겸 여성문화이론연구소 연구원으로 일하고 있다. 저서로는 『주디스 버틀러 읽기』, 『타자로서의 서구』, 『채식주의자 뱀파이어』, 『발레하는 남자, 권투하는 여자』, 공저로는 『여성혐오가 어쨌다구?』, 『페미니즘과 정신분석』, 『여성주의 고전을 읽다』, 『페미니즘의 개념들』 등의 책을 썼다. 『일탈』(공역), 『무성애를 말하다』, 『고독의 우물』, 『니체가 눈물 흘릴 때』 등의 책을 번역했다.

# 폭력이란 무엇인가: 기원과 구조

1판 1쇄 찍음 | 2015년 12월 22일
1판 1쇄 펴냄 | 2015년 12월 31일

편저자 | 이문영
펴낸이 | 김정호
펴낸곳 | 아카넷

출판등록 2000년 1월 24일(제406-2000-000012호)
10881 경기도 파주시 회동길 445-3
전화 031-955-9511(편집) · 031-955-9514(주문) | 팩스 031-955-9519
책임편집 | 이경열
www.acanet.co.kr

ⓒ 이문영 외, 2015

Printed in Seoul, Korea.

ISBN 978-89-5733-468-3 94340
ISBN 978-89-5733-269-6 (세트)

이 도서의 국립중앙도서관 출판시도서목록(CIP)은
서지정보유통지원시스템 홈페이지(http://seoji.nl.go.kr)와
국가자료공동목록시스템(http://www.nl.go.kr/kolisnet)에서 이용하실 수 있습니다.
(CIP제어번호: CIP2015028293)